KB265237

임동석중국사상100

신감
申鑒

荀悅 撰 / 林東錫 譯註

"상아, 물소 뿔, 진주, 옥. 진괴한 이런 물건들은 사람의 이목은 즐겁게 하지만 쓰임에는 적절하지 않다. 그런가 하면 금석이나 초목, 실, 삼베, 오곡, 육재는 쓰임에는 적절하나 이를 사용하면 닳아지고 취하면 고갈된다. 그렇다면 사람의 이목을 즐겁게 하면서 이를 사용하기에도 적절하며, 써도 닳지 아니하고 취하여도 고갈되지 않고, 똑똑한 자나 불초한 자라도 그를 통해 얻는 바가 각기 그 자신의 재능에 따라주고, 어진 사람이나 지혜로운 사람이나 그를 통해 보는 바가 각기 그 자신의 분수에 따라주되 무엇이든지 구하여 얻지 못할 것이 없는 것은 오직 책뿐이로다!"

《소동파전집》(34) 〈이씨산방장서기〉에서 구당(丘堂) 여원구(呂元九) 선생의 글씨

책머리에

　어느 시대에나 정권의 교체기나 왕조의 전환기에는 지식인이라면 많은 고통을 느낀다. 미래를 예측할 수 없고 명분과 현실 속에 선택을 강요받는 절박한 상황이 전개되기 때문이다. 자신의 학문이나 고집이 과연 옳은 것인가에 대한 판단도 철칙으로 세우기에는 망설여지는 사안이 눈앞에 가로놓이는 경우도 있기 때문이다.

　광무제光武帝 유수劉秀에 의해 다시 건국된 유씨劉氏 왕조, 동한은 낙양洛陽을 중심으로 2백여 년을 군림하다가 후기에 이르러 환관의 발호로 1차 당고지화黨錮之禍라는 전대미문의 옥사를 치른다. 그 뒤 영제(靈帝: 168~189)가 들어섰으나 그 역시 두무竇武를 기용하여 환관을 제거하려다가 사전에 누설되어 이응李膺 등 1백여 명이 처형되고 7백여 명이 체포되는 2차 당고지화를 맞게 된다. 이로써 환관의 득세는 더욱 기승을 부려 정치는 암흑기로 들어선다. 그리하여 사회는 들끓게 되었고 경제는 바닥으로 추락했으며, 민생은 나락으로 떨어져 각지의 농민들은 기아에서 벗어나지 못하게 되자 드디어 반기를 들게 된다.

　영제 때 장각張角이란 자는 《태평청령서太平淸領書》라는 기이한 책을 만들어 이를 경전으로 삼고 '태평도太平道'라는 종교를 설립하여 자신이 교주가 된다. 장각은 184년 신도들을 이끌고 정식으로 난을 일으킨다. 이들은 모두가 머리에 누런 두건을 써서 자신들의 표지로 삼았으므로 흔히 이 난리를 '황건적黃巾賊의 난'이라고도 한다. 그러나 이들은 1년이 되지 않아 정부군에 의해 진압되었지만 그 잔여 세력은 20여 년 동안이나 황하 유역에서 버티기도 하였다.

이 일이 있고 나서 중앙정부에서는 각지방의 변란을 진압하기 위해 지방 군수와 주목州牧에게 권력을 대폭 가중시켜 그들로 하여금 재정권, 군사 대권을 갖도록 허용하였다. 그러나 이것은 도리어 뒷날 한 제국을 무너뜨리는 가속도의 역할을 하게 된다. 즉 소제少帝가 즉위하자 기주冀州를 담당하고 있던 원소袁紹는 권력의 빈약한 틈을 이용, 궁중 권력구조를 개편한다는 구실 아래 환관 2천여 명을 살해하였다. 그러자 양주涼州의 동탁董卓은 원소를 토벌한다는 명분을 내세우고 낙양으로 밀고 들어와 소제를 폐위하고 헌제(獻帝: 189~220)를 옹립하였다. 원소는 자신의 근거지 기주로 돌아온 다음 동방 각 주군과 결탁하여 동탁을 토벌한다는 기치를 세우고 스스로 맹주가 되었다. 세에 밀린 동탁이 헌제를 위협하여 장안長安으로 옮겨갔으나 얼마 뒤 부하 여포呂布에게 피살되자 헌제는 다시 낙양으로 돌아왔다. 그러나 이번에는 조조曹操가 헌제를 허창許昌으로 옮기도록 하여 허수아비로 만든 채 자신이 천하 제후에게 호령을 하는 형국을 만들어 버렸다. 이처럼 동한의 황제는 이름 뿐이었고 나라는 사실상 망한 상태였다.

200년, 조조는 드디어 원소와 관도官渡에서 결전을 벌여 7만여 명을 섬멸한 다음 중원을 장악하게 된다. 뒤이어 조조는 남방 세력인 손책孫策의 아우 손권孫權, 그리고 서부 세력인 유비劉備의 강력한 반발을 받게 되었으며, 조조는 통일의 꿈을 이루지 못한 채 세상을 뜨고 말았다. 이에 그의 아들 조비曹丕는 헌제를 폐위하고 선양禪讓의 미명으로 나라를 이어받아 국호를 위魏라 하였으며 도읍을 낙양으로 정하였다220년. 그러자 이듬해 유비도 황제를 칭하고 국호를 한(漢, 蜀漢)으로 하여 성도成都를 도읍으로 삼고, 손권은 국호를 오(吳, 東吳)라 하고 건업(建業, 지금의 남경)에 건국하여 삼국 정립의 시대를 맞게 된다.

　《신감申鑒》의 저자 순열(荀悅: 148~209)은 바로 이러한 동탕動蕩의 시대를 몸으로 겪으며 살아온 인물이다. 그는 헌제 밑에서 직접 시강侍講을 담당하기도 하였고, 황제의 부탁으로 서한의 역사를 재정리한 《한기漢紀》를 짓기도 하였다. 기울어져 가는 왕조의 원인을 찾고 다시 중흥의 기틀을 마련하고자 온갖 생각을 다하였지만 권력은 이미 신하에게 넘어가 있었고, 천하는 기근과 변란으로 도탄에 빠져 있음을 직접 목격한 것이다. 이러한 상황에서 황제에게 올린 글이 바로 이 책이다. 그러나 울분에 찬 글이라기보다 오히려 건의에 그친 느낌을 지울 수 없다. 그리고 고고한 유가사상, 즉 인의와 덕치로 나라를 다스리기를 주장한 내용은, 마치 전국시대 부국강병富國强兵에 안위安危가 눈썹을 태우는데도 '왕도정치王道政治'를 부르짖은 맹자孟子와 같다는 생각도 든다.

　좌우간 이 책은 혼란의 가마솥 속에 살던 한말 철학자, 정론가, 사학자는 어떤 생각을 했는지 그 고민의 일부를 엿볼 수 있는 귀한 자료임에는 틀림이 없으리라.

芒種에 임동석이 쓰다.

일러두기

1. 이 책은 〈四部備要本〉《申鑑》(南豊 吳道傳 校, 〈漢魏叢書本〉) 및 〈四部叢刊〉 (初編 子部) 《申鑑》(吳郡 黃省曾 주)을 저본으로 하여 전체를 완역한 것이다.

2. 총 5권을 125장으로 나누었으며 이는 역자가 임의로 합리적이라 여겨지는 구절을 분리한 것이며 원본에는 분장이 되어 있지 않음을 밝힌다.

3. 직역을 위주로 하였으나 일부 의역으로 뜻을 명확히 한 부분도 있다.

4. 원문의 표점을 현대 중국식 표점 기준과 부호를 원용援用하였다.

5. 각주는 인명, 지명, 사건명, 전고典故 등을 위주로 가능한 한 자세히 정리하고자 하였다.

6. 매 단락마다 「참고 및 관련자료」 난을 설정하여 본문 해석과 이해에 도움이 되는 내용을 경사자집經史子集 전적에서 찾아 실었다.

7. 매 단락마다 간단한 제목을 부여하여 주제를 알 수 있도록 하였다.

8. 책의 말미에 부록으로 《신감》 및 저자 순열荀悅에 관련된 서문, 《後漢書》 의 荀悅傳 등을 실어 연구에 도움이 되도록 하였다.

9. 현대 백화어 주석본 《申鑑讀本》(林家驪·周明初. 三民書局 1996 臺北)도 자세히 참고하였으며 많은 도움을 받았음을 밝힌다.

10. 이 책의 역주에 참고한 기본 문헌은 다음과 같다.

❈ 참고문헌

1.《申鑑》漢 荀悅(撰) 四庫全書(文淵閣) 子部 儒家類 商務印書館(印本) 臺北

2.《申鑑》漢 荀悅(撰) 四部備要本 子部 臺灣中華書局(印本) 1970 臺北

3.《申鑑》漢 荀悅(撰) 明 黃省曾(注) 新編諸子集成 世界書局 臺灣 1978 臺北

4.《申鑑》荀悅(撰) 諸子百家叢書本 上海古籍出版社 1995 上海

5.《申鑑》漢 荀悅(撰) 百子叢書本 岳麓書社 1994 湖南 長沙

6.《申鑑》漢 荀悅(撰) 四部叢刊本(初編) 文始堂(覆印本) 上海書店 1989 上海

7.《申鑑讀本》林家驪·周明初(譯註) 三民書局 1996 臺灣 臺北

8.《漢紀》東漢 荀悅(撰)

9.《後漢書》荀悅傳

10. 기타 工具書 및 史書, 十三經 등은 기재를 생략함.

해제

I.《신감申鑒》

《신감(申鑒, 申鑑)》은 동한東漢 말 순열(荀悅: 148~209)이 쓴 정론서政論書이며 철학서이다. 제자분류諸子分類로는 자부子部 유가류儒家類에 속한다. 순열은 동한 마지막 황제 헌제(獻帝: 189~220 재위) 때의 인물로 조조曹操의 관부官府에 불려가 처음 벼슬을 하기 시작하여 황문시랑黃門侍郎, 비서감秘書監, 시중侍中 등을 거쳤으며, 자신의 종제從弟 순욱(荀彧: 163~212), 소부少府 공융孔融 들과 함께 궁궐에서 시강侍講을 담당하기도 하였다.

순열은 이때 헌제에게 왕권의 확립과 인의로써 통치 기반을 마련할 것을 건의하면서 말로 다할 수 없는 내용은 책으로 지어 바쳤다. 이것이 바로 《신감》이다. 순열은 첫 문장에서 "도의 근본은 인의라는 것은 고대로부터 변함 없이 내려오는 통치의 바탕이므로 이를 거듭 신술申述하여 거울(鑑)로 삼기를 바란다"는 뜻으로 책 이름을 삼은 것이다.

모두 〈정체政體〉, 〈시사時事〉, 〈속혐俗嫌〉, 〈잡언雜言〉(상·하) 등 5권(5편)으로 되어 있으며, 주로 유가사상儒家思想을 계승하여 덕치德治를 이룰 것을 주장하는 내용과, 일부는 당시 습속에 대한 자신의 견해, 그리고 자신의 철학 사상을 가미한 것으로 되어 있다.

우선 첫편 〈정체〉에서는 치국의 근본 원리와 방침, 정치의 근본 체재 등을 서술하고 있으며, 〈시사〉에서는 고금의 도와 21가지의 현안을 제시하고 이를 해결할 방법과 구체적 시행 방침 등을 열거하고 있다. 그리고 〈속혐〉에서는 당시 풍속의 폐단이나 백성들의 의혹 속에 갇혀 있던 미신, 복서卜筮, 삼오위 三五位, 기도와 질병, 관상과 신선술, 양생법과 참위설 등에 대한 자신의 견해와 주장을 서술하고 있다. 다음으로 〈잡언〉(상)에서는 다시 정치에 관한 사안으로 군신과 군민 관계의 올바른 설정을 통해 이상적인 통치를 이룰 것을 주장하고 있다. 〈잡언〉(하)에는 주로 철학적인 내용을 위주로 다루고 있으며, 특히 덕, 낙천지명樂天知命, 성性과 명命, 성선설性善說과 성악설性惡說, 인성의 분류와 삼품三品 등을 거론하고 있어 동한 말의 철학사상을 엿볼 수 있는 좋은 자료를 제공하고 있다.

이 책은 《수서隋書》 경적지經籍志와 《당서唐書》 예문지藝文志에 모두 이미 저록되어 전해졌음을 알 수 있다. 그러나 장기간 학자나 일반인에게 제대로 주목을 받지 못했다가 남송 고종(1127~1162) 때 우무(尤袤: 1127~1194)가 강서 조운사江西漕運使로 재직할 때 비로소 각인하여 세상에 알려지게 되었다. 그러나 당시 이미 "簡編脫繆, 字畫差舛"이라 하여 원래의 모습을 잃고 있었다. 그 뒤 명나라 정덕(正德: 1506~1521) 연간에 오현吳縣 황성증(黃省曾, 자는 勉之)이 주를 달아 드디어 광범위하게 전파되기 시작하였다. 한편 지금 전하는 판본 중에 비교적 일찍 나온 것으로는 명나라 가정嘉靖 4년(1525) 이자유李子有가 황씨본을 문시당文始堂에서 간행한 것이며, 뒤에 정영程榮이 만력萬曆 연간에 이를 〈한위총서漢魏叢書〉에 수록하였고, 다시 하윤중何允中이 이어받아 만력 20년 〈광한위총서廣漢魏叢書〉에 넣음으로써 일실逸失의 위기를 넘기게 된 것이다. 그러나 뒤에 나온 판본은 대체로 황씨의 주를 삭제한 것이 주를 이루고 있다. 즉 청淸나라 함풍咸豐 4년(1854) 전배명錢培名이 집간한 〈수만 권루총서小萬卷樓叢書〉본은 이를 승계한 것이다. 그 외에 〈우계정사총서尤溪 精舍叢書〉본이 있으며 1984년 절강인민출판사浙江人民出版社에서는 〈백자 전서百子全書〉에 이를 활자본으로 싣기도 하였다. 그리고 1990년 상해고적

출판사上海古籍出版社에서는 〈제자백가총서〉를 출간하면서 〈사부총간四部
叢刊〉(文始堂)본을 저본으로 하고 중화서국中華書局에서 펴낸 적이 있는 세계
서국(世界書局, 1935년 제자집성 排印本), 그리고 노문초盧文弨의 〈군서습보초편
群書拾補初編〉의 《신감교정申鑑校正》(이는 지금의 抱經堂本과 四庫全書本임), 전배명의
《신감찰기申鑑札記》을 참고하여 펴낸 것이 가장 널리 활용되고 있다. 한편
현대 백화본으로는 대만臺灣 삼민서국三民書局에서 펴낸 《신감독본申鑑讀本》
(林家驪, 周明初, 1996)이 널리 알려져 있다.

Ⅱ. 순열(荀悅: 148~209)

　　순열은 동한 말의 철학자이며 사학가, 정론가로 널리 알려진 인물로,
자는 중예仲豫이다. 영천穎川 영음(穎陰, 지금의 河南 許昌) 사람이다. 전국시대
순자(荀子. 荀況, 孫卿)의 13세 손으로 한말 명문대가였던 순씨荀氏 집안 출신
이다. 즉 순열의 조부 순숙(荀淑: 83~149)은 당시 이름난 대학자였으며 한나라
헌제獻帝 때 낭중郞中, 당도장當塗長을 지내기도 하였다. 손숙은 당시 이름난
이고李固, 이응李膺과 사우師友였으며 신군神君이라 불릴 만큼 대단한 덕과
학문을 갖춘 사람이었다. 그에게는 검儉, 곤緄, 정靖, 도燾, 왕汪, 상爽, 숙肅,
전專 등 여덟 명의 아들이 있었으며, 그 중에서도 뛰어난 이가 다섯째 아들
순상(荀爽, 자는 慈明. 128~190)으로, 당시 사람들은 “荀氏八龍, 慈明無雙”이라
말할 정도였다.

　　한편 이 《신감》의 저자 순열은 바로 첫째 순검荀儉의 아들로 태어났으나
아버지가 일찍 죽어 심한 가난에 시달렸다. 그러나 순열은 12살에 이미
《춘추春秋》에 통달하였고, 집에 책이 없어 이웃집 책을 한 번 훑어보면
그대로 외울 정도였다고 한다. 그러나 영제靈帝 때 동한이 기울어가면서
환관들이 발호하자 벼슬에 대한 뜻을 버리고 은거하여 독서에만 열중하였다.
그리하여 당시 사람들이 그의 인물됨을 알아보지 못하였으나 종제從弟
순욱(荀彧: 163~212)만은 그를 높이 여겨 존경해 마지않았다. 헌제 건안建安 초
순열은 당시 진동장군鎭東將軍 조조曹操의 막부에 불려가 첫 관직에 발을
들여놓았으며 뒤를 이어 황문시랑에 올랐다. 당시 헌제는 문학을 좋아하여
문학사에 있어서 흔히 건안문학建安文學이라 일컬어지는 문풍을 일으켰다.

이러한 시대 조류에 따라 순열 역시 순욱과 소부 공융은 궁중에서 시강
侍講을 담당하여 아침저녁으로 담론을 나눌 수 있었다. 특히 헌제는 반고
班固의 《한서漢書》가 너무 번잡하고 읽기에 불편하다고 여겨 순열로 하여금
〈좌씨체左氏體〉에 맞추어 이를 다시 정리하도록 명하였다. 이에 순열은
《한기漢紀》 30편을 정리하여 바쳤으며 "辭約事詳, 論辯多美"라는 칭송을
듣게 되었다.

순열은 후에 비서감, 시중 등을 역임하다가 건안 14년(209) 62세로 생을
마쳤으며 그로부터 10년 뒤 한(동한)은 종말을 고하고 대권은 조씨(曹氏, 魏)
에게로 넘어가고 만다.

순열의 생애에 대한 기록은 《후한서後漢書》(62) 순숙, 순상과 함께 전으로
들어 있으며 분량의 반은 《신감》의 내용을 옮겨 싣고 있다. 순열에게는
《숭덕崇德》, 《정론正論》 및 그 밖에 여러 논저論著 수 십편이 있었으나 지금은
《한기》와 《신감》만 전하고 있을 뿐이다.

申鑒卷第一

吳郡　黃省曾　注

政體第一

夫道之本，仁義而已矣。五典以經之，羣籍以緯之，詠之歌之，弦之舞之，前鑒既明，後復申之。故古之聖王，其於仁義也，申重而已，篤序無強，謂之申鑒。

聖漢統天，惟宗時亮其功，格宇宙。粵有虎臣亂政，與共成天功者。故洪軌儀，鑒于三代之典。王允迪厥德，功業有尚。天道在爾，惟帝茂止。陟降庶止，萬國康止。允出茲，斯行遠矣。

天之道曰陰與陽，地之道曰柔與剛，人之道曰仁與義。（此引易繫辭文以見人道惟在仁義。）陰陽以統其精氣，剛柔以品其羣形，仁義以經其事業，是為道也。故凡政之大經，法教而已。教者，陽之化也；法者，陰之符也。仁也者，慈……

仁也者愛此者也，義也者宜此者也，禮也者復此者也，信也者守此者也，智也者知此者也。是故好惡以章之，喜怒以涖之，哀樂以恤之。若乃二端不愆，六節不怠，五德不離，則三才允序，五事交備。（洪範：一曰貌，二曰言，三曰視，四曰聽，五曰思；恭、從、明、聰、睿。）百工惟聖，庶績咸熙。臣作輔，民作基，天作道，皇作極。

惟先哲王之政，一曰承天，二曰正身，三曰任賢，四曰恤民，五曰明制，六曰立業。承天惟允，正身惟常，任賢惟固，恤民惟勤，明制惟典，立業惟敦，是謂政體也。

致治之術，先屏四患，乃崇五政。一曰偽，二曰私，三曰放，四曰奢。偽亂俗，私壞法，放越軌，奢敗制。四者不除，則政末由行矣。俗亂則道荒，雖天地不得保其性矣；法壞則世頹，雖人主不得守……

欽定四庫全書

申鑒卷一

政體第一

漢　荀悦　撰

夫道之本仁義而已矣五典以經之羣籍以緯之詠之歌之弦之舞之前鑒既明後復申之故古之聖王其於仁義也申重而已篤序無疆謂之申鑒聖漢統天惟宗時亮其功格宇宙粤有虎臣亂政（所與共成天功者亂　虎臣漢興輔弼之臣　治也治亂謂之亂猶治汙謂之汙）治荒汙也書泰誓曰予有亂臣十人時亦惟荒圮湮（曰荒兹）洪軌儀監于三代之典王允迪厥德（也　迪蹈）功業有尚天道在爾惟帝茂止（古茂□通　用勉也）陟降庸止萬國康止允出兹斯行遠矣立天之道曰陰與陽立地之道曰柔與剛立人之道曰仁與義（此引易繫辭文以見人道惟　在仁義為政者當申重之也惟　所謂在陰陽）以統其精氣（天成象　所謂在）剛柔以品其羣形（地成形）經其事業是為道也（此三才之道　所以立也　故九政之大經法教）而已矣教者陽之化也（教者德禮之謂　法者政刑之謂　法者陰之符也）仁也者慈此者也義也者宜此者也禮也者履此者也

《申鑒》四庫全書　子部（文淵閣本）

欽定四庫全書

申鑒卷一

政體第一

漢　荀悦　撰

夫道之本仁義而已矣五典以經之羣籍以緯之詠之歌之弦之舞之前鑒既明後復申之故古之聖王其於仁義也申重而已篤序無疆謂之申鑒聖漢統天惟宗時亮其功格宇宙粤有虎臣亂政（所與共成天功者亂　虎臣漢興輔弼之臣　治也治亂謂之亂猶治汙謂之汙）治荒汙也書泰誓曰予有亂臣十人時亦惟荒圮湮（曰荒兹）洪軌儀監于三代之典王允迪厥德（也　迪蹈）功業有尚天道在爾惟帝茂止（古茂□通　用勉也）陟降庸止萬國康止允出兹斯行遠矣立天之道曰陰與陽立地之道曰柔與剛立人之道曰仁與義（此引易繫辭文以見人道惟　在仁義為政者當申重之也惟　所謂在陰陽）以統其精氣（天成象　所謂在）剛柔以品其羣形（地成形）經其事業是為道也（此三才之道　所以立也　故九政之大經法教）而已矣教者陽之化也（教者德禮之謂　法者政刑之謂　法者陰之符也）仁也者慈此者也義也者宜此者也禮也者履此者也

《申鑒》四庫全書　電子版

《申鑒》四部備要본 1970 臺灣 中華書局 印本

《申鑒》四部叢刊본(初編) 1989 上海書店 印本

차 례

申鑒

卷一 〈정체政體〉

卷二 〈시사時事〉

◉ 부록

卷一 〈政體〉

  '정체政體'는 '정치의 주체, 혹 시정의 요령'을 의미한다. 그 어떤 경우라도 사심私心을 버리고 인의仁義를 근본으로 삼을 것을 강하게 주장하고 있다.

〈詛盟場面〉銅貯貝器(서한) 1956 雲南 晉寧縣 滇王墓 출토

001(1-1)
도는 인의일 뿐

대체로 보아 도道의 근본이란 인의仁義일 따름이다.

오전(五典, 五經)을 날줄로 삼고, 여러 제자백가의 책을 씨줄로 삼는다.

이들 내용을 읊조리고 노래하며, 음악에 올리고 춤으로 표현하고 있다.

옛날 이러한 거울이 이미 밝게 있었으며 뒤에 다시 이를 거듭 설명하고 있다.

따라서 옛 성인들은 모든 것을 바로 이 인의에 바탕을 두었던 것이니 이에 나는 거듭 이를 설명한 것일 뿐이며, 독실하게 순서를 정하되 억지로 지어낸 것은 아니다. 이를 이름하여 《신감申鑒》이라 한다.

夫道之本, 仁義而已矣.

五典以經之, 群籍以緯之.

詠之歌之, 弦之舞之.

前鑒旣明, 後復申之.

故古之聖王, 其於仁義也.

申重而已, 篤序無彊, 謂之「申鑒」.

【道】 여기서는 爲政之道를 가리킴. 정치와 행정의 가장 바른 도리와 근본.

【仁義】 仁愛와 正義. 고대 儒家 사상의 도덕 범주로 가장 널리 거론되는 덕목.

【五典】 五經과 같음. 고대 孔子가 六經을 정리했다고 하나 그 중《樂》에 대한 것은 없어 흔히《詩》,《書》,《易》,《禮》,《春秋》를 五經으로 삼았으며 漢나라 때 五經博士를 두어 國學에서 敎學하였음.

【經】 원래 옷감을 짤 때 날줄에 해당하는 실을 말하며, 이에 씨줄에 해당하는 실을 緯라 하였음. 이를 묶어 經緯라 하며 근본을 잡고 있는 벼리를 뜻함.

【群籍】 五典(五經) 이외의 여러 典籍. 즉 諸子百家書 등을 가리킴.

【詠·歌】 '詠'은 가사를 더하여 읊는 것. '歌'는 가락을 얹어 노래하는 것. 여기서는 모두 노래부르고 칭송하여 널리 인용됨을 말함.

【前鑑】 鑑은 원래 청동기로 만든 거울을 뜻하며, 뒤에 '사물을 비춰보는 중요한 점검의 기구'라는 뜻으로 연화되어 옛일을 비춰보아 '자신의 행동을 바로잡다'의 추상적 의미로 쓰임.《後漢書》(荀悅傳)에는 '監'으로 되어 있음.

【申】 '펴서 서술하다'(申述)의 뜻.

【聖王】 성스럽고 명석한 제왕. 고대 도덕과 지혜를 갖춘 이상적인 지도자를 설정 하여 이를 늘 흠모하며 그의 통치를 기준으로 삼았음.

【申重】 거듭하여 서술함.

【篤序】 절실하고 돈독하게 차례를 정해 풀이함.

【無彊】 강요하지 않음. 억지로 꾸며서 쓴 것이 아님을 뜻함. '彊'은 '强'과 같음. 부사로 '억지로'의 뜻.

【申鑑】 거울로 삼을 만하다고 여겨 申述함. 본 책의 제목을 이렇게 정하였음을 말한 것.

1.《後漢書》(62) 荀淑傳(荀悅)

大道之本, 仁義而已矣. 五典以經之, 群籍以緯之. 詠之歌之, 弦之舞之. 前監 旣明, 後復申之. 故古之聖王, 其於仁義也, 申重而已.

002(1-2)
한나라의 정통

성스러운 우리 한漢나라가 하늘의 통괄을 받아 오직 천시天時의 훌륭함을 정통을 삼고 이끌어 나가고 있다.

그 공功은 우주의 운행을 감응하여 이에 용감한 신하들이 정치를 이끌어 왔으나 지금은 역시 황폐하고 허물어져 가고 있어 이에 원래의 법도를 회복하고자 노력하고 있다.

그리하여 하, 은, 주 삼대의 전고典故를 살펴보니 그들 왕들은 모두가 그 덕을 널리 폈기에 그 공과 업적이 이토록 숭앙을 받고 있음을 거울로 삼고자 한다.

하늘의 도가 이처럼 가까이 있으니 오직 제왕께서도 힘써 노력할 것이고 그렇게 되면 하늘도 더욱 도움을 내려줄 것이며 만국의 백성들도 평안함을 누리게 될 것이다.

만약 이를 버린 채 정도에서 벗어난 행동을 한다면 나라의 태평은 갈수록 멀어질 것이다.

聖漢統天, 惟宗時亮.

其功格宇宙, 粵有虎臣亂政; 時亦惟荒圮湮, 茲洪軌儀.

鑒於三代之典, 王允迪厥德, 功業有尙.

天道在爾, 惟帝茂止; 陟降膚止, 萬國康止.

允出玆斯行遠矣.

【聖漢】 자신이 살고 있는 시대의 朝代를 높여서 부른 것. 漢나라 때였음을 말함.

【統天】 하늘의 뜻에 따라 통괄함.

【宗】 崇과 같음. 尊崇함.

【時亮】 '時亮天功'의 줄인 말. 하늘의 밝은 뜻을 이어받아 이를 앞서 안내하며 이끌어 나감. '時'는 '是'와 같음. 고대 雙聲互訓, 同音假借의 문자 運用法.《尙書》 舜典의 구절을 원용한 것.

【功】 天功. 하늘이 하는 일. 四時의 運行과 天文의 軌象 등.

【格】 感應, 感動과 같은 뜻임.

【宇宙】 시간과 천지만물을 포괄하여 이르는 말. 원래 宇는 공간 개념으로 四方 上下를 뜻하며, 宙는 시간 개념으로 古今往來를 뜻하는 것이었다 함.

【粵】 구절의 앞에 넣어 語氣詞로 사용한 것. 뜻은 없음.

【虎臣】 武臣. 虎는 武班(虎班)을 뜻함. 임금을 보필하는 중요한 武臣.

【亂政】 亂은 '다스리다'의 뜻임. 따라서 亂政은 정사를 잘 처리함을 뜻함.

【時】 '是'와 같음. 여기서는 무신(武臣, 虎臣)의 정치를 가리킴.

【惟】 '그 이유는'의 뜻.

【荒】 황폐함.

【圮】 무너짐. 음은 '비'. 원 글자는 각본에 '圯'로 되어 있음.

【湮】 湮沒, 埋沒.

【玆】 '여기에, 지금에'의 뜻.

【洪】 크게 확대함. 펴서 크게 함.

【軌儀】 법도. 軌道대로 지켜야 할 儀典.

【三代】 고대 夏(禹), 殷(湯), 周(文王, 武王) 三代의 개국 군주들이 이상적인 정치를 폈다 하여 흔히 훌륭한 시대를 지칭할 때 내세우는 조대.

【典】 常道. 가장 중요한 법칙.

【允迪】 信實한 태도로 실천에 옮김. '允'은 '信'과 같으며 '迪'은 '蹈'와 같음.

【厥】'其'와 같음. 고대 雙聲互訓의 표기법이었음.

【德】하늘이 내려준 아름다운 미덕.

【功業】공훈과 사업. 功과 업적.

【尙】'遠'과 같음.

【天道】天理. 하늘의 뜻.

【爾】'邇'와 같음. '가깝다'의 뜻.

【茂】'懋'와 같음. '힘쓰다, 노력하다'의 뜻. 同音假借로 사용한 것.

【止】句末 語氣詞. 뜻은 없음.

【陟降】'昇降'과 같음. 여기서는 天神이 하늘과 인간 세계를 오가면서 말없이 도와줌을 뜻함.

【膚】'大'와 같음.

【萬國】통치권 안의 모든 제후국들.

【康】즐겁고 편안함. '平康, 安康'과 같음.

【允】문장 앞의 語氣助詞. 뜻은 없음.

【出】버리고 떠남. 遺棄함.

【斯行】여기서는 정도에서 벗어난 행동을 말함.

참고 및 관련 자료

1. 《尙書》舜典

帝曰:「咨汝二十有二人, 欽哉, 惟時亮天功.」

003(1-3)
인의예지신

하늘의 도를 세우는 것을 음陰과 양陽이라 하고, 땅의 도를 세우는 것을 유柔와 강剛이라 하며, 사람의 도를 세우는 것을 인仁과 의義라 한다.

음양은 정기를 통솔하고, 강유는 그 여러 형태를 지니고 세상에 존재하는 모든 만물의 품성을 결정하며, 인의는 그 하는 일을 경영하는 것이니 이것이 바로 도道라는 것이다.

그러므로 정치에 있어서의 가장 큰 벼리란 법과 교화일 따름이다.

교화란 양의 변화變化요,

법이란 음의 부호符號이다.

인仁이란 이를 길러주는 것이요,

의義란 이를 마땅하게 하는 것이다.

예禮란 이를 밟아 실천하는 것이요,

신信이란 이를 지켜내는 것이요,

지智란 이를 아는 것이다.

立天之道, 曰陰與陽; 立地之道, 曰柔與剛; 立人之道, 曰仁與義.

陰陽以統其精氣, 剛柔以品其群形, 仁義以經其事業,
是爲道也.

故凡政之大經, 法敎而已矣.

敎者, 陽之化也;

法者, 陰之符也.;

仁也者, 慈此者也;

義也者, 宜此者也;

禮也者, 履此者也;

信也者, 守此者也;

智也者, 知此者也.

【天之道】天地의 二分法과 天地人의 三分法(三才)으로서의 가장 위대한 도로서
하늘의 도는 만물을 낳게 하며 생명의 근원이 됨.
【陰與陽】고대 중국 철학에서 만물을 이루는 근본은 太極(無極)이며 이것이 둘로
분화되어 兩儀, 즉 陰과 陽이 생겨났다고 믿었으며 이에 따라 天地, 男女, 晝夜,
上下, 剛柔 등 모든 사물을 二分法的으로 분류하여 정리하였음.
【地之道】地道. 천도에 상대되는 개념으로 만물을 길러 성장시키는 임무를 맡았
다고 보았음.
【人之道】天道와 地道 사이에 오직 사람의 존재가 있어 三才(天地人)를 이루며
이에 따라 사람에게 人道가 있음으로써 위대함을 강조한 것임.
【精氣】元氣.
【品】品評, 區分.
【群形】우주 만물의 형태를 이루고 있는 각종 사물.
【經】'經營하다, 開創하다'의 뜻.
【大經】大法. 기본이 되는 원칙과 綱領.
【法敎】법의 제도와 이를 실행하는 교화.

【符】 부호. 상징이 되는 대표.
【禮】 인류가 사회를 이루어 합의된 행위.
【履】 실천함. 이행함.

004(1-4)
오덕, 육절, 삼재, 오사

이 까닭으로 호오好惡로써 이를 드러내어 바로잡고, 희노喜怒로써 이에 군림하여 다스리며, 애락哀樂으로써 이를 불쌍히 여겨 보살펴야 하는 것이다.

만약 이 두 가지 단서에 흠이 없고 오덕五德이 서로 분리됨이 없으며 육절六節이 어그러짐이 없으면 삼재三才가 바르게 순서를 잡아나가게 될 것이다.

그렇게 되면 오사五事가 서로 구비되고 모든 신하들이 제 할 일을 수행하여 많은 실적이 모두 흥성하게 빛나게 될 것이다.

是故好惡以章之, 喜怒以涖之, 哀樂以恤之.
若乃二端不愆, 五德不離, 六節不悖, 則三才允序;
五事交備, 百工惟釐, 庶績咸熙.

【好惡】 호감과 증오. 상대적인 두 가지 감정.
【章】 '彰'과 같음. 드러내어 널리 알림.
【涖】 '臨'과 같음.

【恤】불쌍히 여김.

【若乃】구절 앞의 語氣詞.

【二端】교화와 법률.

【愆】허물. 과실. 죄과.

【五德】仁義禮智信의 다섯 가지 덕목.

【離】등을 지고 떠남. 위배함.

【六節】好惡, 喜怒, 哀樂의 여섯 가지 감정.

【悖】어그러짐, 逆亂.

【三才】天地人.

【允序】'允'은 '信'과 같으며 '序'는 배열 순서.

【五事】고대 통치자의 다섯 가지 수양과 행동거지로서 흔히 貌, 言, 視, 聽, 思를
 들고 있음.《尚書》洪範을 참조할 것.

【交備】五事를 모두 갖추어 구비함. 태도가 공경스럽고 언어가 이치에 합당하며
 보고 듣는 것이 넓고 생각이 통탈함을 말함.

【百工】백관. 모든 관직의 신하들.

【惟釐】'惟'는 '以'와 같으며 '釐'는 治理를 뜻함.

【庶績】여러 가지 업무를 통한 업적.

【咸熙】'咸'은 '皆'와 같으며 '熙'는 '興'과 같음.

참고 및 관련 자료

1.《尚書》洪範

五事, 一曰貌, 二曰言, 三曰視, 四曰聽, 五曰思, 貌曰恭, 言曰從, 視曰明, 聽曰聰,
思曰睿, 恭作肅, 從作乂, 明作哲, 聰作謀, 睿作聖.

005(1-5)
정체의 본뜻

천도를 시정의 근거로 삼으며, 선왕을 지극한 모범으로 삼으며, 신하를 보필로 삼고 백성을 기초로 삼아야 한다.

선철先喆의 왕들이 베풀었던 정치란 첫째 하늘의 뜻을 이어받는 것(承天), 둘째 자신을 바르게 하는 것(正身), 셋째 어진 이를 등용해 쓰는 것(任賢), 넷째 백성을 불쌍히 여기는 것(恤民), 다섯째 제도를 명확히 하는 것(明制), 여섯째 산업을 일으키는 것(立業)이었다.

하늘의 뜻을 이어받는 것이란 오직 성실히 하는 것이며, 자신부터 바르게 갖는 것이란 오직 상도常道를 따르는 것이며, 어진 이를 임용하는 것이란 확신을 가지고 흔들리지 않는 것이며, 백성을 불쌍히 여기는 것이란 오직 부지런히 하는 것이며, 제도를 명확히 하는 것이란 오직 옛 전적에 근거를 두는 것이며, 산업을 일으키는 것이란 오직 돈독히 하는 것이니 이를 일러 '정체政體'라 한다.

天作道, 皇作極, 臣作輔, 民作基.
惟先喆王之政, 一曰承天, 二曰正身, 三曰任賢, 四曰恤民, 五曰明制, 六曰立業.

承天惟允, 正身惟常, 任賢惟固, 恤民惟勤, 明制惟典,
立業惟敦, 是謂「政體」也.

【道】 행정과 정치를 베푸는 근본의 도.
【皇】 선왕, 선대의 훌륭한 임금들.
【基】 기초. 초석.
【先喆王】 영명한 선대의 왕. '喆'은 '哲'과 같음.
【承天】 하늘의 도를 이어 받아 수행해야 할 의무를 지님.
【正身】 자신부터 바르게 가짐.《論語》子路篇에 "子曰:「其身正, 不令而行; 其身
 不正, 雖令不從.」"이라 함.
【任賢】 똑똑하고 어진 이를 임명하여 행정을 맡김.
【明制】 명확하게 규정을 지은 제도. 제도를 명확히 함.
【立業】 업적을 이룸.
【惟允】 '오직 미덥게 하면 되다'의 뜻.
【勤】 진심과 진력으로 하여 인색함이 없도록 함.
【典】 常道.
【敦】 敦埈함.
【政體】 시정의 본체와 요령.

006(1-6)
정치를 이루는 방법

정치를 성취하는 방법이란 우선 먼저 네 가지 환난을 막는 것이며, 그렇게 하고 나서야 다섯 가지 정사가 높임을 받아 흥성하게 된다.

致治之術, 先屛四患, 乃崇五政.

【致】 도달함. 목적을 이룸.

【治】 치세. 정치가 청명하고 사회가 안정된 시대.

【術】 방법.

【屛】 '摒'과 같음. 막아 제거함.

【四患】 네 가지 환난. 다음 장을 볼 것.

【崇】 提唱함. 推崇함. 다음 장을 볼 것.

【五政】 다섯 가지 행정 조치.

1.《後漢書》荀悅傳

致治之術, 先屛四患, 乃崇五政:

007(1-7)
사환四患

네 가지 환난이란 첫째 거짓(僞), 둘째 사사로움(私), 셋째 방종함(放), 넷째 사치(奢)이다.

거짓은 풍속을 어지럽히며, 사사로움은 법을 파괴하고, 방종은 궤도를 뛰어넘으며, 사치는 제도를 어그러뜨린다.

이 네 가지가 제거되지 않으면 정치는 어디에 근거를 삼아 시행해볼 수가 없게 된다.

풍속이 어지러워지면 도리가 황폐해지니 비록 하늘과 땅의 위대함으로도 그 본성을 보전할 수 없으며,

법이 파괴되면 세상이 기울게 되니 비록 임금이라 할지라도 그 바른 정도正度를 보전해 낼 수 없으며,

궤도를 뛰어넘으면 예禮가 사라지니 그렇게 되면 비록 성인이 나타난다 해도 그 바른 도를 보전할 수 없으며,

제도가 어그러지면 욕심이 마구 풀어져서 비록 세상 끝까지 간다 해도 그 욕구를 충족시킬 수 없게 된다.

이를 일러 '사환四患'이라 한다.

一曰僞, 二曰私, 三曰放, 四曰奢.

僞亂俗, 私壞法, 放越軌, 奢敗制.

四者不除, 則政未由行矣.

俗亂則道荒, 雖天地不得保其性矣;

法壞則世傾, 雖人主不得守其度矣;

軌越則禮亡, 雖聖人不得全其道矣;

制敗則欲肆, 雖四表不能充其求矣.

是謂「四患」.

【僞】 거짓됨. 僞善.

【私】 '公'에 상대되는 뜻으로 私利, 利己. 자신만을 위한 일.

【放】 방종함.

【奢】 월권을 행사함.

【亂俗】 미풍양속을 어지럽힘.

【壞法】 법제를 파괴하여 문란하게 함.

【越軌】 궤도를 넘어섬. 상궤를 벗어나 법도를 어지럽힘.

【敗制】 법이나 제도를 어그러뜨림.

【道荒】 법도가 황폐해짐.

【世傾】 세속이 기울어 잘못된 곳으로 기울어버림.

【欲肆】 잘못된 짓을 마구 저지름.

【四表】 세상의 끝. 사방의 끝.

참고 및 관련 자료

1.《後漢書》荀悅傳

一曰僞, 二曰私, 三曰放, 四曰奢. 僞亂俗, 私壞法, 放越軌, 奢敗制. 四者不除,則政未由行矣. 夫俗亂則道荒, 雖天地不得保其性矣；法壞則世傾, 雖人主不得守其度矣；軌越則禮亡, 雖聖人不得全其道矣；制敗則欲肆, 雖四表不能充其求矣. 是謂「四患」.

008(1-8)

오정五政

농사와 잠업을 부흥시켜 그로써 백성의 삶을 길러주고,
호오好惡를 잘 살펴 그들의 풍속을 바로잡아주며,
문교文敎를 선양하여 그 교화를 드러나게 하며,
무비武備를 세워 그 권위를 확보하고 있어야 하며,
상벌賞罰을 명확히 하여 그 법을 통괄하여야 한다.
이를 일러 '오정五政'이라 한다.

興農桑以養其生,
審好惡以正其俗,
宣文敎以章其化,
立武備以秉其威,
明賞罰以統其法.
是謂「五政」.

【農桑】농경과 잠상. 고대에 衣食을 해결해 주는 가장 중요한 본업이었음.

【審】審察. 자세히 살펴 알아냄.

【宣】선양함. 傳播함.

【文敎】禮樂과 典章 제도 등을 통한 敎化.

【章】‘彰’과 같음. 드러내어 밝힘.

【秉】‘잡다, 유지하다, 확보하다’의 뜻.

【統】統括함. 治理.

1.《後漢書》荀悅傳

興農桑以養其(性)生, 審好惡以正其俗, 宣文敎以章其化, 立武備以秉其威, 明賞罰以統其法. 是謂「五政」.

009(1-9)
양생養生

　백성으로서 죽음을 두려워하지 않는다면 그에게 죄라는 것으로 겁을 줄 수가 없으며,

　백성으로서 삶을 즐겁게 여기지 않는다면 그에게 선善이라는 것으로써 권해야 소용이 없다.

　비록 설髙이 다시 태어나 오교五教를 선포하고, 구요咎繇가 다시 나타나 법관이 된다 해도 정치는 실행될 수가 없는 것이다.

　그러므로 윗자리에 있는 자는 먼저 백성들로 하여금 재물이 풍성하게 하여 그들의 뜻을 안정되게 갖도록 해 주어야 한다.

　임금이 자전(籍田, 藉田)을 일구고 황후가 잠궁蠶宮에서 누에를 치며,

　나라에는 떠돌며 노는 백성이 없고 들에는 황폐해진 농사가 없으며,

　재물은 헛되이 쓰는 경우가 없고 노동력은 마구 아무 곳에나 쓰는 일이 없이 하여 모든 것을 백성의 일에 두루 적용되도록 해야 하는 것이니,

　이를 일러 '양생養生'이라 한다.

民不畏死, 不可懼以罪.

民不樂生, 不可勸以善.

雖使高布五敎, 咎繇作士, 政不行焉.

故在上者, 先豐民財, 以定其志.

帝耕籍田, 后桑蠶宮;

國無游民, 野不荒業;

財不虛用, 力不妄加,

以周民事, 是謂「養生」.

【畏】 두려워함. 겁을 냄. 이는《老子》74장의 구절을 원용한 것임.

【懼】 두려움을 느끼도록 겁을 줌.

【罪】 징벌의 뜻.

【樂】 즐거워함. 즐겁게 여김.

【勸以善】 善으로써 하도록 勸勉함. 많은 판본
에 勸자가 觀자로 되어 있으나《後漢書》荀悅
本傳에 의해 고침.

【高】《後漢書》(荀悅傳)에는 '설(契)'로 되어 있음.
司徒 契. 商의 시조이며 舜임금 때 司徒를 지냄.
司徒는 교육과 교화를 담당하던 관직 이름.
《尙書》舜典 및《孟子》참조.

【五敎】 五常의 敎理. 父義, 母慈, 兄友, 弟恭,
子孝의 다섯 가지 덕목. 구체적으로는《孟子》에
실려 있는 五倫을 뜻하는 것으로 봄.

【咎繇】 고요(皐陶), 구요(咎陶) 등으로도 쓰며
순임금 때 법을 담당했던 신하.《後漢書》(荀悅
傳)에는 '皐陶'로 되어 있음.《尙書》皐陶謨
참조.

〈司徒 설(契)〉《三才圖會》

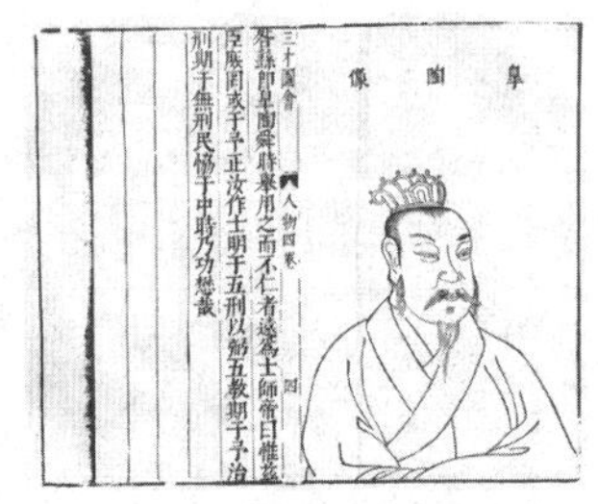

〈고요(皐陶)〉《三才圖會》

【士】 여기서는 고대 刑獄을 담당했던 법관을 뜻함.

【定】 堅定함.

【籍田】 적전(耤田), 藉田으로도 표기하며, 고대 천자가 상징적으로 처음 밭갈이를

하여 그 시범을 보이던 농토. 天子는 千畝, 諸侯는 百畝로써 봄에 쟁기로 밭갈이를 하는 것을 籍禮라 함. 그 땅의 수확은 종묘의 제사에 올렸음.

【后】 제왕의 정처.

【桑】 뽕을 따서 蠶桑을 시작하는 시범을 보임.

【蠶宮】 蠶室. 양잠을 하는 방.

【國】 都邑. 國城을 가리킴.

【游民】 본업에 힘쓰지 아니하는 게으른 백성.

【野】 郊野. 鄕間.

【荒業】 농업을 황폐하게 함.

【虛用】 낭비함. 《後漢書》(荀悅傳)에는 '賈用'으로 되어 있으며 주에 "言自足也"라 함.

【妄加】 마구 사용함.

【周】 두루 성취를 이룸.

【養生】 백성의 기본 생존권을 보장하여 이들을 살 수 있도록 정치를 펼을 뜻함.

참고 및 관련 자료

1. 《後漢書》 荀悅傳

人不畏死, 不可懼以罪. 民不樂生, 不可勸以善. 雖使契布五敎, 皐陶作士, 政不行焉. 故在上者, 先豐民財, 以定其志. 帝耕籍田, 后桑蠶宮; 國無遊民, 野無荒業; 財不賈用, 力不妄加, 以周人事, 是謂「養生」.

2. 《老子》 74장

民不畏死, 奈何以死懼之? 若使民常畏死, 而爲奇者, 吾得執而殺之, 孰敢? 常有司殺者殺. 夫代司殺者殺, 是謂代大匠斲. 夫代大匠斲者, 希有不傷其手矣.

3. 《尙書》 舜典

帝曰:「棄, 黎民阻飢, 汝后稷, 播時百穀.」帝曰:「契, 百姓不親, 五品不遜, 汝作司徒, 敬敷五敎在寬.」

4. 《孟子》 滕文公(上)

人之有道也, 飽食煖衣, 逸居而無敎, 則近於禽獸. 聖人有憂之; 使契爲司徒, 敎以人倫: 父子有親, 君臣有義, 夫婦有別, 長幼有序, 朋友有信.

010(1-10)
진실에 근본을 두어야

군자가 천지를 감동시키고, 신명에 감응하며, 만물을 바르게 하여 왕도정치를 이룰 수 있는 이유는 반드시 그 근본을 진실함에 두고 있기 때문이다.

그러므로 윗자리에 있는 자는 법칙을 살피고 도를 의표儀表로 삼아 호오好惡에 대한 기준을 안정되게 가지고 있어야 한다.

선악은 반드시 공과 죄에 근거를 두고, 훼멸과 칭찬은 준칙과 경험을 본받아야 한다.

신하의 말을 잘 들어보고 그 일에 대해 책임을 묻고, 명분을 거론할 때는 그 실질을 살펴야 하며, 혹 속임수와 위선으로써 백성의 마음을 동탕하게 하는 일이 있어는 안 된다.

그러므로 일이란 다시 고핵考覈하지 않고 넘어가는 것이 있어서는 안 되며, 물건이란 절실함을 따지지 않은 채 사용함이 있어서는 안 되며, 선한 일이란 드러내지 않은 채 넘어가는 일이 있어서는 안 되며, 악이란 드러내어 밝히지 않은 채 덮어두고 넘어가는 일이 있어서는 안 되며, 풍속이란 간악하고 괴이한 것이 있어서는 안 되며, 백성이란 음란한 풍조를 조장하도록 두어서는 안 된다.

君子所以動天地, 應神明, 正萬物, 而成王治者, 必本乎眞實而已.

故在上者, 審則儀道, 以定好惡.

善惡要於功罪, 毀譽效於準驗.

聽言責事, 擧名察實, 無或詐僞, 以蕩衆心.

故事無不覈, 物無不切, 善無不顯, 惡無不彰, 俗無姦怪, 民無淫風.

【動】 감동함.

【應】 순응함. 응함.

【神明】 神靈.

【王治】 제왕으로서의 통치. 그러나 《後漢書》에는 '王化'로 되어 있음.

【審則】 규칙과 제도 등을 잘 살펴봄.

【儀道】 도리에 의거함. 의는 依(倚)와 같음.

【好惡】 《後漢書》에는 '好醜'로 되어 있음.

【要】 '邀'와 같음. 求함, 取함.

【功罪】 功過와 같음. 이룬 공적과 그에 상대되는 죄과.

【準驗】 準則과 效驗.

【責事】 사리를 깊이 헤아려 살펴봄.

【無或詐僞】 《後漢書》(荀悅傳)에는 '無惑詐僞'로 되어 있음.

【蕩】 動蕩하여 불안함.

【覈】 考覈함. 잘 살펴 그 공과나 허실 등을 따져봄.

【姦怪】 간사하여 옳지 못함.

【淫風】 방탕하고 淫佚한 풍속. 악습.

1. 《後漢書》荀悅傳

君子所以動天地, 應神明, 正萬物, 而成王化者, 必乎眞定而已. 故在上者, 審定
乎醜焉. 善惡要乎功罪, 毀譽效於準驗. 聽言責事, 擧名察實, 無惑詐僞, 以蕩
衆心. 故事無不覈, 物無不切, 善無不顯, 惡無不章, 俗無姦怪, 民無淫風.

011(1-11)
정속正俗

　백성은 물론이려니와 상하의 백관들도 이러한 이해利害는 모두 자신들과 직접 관련이 있다고 여기게 된다.

　따라서 각기 자신들의 마음가짐을 엄숙하고 공경하게 갖도록 해야 하며, 그 자신들의 행동을 삼가고 수양이 있도록 하여야 한다. 그리하여야 안으로는 사특邪忒하거나 미혹한 마음을 갖지 않게 되며, 밖으로는 특이한 바람을 갖지 않게 된다.

　이렇게 하면 눈에 보이는 것에 대해 염려하고, 요행을 버리고, 죄나 허물을 짓지 않으며 두려움에 떨지 않을 수 있게 되는 것이다.

　청탁을 위한 알현은 들어주지 아니하며 재물이나 뇌물은 통용되지 않도록 하면 백성의 뜻은 평온해질 것이니 이를 일러 '정속正俗'이라 한다.

百姓上下, 睹利害之存乎己也.

故肅恭其心, 愼修其行, 內不忒惑, 外無異望;

慮其睹, 去徼倖; 無罪過, 不憂懼;

請謁無所聽, 財賂無所用, 則民志平矣, 是謂「正俗」.

【睹】‘覩’와 같음. 目睹함.

【肅恭】엄숙히 하면서 공경함.

【愼修】삼가면서도 아름답게 꾸밈. 혹은 삼가 잘 수양함.

【忒惑】의혹을 일으키며 마구 과실을 저지름.《後漢書》(荀悅傳)에는 ‘回惑’으로 되어 있음.

【異望】서로 달리 바라는 것이 있음. 희망이 서로 다름.

【徼倖】僥倖과 같음. 부당하게 이익을 바람.

【請謁】청탁을 위해 알현함.

【財賄】사사롭게 주고받는 뇌물.

1.《後漢書》荀悅傳

百姓上下, 覩利害之存乎己也. 故肅恭其心, 愼修其行, 內不回惑, 外無異望; 則民志平矣, 是謂「正俗」.

012(1-12)
창화章化(彰化)

군자는 사정을 보아 사람을 등용하고 소인은 형벌로써 부려야 한다.

영광과 치욕이란 상벌의 정화精華이다.

그러므로 예교禮敎와 영욕은 군자에게 가하여 그들로 하여금 그 심정에 감화를 받도록 해야 하며,

질곡桎梏과 채찍, 회초리는 소인에게 가하여 그들로 하여금 형벌의 무서움을 통해 다스려야 한다.

군자라면 치욕스러운 일이란 감히 범하지 않을 것인데 하물며 형벌을 받을 짓을 하겠는가?

소인이라면 형벌도 꺼려 하지 않을 것인데 하물며 치욕 정도를 준다고 될 일이겠는가?

만약 중간 정도의 사람들이라면 형벌과 예禮를 겸하여야 한다.

교화敎化가 폐지되면 이러한 중간 사람들을 몰아 소인의 구역으로 추락시키게 되며,

교화가 행해지면 이러한 중간 사람들을 이끌어 군자의 길로 들어서게 해 준다.

이를 일러 '창화(章化, 彰化)'라 한다.

君子以情用, 小人以刑用.

榮辱者, 賞罰之精華也.

故禮敎榮辱, 以加君子, 化其情也;

桎梏鞭扑, 以加小人, 治其刑也.

君子不犯辱, 況於刑乎?

小人不忌刑, 況於辱乎?

若夫中人之倫, 則刑禮兼焉.

敎化之廢, 推中人而墜於小人之域;

敎化之行, 引中人而納於君子之塗.

是謂「章化」.

【以情用】 사정이나 실정을 잘 살펴 그로써 사용함. 서로 감정이 통하여 일을
  함께 함.
【精華】 사물의 가장 중요한 꽃과 알맹이. 가장 중요하고 아름다운 부분.
【桎梏】 차꼬. 고대 刑具의 일종. 죄인의 팔과 다리를 묶어 움직이지 못하도록
  하는 기구.
【鞭扑】 범인을 심문하던 형구. '鞭'은 가죽이나 대나무로 만든 채찍이며 복(扑)은
  나무나 쇠로 만든 杖具.《後漢書》에는 '鞭撲'으로 되어 있음.
【刑】 '形'과 같음. 형체, 몸을 가리킴.
【若夫】 '至於'와 같음.
【中人】 군자와 소인의 중간 정도 정서와 도덕률을 가진 사람들.
【倫】 무리들. 사람들.
【推】 驅使와 같음. 부림.
【塗】 '途'나 '道'와 같음. 도로. 길.
【章化】 '彰化'와 같음. 표창하여 드러나게 함.

참고 및 관련 자료

1. 《後漢書》荀悅傳

君子以情用, 小人以刑用. 榮辱者, 賞罰之精華也. 故禮敎榮辱, 以加君子, 化其情也; 桎梏鞭撲, 以加小人, 化其刑也. 君子不犯辱, 況於刑乎? 小人不忌刑, 況於辱乎? 若教化之廢, 推中人而墜於小人之域; 教化之行, 引中人而納於君子之塗. 是謂「章化」.

013(1-13)
병위秉威

소인의 정서란 느슨하게 하면 교만해지고 교만해지면 방자하게 굴며,
방자해지면 급박하게 굴고, 급박해지면 남을 원망하게 되고, 남을 원망하게
되면 결국 배반하고 만다.

이들은 위험에 빠지면 난을 도모하며, 편안하면 자신의 욕심을 채울
생각만 하게 되는 것이니, 위엄과 강권으로 이들을 징계하지 않으면
안 된다.

그러므로 윗자리에 있는 자는 반드시 무비武備를 갖추고 뜻밖의 일에
경계하여 그들의 못된 짓이나 포학한 행동을 막아야 한다.

이 무비는 평소 아무 일이 없을 때는 이를 내정內政에 사용하며, 일이
있을 때는 이를 군대로써 사용해야 한다.

이를 일러 '병위秉威'라고 한다.

小人之情, 緩則驕, 驕則恣, 恣則急, 急則怨, 怨則畔.

危則謀亂, 安則思欲, 非威强無以懲之.

故在上者, 必有武備, 以戒不虞, 以遏寇虐;

安居則寄之內政, 有事則用之軍旅.
是謂「秉威」.

【緩】느슨하게 함. 관용을 베풂.
【恣】제멋대로 함. 방자함. 거리낌이 없음.
【畔】'叛'과 같음. 배반함.《後漢書》에는 '叛'으로 되어 있음.
【思欲】淫慾스러운 일을 생각함.
【不虞】생각지 못했던 재앙 따위.
【遏】막음. 저지함. 억제함. 막아서 그러한 일이 성사되지 못하도록 함.
【寇虐】못된 노략질과 학대.
【有事】동란이나 위급한 일 따위.
【軍旅】군대. 軍과 旅는 고대 군사 조직의 단위.
【秉威】위세와 권위를 굳게 잡고 있음. 兵權을 잡고 그 힘을 자신이 쥐고 있음.

참고 및 관련 자료

1.《後漢書》荀悅傳

小人之情, 緩則驕, 驕則恣, 恣則怨, 怨則叛. 危則謀亂, 安則思欲, 非威強無以懲之. 故在上者, 必有武備, 以戒不虞, 以遏寇虐; 安居則寄之內政, 有事則用之軍旅. 是謂「秉威」.

014(1-14)
통법統法

상벌賞罰은 정치에 있어서 칼자루와 같다.

상을 줄 때는 명확히 해야 하며 반드시 벌을 내릴 때는 내려야 한다. 그리고 믿음을 살펴 법령을 신중하게 내려야 한다.

상을 내림으로써 선을 권장하고, 벌을 내림으로써 악을 징계해야 한다.

임금 된 자가 함부로 상을 내려서는 안 되는 까닭은 그 상품에 대한 재물이 아까워서가 아니라, 상을 마구 내리게 되면 선이 권장되지 않기 때문이다.

역시 벌을 함부로 내려서도 안 되는 것은 한갓 그 형벌이 너무 신중해서 그런 것이 아니라, 벌을 마구 행하게 되면 악이 징계되지 않기 때문이다.

상으로써 선을 권하지 못하는 것을 일러 '지선止善'이라 하고, 벌로써 악을 징계하지 못하는 것을 일러 '종악縱惡'이라 한다.

윗자리에 있는 자는 아랫사람이 선한 일을 하는 것을 중지해서 안 되며, 그들이 마음대로 악한 짓을 하도록 풀어놓아서도 안 된다. 그렇게만 하면 나라는 다스려질 것이다.

이를 일러 '통법統法'이라 한다.

賞罰, 政之柄也.

明賞必罰, 審信愼令.

賞以勸善, 罰以懲惡.

人主不妄賞, 非徒愛其財也, 賞妄行則善不勸矣;

不妄罰, 非徒愼其刑也, 罰妄行則惡不懲矣.

賞不勸謂之止善, 罰不懲謂之縱惡;

在上者能不止下爲善, 不縱下爲惡, 則國治矣.

是謂「統法」.

【柄】 원래는 칼이나 무기의 손잡이 부분. 여기서는 근본을 뜻함.

【非徒】 '한갓 ~일 뿐'을 표현하는 구문.

【不勸】 격려를 얻어낼 수 없음.

【非徒愼其刑也】 《後漢書》에는 '非矜其人也'로 되어 있음.

【不懲】 징벌되지 아니함. 징벌을 행사할 수 없음.

【止善】 옳은 길로 나가는 것을 가로막음.

【縱惡】 제멋대로 악한 짓을 하도록 방치함.

【則國治矣】 《後漢書》에는 '則國法立矣'로 되어 있음.

【統法】 법의 기강을 통괄하여 바르게 잡음.

참고 및 관련 자료

1 《後漢書》 荀悅傳

賞罰, 政之柄也. 明賞必罰, 審信愼令. 賞以勸善, 罰以懲惡. 人主不妄賞, 非徒
愛其財也, 賞妄行則善不勸矣; 不妄罰, 非矜其人也, 罰妄行則惡不懲矣. 賞不
勸謂之止善, 罰不懲謂之縱惡; 在上者能不止下爲善, 不縱下爲惡, 則國法立矣.
是謂「統法」.

015(1-15)
위정爲政의 방법

사환四患이 이미 제거되고, 오정五政이 확립되었다면 이를 성의로써 실행하고 이를 견고함으로써 지켜내며, 간결히 하되 태만하지 말아야 하며, 느슨하게 하되 잃지는 말아야 한다.

무위無爲를 곧 실행하는 것으로 여겨 그것이 저절로 시행되도록 하며, 무사無事를 일로 삼아 그것이 저절로 교통하도록 해야 한다.

엄숙히 하지 않아도 다스려지도록 하여 소매를 늘어뜨리고 팔짱을 끼고 읍揖하고 겸손히 하면서도 해내海內가 평안하도록 해야 한다.

이를 일러 정치하는 방법이라 하는 것이다.

四患旣蠲, 五政旣立, 行之以誠; 守之以固, 簡而不怠; 疏而不失.

無爲爲之, 使自施之; 無事事之, 使自交之.

不肅而治, 垂拱揖遜, 而海內平矣.

是謂爲政之方也.

【蠲】'견'으로 읽으며 '捐'과 같음. 제거함. 없애버림.

【疏而不失】성긴 것 같으나 빠뜨리지는 않음.

【無爲】아무런 작위를 하지 않음. 道家에서 최고의 통치술을 뜻하는 '無爲而治'를 가리킴.

【不肅而治】엄숙하게 굴지 않아도 다스려짐.《後漢書》에는 이 다음에 '不嚴而化'의 4글자가 더 있음.

【垂拱】옷깃을 늘어뜨리고 팔짱을 끼고 있음. 아주 태평함을 뜻함.

【揖遜】읍을 하며 겸손한 태도를 취함.《後漢書》에는 '揖讓'으로 되어 있음.

【爲政之方】행정을 실행하는 방법.

참고 및 관련 자료

1.《後漢書》荀悅傳

四患旣蠲, 五政又立, 行之以誠; 守之以固, 簡而不怠; 疏而不失. 無爲爲之, 使自施之; 無事事之, 使自交之. 不肅而成, 不嚴而化, 垂拱揖讓, 而海內平矣. 是謂爲政之方.

2.《老子》73장

天之道, 不爭而善勝, 不言而善應, 不召而自來, 繟然而善謀. 天網恢恢, 疏而不失.

016(1-16)
도실道實

다음으로 육칙六則을 닦아 도경道經을 세워야 한다.

육칙이란 첫째 중中, 둘째 화和, 셋째 정正, 넷째 공公, 다섯째 성誠, 여섯째 통通이다.

천도天道로써 '중'을 삼으며, 지도地道로써 '화'를 삼고,

인덕仁德으로써 '정'을 삼으며, 무사無事로써 '공'을 삼고,

자신부터 엄격하게 하는 것으로써 '성'을 삼으며, 변수變數로써 '통'을 삼아야 한다.

이를 일러 '도실道實'이라 한다.

惟修六則, 以立道經.

一曰中, 二曰和, 三曰正, 四曰公, 五曰誠, 六曰通.

以天道作中, 以地道作和;

以仁德作正, 以事無作公;

以身極作誠, 以變數作通.

是謂「道實」.

【六則】여섯 가지 준칙.

【道經】常道. 일상 행위에서 지켜야 할 원칙.

【和】희로애락 등에 모두 맞는 절도.《中庸》1장에 "喜怒哀樂之未發, 謂之中; 發而皆中節, 謂之和. 中也者, 天下之大本也; 和也者, 天下之達道也. 致中和, 天地位焉, 萬物育焉"라 함.

【天道】자연 섭리에 맞는 규율.

【身極】자신으로부터 엄격하게 지켜야 할 원칙. '極'은 準則이나 原則을 뜻함.

【變數】사물의 변화에 대응하는 도리나 방법.

【道實】도의 실질적인 내용.

017(1-17)
십난十難

다음으로 십난十難을 불쌍히 여겨 어질고 능력 있는 자를 임용하여야 한다.

첫째 부지不知,

둘째 불진不進,

셋째 불임不任,

넷째 부종不終,

다섯째 작은 원망 때문에 큰 덕을 포기하는 것(以小怨棄大德),

여섯째 작은 허물 때문에 큰 공을 세운 자를 축출하는 것(以小過黜大功),

일곱째 작은 과실을 이유로 큰 미덕을 덮어버리는 것(以小失掩大美),

여덟째 남의 허물을 들추어내고 간사한 짓으로써 충정을 손상시키는 것(以訐奸傷忠正),

아홉째 사악한 논설로 정도를 혼란시키는 것(以邪說亂正度),

열 번째 참훼와 질투로 현능한 이를 폐출시키는 것(以讒嫉廢賢能).

이를 일러 '십난'이라 한다.

이 열 가지 재난이 제거되지 않으면 현능한 신하를 임용할 수가 없다.

등용한 신하가 어질지 않으면 그러한 나라는 나라가 아니다.

惟恤十難, 以任賢能.

一曰不知,

二曰不進,

三曰不任,

四曰不終,

五曰以小怨棄大德,

六曰以小過黜大功,

七曰以小失掩大美,

八曰以訐奸傷忠正,

九曰以邪說亂正度,

十曰以讒嫉廢賢能.

是謂「十難」.

十難不除, 則賢臣不用;

用臣不賢, 則國非其國也.

【難】 禍難이나 危難.

【不進】 등용하여 쓰지 못함.

【黜】 박탈함. 퇴출시킴.

【訐奸】 '알간'으로 읽으며 惡意를 가지고 남을 공격함.

【讒嫉】 참훼와 질투로 남을 괴롭히는 행위.

【非國】 나라가 그의 소유가 될 수 없음. 나라는 있으나 나라답지 못하며 나라
로서의 國體를 가지지 못함.

018(1-18)
구풍九風

다음으로 아홉 가지 기풍을 잘 살펴 나라의 상도常道를 안정시켜야 한다.

첫째 치治, 둘째 쇠衰, 셋째 약弱, 넷째 괴乖, 다섯째 난亂, 여섯째 황荒, 일곱째 반叛, 여덟째 위危, 아홉째 망亡이다.

임금과 신하가 친하면서 예를 갖추고, 온갖 관료들이 화합하면서도 각자 할 말은 하며, 서로 양보하며 다투지 아니하고 부지런히 힘쓰되 원망하지 않으며, 일이 없는 듯이 하되 오직 자신의 맡은 바 직무를 다하는 것, 이는 치국治國의 기풍이다.

예와 풍속이 일치하지 아니하고, 지위와 직무가 중시되지 아니하며, 소신이 참훼와 질투를 일삼고, 서인이 국정에 참여하는 것, 이는 쇠국衰國의 기풍이다.

임금이 양보하기를 좋아하고 신하는 편안함만을 추구하며 선비는 놀기를 좋아하고 백성은 떠돌기만 한다면 이는 약국弱國의 기풍이다.

임금과 신하가 서로 똑똑함을 두고 다투고 조정에서는 누구 공이 더 큰가를 다투며, 사대부는 명예를 다투며, 서인들은 이익을 두고 다투는 것, 이는 괴국乖國의 기풍이다.

윗사람은 욕심이 많고, 아랫사람은 일을 꾸미기를 많이 하며, 법은 고정되어 있지 아니하고, 정치에는 드나드는 문이 많은 것, 이는 난국亂國의 풍조이다.

사치를 일삼는 것을 널리 베푸는 것으로 여기며, 남에게 맞서는 것을 마치 높은 것인 줄 여기며, 남용하는 것을 널리 소통시키는 것으로 여기며, 예를 준수하는 것을 일러 바쁘게 일하는 것이라 말하며, 법을 지키는 것을 견고하다 말하는 것, 이는 황국荒國의 기풍이다.

가혹하게 구는 것을 엄밀한 것으로 여기며, 이익을 취하는 것을 공적인 일이라 여기며, 아랫사람의 것을 갉아내는 것을 능력있다 여기며, 윗사람에게 아부하는 것을 충성이라 여기는 것, 이는 반국叛國의 기풍이다.

윗사람과 아랫사람이 서로 소원하게 굴며, 안과 밖이 서로 들씌워 통하지 아니하며, 소신은 총애를 다투고 대신은 권력을 다투는 것, 이는 위국危國의 기풍이다.

윗사람은 아랫사람의 사정을 묻지 아니하고, 아랫사람은 윗사람에게 간언을 하지 아니하며 부인의 말이 채택되고 사사로움이 정치에 행해지는 것, 이는 망국亡國의 기풍이다.

그러므로 윗사람이라면 반드시 나라의 이러한 기풍을 살펴야 하는 것이다.

惟察九風以定國常:

一曰治, 二曰衰, 三曰弱, 四曰乖, 五曰亂, 六曰荒, 七曰叛, 八曰危, 九曰亡.

君臣親而有禮, 百僚和而不同, 讓而不爭, 勤而不怨, 無事惟職是司, 此治國之風也.

禮俗不一, 位職不重, 小臣讒嫉, 庶人作議, 此衰國之風也.

君好讓, 臣好逸, 士好遊, 民好流, 此弱國之風也.

君臣爭明, 朝廷爭功, 士大夫爭名, 庶人爭利, 此乖國
之風也.

上多欲, 下多端, 法不定, 政多門, 此亂國之風也.

以侈爲博, 以伉爲高, 以濫爲通, 遵禮謂之劬, 守法謂
之固, 此荒國之風也.

以苛爲密, 以利爲公, 以割下爲能, 以附上爲忠, 此叛
國之風也.

上下相疏, 內外相蒙, 小臣爭寵, 大臣爭權, 此危國之
風也.

上不訪, 下不諫, 婦言用, 私政行, 此亡國之風也.

故上必察乎國風也.

【九風】 시대에 따라 변하는 아홉 가지 풍조나 유행. 생각의 흐름.

【國常】 나라의 常典.

【乖】 어그러짐. 위배됨.

【百僚】 百官과 같음. 모든 신하.

【和而不同】 서로가 화합하지만 각기 특징을 가지고 있어 똑같지는 않음. 무조건
남의 의견을 따르기보다는 자신의 할 말은 하는 것을 말함. 군자의 태도를 뜻함.
《論語》의 구절.

【惟職是司】 오직 자신이 맡은 직분을 다할 뿐임.

【弱國】 나라를 약화시킴.

【爭明】 서로 현명함을 다투어 훌륭한 일을 하고자 함.

【士大夫】 고대 제후국의 임금 아래 卿, 大夫, 士 3급이 있었으며 이에 각급
관원을 통칭하여 일컫는 말로 쓰였음.

【乖國】 나라의 혼란을 조성함.

【伉】 '閌'과 같음. '높다'의 뜻.

【遵禮】 예의와 법도를 준수함.

【劬】 '힘쓰다, 노고롭다'의 뜻.

【割下】 '아랫사람에게 잔혹하게 굴다'의 뜻.

【附上】 '윗사람에게 빌붙어 아부하다'의 뜻.

【蒙】 '속이다, 기만하다'의 뜻.

【私政】 사사롭게 자신의 뜻에 따라 정치를 폄.

참고 및 관련 자료

1. 《論語》 子路篇

子曰:「君子和而不同, 小人同而不和.」

019(1-19)
옥사獄事를 신중히

다음으로 여러 가지 옥사獄事들을 신중히 하여 사람으로서의 인지상정을 밝혀주어야 한다.

천지의 대덕大德을 삶生이라 하고, 만물의 대극大極을 죽음死이라 한다.

죽은 자는 다시 살아날 수 없으며 형벌을 받아 훼손된 신체 일부는 다시 복원될 수가 없다.

그러므로 선왕들의 형벌은 각급 법관을 제도로 만들어 이를 시행했던 것이다.

그리하여 구극九棘과 삼괴三槐로써 이를 판단하였고, 그 실정을 따지고 심문하여 이를 관대하게 풀어주었다.

조정과 시중에서 여론을 들어 함께 하였고 불쌍히 여기고 애처롭게 여기는 심정으로 이들을 구휼하였다.

형벌을 내릴 때에는 음악을 연주하지 않았으니 이는 신중함을 지극히 하기 때문이다.

형벌이여, 형벌이여! 그 신중함이여!

惟愼庶獄, 以昭人情.

天地之大德曰生, 萬物之大極曰死.

死者不可以生, 刑者不可以復.

故先王之刑也, 官師以成之;

棘槐以斷之, 情訊以寬之;

朝市以共之, 矜哀以恤之.

刑斯斷, 樂不擧, 愼之至也.

刑哉, 刑哉! 其愼矣夫!

【庶獄】 많은 안건. 獄은 소송과 형벌 안건을 뜻함. 여러 가지 소송거리와 행정
　처리 안건들.

【大極】 마지막 종점. 終極.

【刑】 여기서는 肉刑을 뜻함. 신체에 직접 형벌을 가하는 것. 이에 상대되는
　형벌은 '象刑'이었음.

【官師】 여러 등급의 司法官.

【棘槐】 三槐와 九棘.《周禮》에 의하면 고대에는 조정 좌우에 9그루의 가시나무를
　심었으며 정면에 3그루의 홰나무를 심어 三公과 九卿을 상징하였음.

【情訊】 죄수에게 사형을 집행하기 전에 民意를 널리 수집하여 그 의견을 참작
　하던 제도.《周禮》에 의하면 三刺, 三宥, 三赦 제도가 있었음.

【寬】 관용을 베풂. 사면함.

【朝市】 조정과 시장. 사람이 많이 모이는 곳을 뜻함.

【矜哀】 불쌍히 여김.

【刑斯斷】 사형을 집행할 때. '斯'는 의미가 없음.

【擧】 음악을 연주함.

【至】 極點.

1.《**周禮**》秋官 朝士

朝士, 掌建邦外朝之法, 左九棘孤卿大夫位焉. 羣士在其後. 右九棘公侯伯子
男位焉. 羣吏在其後面三槐三公位焉.

2.《**周禮**》秋官 司刺

司刺, 掌三刺三宥三赦之法, 以贊司寇聽獄訟. 壹刺曰訊羣臣; 再刺曰訊羣吏;
三刺曰訊萬民. 壹宥曰不識; 再宥曰過失; 三宥曰遺忘. 壹赦曰幼弱; 再赦曰
老旄; 三赦曰惷愚. 以此三法者, 求民情斷民中, 而施上服下服之罪, 然後刑殺.

020(1-20)

오사五赦

다음으로 오사五赦를 잘 따져보아 백성의 마음 속을 잘 보듬어 안아야
한다.

첫째 원심原心이며, 둘째 명덕明德이며, 셋째 권공勸功이며, 넷째 포화襃化
이며, 다섯째 권계權計이다.

대체로 선왕이 사면을 내린 바는 반드시 이러한 유형을 근거로 하였다.

이러한 유형에 근거했을 때 그에 해당되지 않는다면 사면을 내리지
않았다.

惟稽五赦, 以綏民中.

一曰原心, 二曰明德, 三曰勸功, 四曰襃化, 五曰權計.

凡先王之攸赦, 必是族也.

非是族焉, 刑茲, 無赦.

【稽】고찰함. 깊이 헤아림.

【赦】형벌을 면제함.

【綏】안무함. 안위함. 달래어 복종하도록 함.

【原心】赦免할 수 있는 조건 등을 탐구함.

【褒化】그의 개과천선을 널리 포상함.

【權計】형량의 경중을 저울질한 연후에 결정을 내림.

【攸】'所'와 같음.

【族】무리. '類'와 같음. 같은 類形. 앞에 든 네 가지 유형을 근거로 사면을 결정
하였음을 말함.

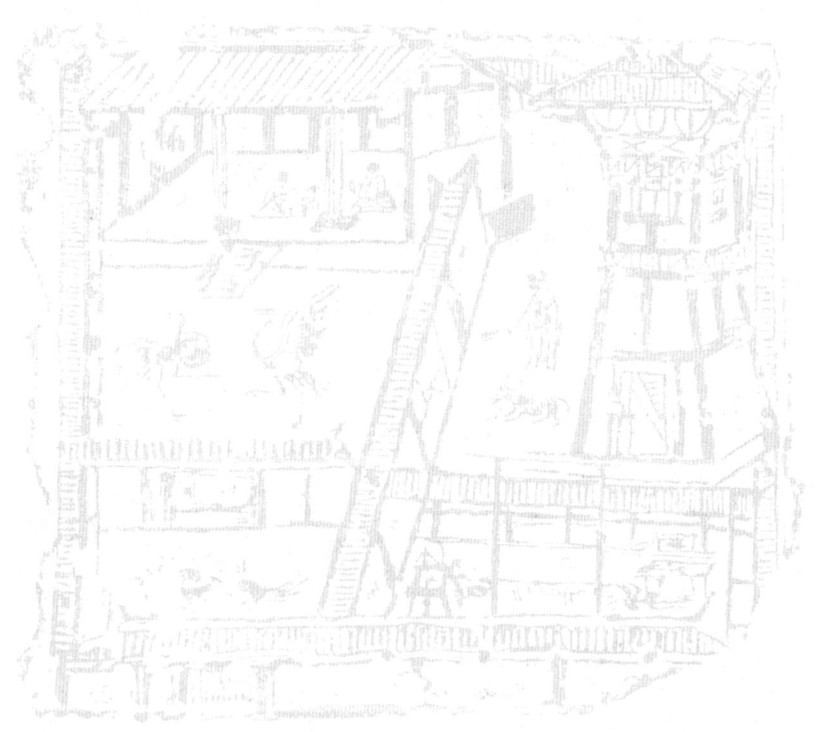

021(1-21)
유교有交

천자는 하루 시간을 넷으로 구분하여야 한다.

아침에는 조회를 열어 정치를 듣고, 낮에는 군신들의 의견을 찾아 묻고, 저녁이면 법령을 고치고 다듬고, 밤이면 몸의 휴식을 취해야 한다.

위로는 스승이 있어야 하고 아래로는 함께 즐거움을 나눌 신하가 있어야 한다. 그들을 통해 크게는 사업에 대한 강론이 있어야 하며, 작게는 묻고 자문하고 상의할 상대가 있어야 한다.

정직한 의견을 거부하지 않으며 아랫사람에게 묻기를 부끄러워하지 말아야 한다.

공과 사에 허물이 될 일이 없어야 하며 안팎으로 두 가지 서로 다른 행동이 있어서는 안 되는 것이니 이를 일러 '유교有交'라고 한다.

天子有四時: 朝以聽政, 晝以訪問, 夕以修令, 夜以安身.

上有師傅, 下有讌臣. 大則講業, 小則咨詢.

不拒直辭, 不恥下問.

公私不愆, 內外不貳, 是謂「有交」.

【天子】고대에 종주국 군주의 권한은 신이 내려준 神權이라 여겨 '天子'라고
　칭하였음.
【師傅】고대에 임금을 보좌하는 三公으로 太師, 太傅, 太保가 있었고 그 아래에
　있는 少傅, 少師, 少保를 三孤라 칭하였음. 그 중 太傅와 太師를 함께 일컬어
　흔히 師傅라고 함.
【讌臣】讌은 燕과 같음. 연회 때 천자를 모시고 政論을 가볍게 토론할 수 있는
　신하.
【不恥下問】아랫사람에게 묻기를 부끄러워하지 않음.《論語》公冶長篇의 구절.
【愆】허물, 과실.
【貳】위배됨. 위배함.
【有交】군신과 상하 사이에 소통이 이루어짐을 말함.

참고 및 관련 자료

1.《論語》公冶長篇
子貢問曰:「孔文子何以謂之『文』也?」子曰:「敏而好學, 不恥下問, 是以謂之
『文』也.」

022(1-22)
치란의 근본

통치를 함에는 명확한 자의 의견을 들어 가까운 것에서부터 멀리에 미치도록 해야 한다.

만물의 근본은 자신에게 있고, 천하의 근본은 집안에 있으며, 치란의 근본은 좌우 신하들에게 달려 있다.

안으로 근본이 바로 서면 사방 천하가 모두 안정을 얻게 되는 것이다.

問明於治者其統近.
萬物之本在身, 天下之本在家, 治亂之本在左右.
內正立而四表定矣.

【問】 질문을 하고 그 의견을 들음. '聞'과 같음.

【統近】 가까운 곳을 잘 통괄하여 멀리까지 파급되도록 함.

【家】 경대부 및 그 가속. 고대에 천자는 자신의 통치 범위를 '天下'로 여겼고, 제후는 봉지를 '國'이라 하였으며, 경대부는 채읍을 '家'라고 하여 '國家'라는 말이 생겨난 것임.

【內正立】 안으로 신하들이 모두 바른 도리를 세울 것을 근본으로 함.

【四表】 사방의 끝. 천하.

023(1-23)
도근道根

도에 통달한 자에게서 듣고 원칙을 지켜 간약簡約하게 해야 한다.

한 마디로써 가히 항상 떳떳이 실행에 옮길 수 있는 말이란 바로 서恕이며,

한 가지 행동으로써 항상 떳떳이 실천에 옮길 수 있는 것이란 바로 정正이다.

'서'란 인仁의 방법이며,

'정'이란 의義의 요체이다.

지극하도다! 이를 일러 '도근道根'이라 하며, 만물의 변화가 그 속에 존재한다.

이를 일러 생각하지 않아도 터득하게 되는 것이며, 하지 않아도 이룰 수 있는 것이라 하나니, 이를 가슴속에 꼭 붙들어 간직하고 있으면 그 공과功果가 천하를 다 덮을 것이다.

問通於道者其守約.

有一言而可常行者, 恕也;

有一行而可常履者, 正也;

恕者, 仁之術也;

正者, 義之要也.

至哉! 此謂「道根」, 萬化存焉爾.

是謂不思而得, 不爲而成, 執之胸心之間, 而功覆天下也.

【問】 '聞'과 같음. 본편의 '問'은 대체로 이처럼 '聞'의 뜻으로 쓰였음.

【守約】 원칙을 준수해 내는 것이 매우 간단함. '約'은 '簡約'의 뜻.

【恕】 儒家에서 흔히 말하는 '남을 이해하다'의 덕목.

【要】 요체, 요령. 사물의 본령.

【萬化】 일체 사물의 정령과 교화. 변화.

【不思而得】 생각해 보지 않아도 저절로 알 수 있음.

【功】 功果. 功效. 功績. 결과의 좋은 결실.

【覆】 덮음. 覆蓋함.

참고 및 관련 자료

1.《論語》里仁篇

子曰:「參乎! 吾道一以貫之」曾子曰:「唯」子出, 門人問曰:「何謂也?」曾子曰:「夫子之道, 忠恕而已矣.」

2.《中庸》13章

忠恕違道不遠: 施諸己而不願, 亦勿施於人.

024(1-24)
대도大道

천자로부터 서인에 이르기까지 호오好惡와 애락哀樂의 감정은 수양해야 되는 점에서는 한결같다.

풍성함과 빈약함, 힘듦과 편안함, 이 네 가지는 각기 그 제한이 있다.

윗사람은 예를 갖추는 것으로써 풍족함을 삼고, 아랫사람은 즐거움을 갖추는 것으로써 풍족함을 삼으니 이를 일러 '대도大道'라 한다.

천하, 나라, 집안은 한 몸으로서 임금은 그 으뜸의 머리가 되고, 신하는 고굉股肱이 되고, 백성은 수족手足이 되는 것이다.

아래로 백성이 근심을 하고 있다면 윗사람은 자신의 즐거움을 마음껏 누려서는 안 될 것이요,

아래로 백성이 굶고 있다면 윗사람은 음식을 마음대로 갖추어 먹어서는 안 될 것이며,

아래로 백성들이 추위에 떨고 있다면 윗사람은 입고 싶은 옷을 마음대로 갖추어 입어서는 안 될 것이다.

발은 맨발이면서 머리에는 면류관을 늘어뜨려 쓰고 있다면 이는 예에 맞지 않는 것이다.

그러므로 발이 차면 심장이 상하게 마련이며, 백성이 추위에 떨면 나라가 상처를 입게 마련인 것이다.

自天子達於庶人, 好惡哀樂, 其修一也.

豐約勞佚, 各有其制.

上足以備禮, 下足以備樂, 夫是謂大道.

天下·國·家, 一體也, 君爲元首, 臣爲股肱, 民爲手足.

下有憂民, 則上不盡樂;

下有饑民, 則上不備膳;

下有寒民, 則上不具服.

徒跣而垂旒, 非禮也.

故足寒傷心, 民寒傷國.

【豐約】부유함과 빈곤함. '約'은 빈곤함을 뜻함.

【勞佚】노고로움과 편안함. '佚'은 '逸'과 같음.

【大道】사물과 정치의 가장 중요한 도.《禮記》禮運篇에 "大道之行也, 天下爲公"이라 함.

【元首】가장 중요한 우두머리.

【股肱】원래는 팔과 다리. 몸을 지탱함에 있어서 가장 중요한 것으로 흔히 重臣을 뜻하는 말로도 쓰임.

【徒跣】오직 맨발로 다님. 아주 가난함을 뜻함.

【垂旒】'旒'는 면류관에서 옆으로 늘어뜨린 수술을 말함.

【足寒傷心】발이 차가우면 심장이 상해를 입음.

025(1-25)
도민道民과 양군養君

듣기로 임금은 가장 아름다운 통치 방법으로써 백성을 인도하며, 백성은 가장 훌륭한 물건으로 임금을 봉양한다 하였다.

임금은 그 혜택을 내려주고 백성은 그 공을 올려바치는 것이다.

이는 주면 되받지 않는 것이 없는 것이니 서로 보답하는 본의이다.

그러므로 태평한 시대에 모든 물건을 구비하는 것은 욕심 닿는 대로 끝까지 다 쓰지 않기 때문에 비축할 수 있는 것이며, 물건이 줄어들면 예禮를 생략하는 것은 겸양과 절약을 줄이는 것이 아니다.

이는 당연한 이치이다.

問君以至美之道道民, 民以至美之物養君.

君降其惠, 民升其功.

此無往不復, 相報之義也.

故太平備物, 非極欲也;

物損禮闕, 非謙約也.

其數云耳.

【道民】 ‘道’는 ‘導’와 같음. 백성을 인도하여 통치함.

【升】 공헌함. 올려바침.

【極欲】 욕구의 가장 높은 단계.

【物損禮闕】 물자가 감소하는 만큼 예가 삭감됨.

【數】 도리.

026(1-26)
다섯 가지 손상損傷

들기로 임금은 공적인 세금 부과는 있지만 사사롭게 요구하는 것은 없어야 한다고 하였다.

마찬가지로 공적인 사용은 있어야 하나 사사로운 비용은 없어야 한다.

공적인 사역은 있어야 하나 사사롭게 부리는 경우란 없어야 한다.

공적인 하사품은 있지만 사사롭게 은혜를 베푸는 일은 없어야 한다.

공적으로 화를 내는 일은 있지만 사사롭게 원망하는 일은 없어야 한다.

사사롭게 요구하면 아랫사람들이 번거로워지고 정도正道가 없어질 것이니 이를 일러 '상청傷淸'이라 한다.

사사롭게 쓰는 비용이 있으면 관비가 소모되고 제한이 없게 될 것이니 이를 일러 '상제傷制'라 한다.

사사롭게 부리는 경우가 있으면 백성은 뒤틀려 흔들리며 절제가 없어질 것이니 이를 일러 '상의傷義'라 한다.

사사롭게 혜택을 내리면 아랫사람은 헛된 희망을 품게 되어 기준이 없어질 것이니 이를 일러 '상정傷正'이라 한다.

사사롭게 원망을 품고 있으면 아랫사람은 의혹을 품은 채 겁을 내며 불안해 할 것이니 이를 일러 '상덕傷德'이라 한다.

問人主有公賦無私求,

有公用無私費,

有公役無私使,

有公賜無私惠,

有公怒無私怨.

私求則下煩而無道, 是謂「傷淸」.

私費則官耗而無限, 是謂「傷制」.

私使則民撓擾而無節, 是謂「傷義」.

私惠則下虛望而無準, 是謂「傷正」.

私怨則下疑懼而不安, 是謂「傷德」.

【公賦】정부에서 징수하는 공적인 賦稅.
【下煩】아랫사람이 느끼는 번뇌.
【傷淸】청렴함에 상해를 입힘.
【官耗】公家에 손해를 끼침.
【傷制】국가의 제도에 상해를 입힘.
【撓擾】'요요'로 읽으며 어지럽힘. 어지러움.
【疑懼】의혹을 느끼면서 두려워함.
【傷德】덕에 손상을 입힘.

027(1-27)
쇳물

듣기로 백성을 잘 다스리는 자는 그 본성을 다스리는 것이라 하였다.

어떤 이가 물었다.

"쇠붙이를 녹이면 액체로 변한다. 그러나 불을 빼면 다시 식어 굳어진다. 물을 격하게 가로막으면 수면이 위로 올라온다. 그러나 물을 그대로 흐르도록 두면 아래로 내려와 평온을 되찾는다. 이것이 어찌 다스림이 아니겠는가?"

나는 이렇게 설명한다.

"끓이던 용광로 불을 제거하지 않으면 쇳물은 계속 액체 상태이다. 물도 계속 막아 솟구치게 하면 계속 올라간다. 그러므로 큰 용광로의 쇳물은 강하지 않게 할 수가 있으며, 물은 수차를 계속 밟고 있으면 더 내려오지 않도록 할 수 있다. 교화를 잘 세우는 자가 이와 같이 한다면 종신토록 백성을 다스릴 수 있다. 그러므로 모든 기구란 가히 일반 백성들로 하여금 안연顔淵이나 염유冉有처럼 계속 앞으로 전진하도록 부릴 수 있다. 그들 앞에 백금百金을 던져놓거나 그들 몸에 흰 칼날을 들이대더라도, 비록 도척盜跖이라 해도 감히 그것을 주우려 들지 못할 것이다. 법을 잘 세우는 것은 이와 같은 것이니, 감히 종신토록 누구도 그것을 줍지 못하도록 할 수 있다. 그러므로 도척일지라도 가히 백이伯夷처럼 그 청렴한 효과를 똑같이 얻도록 할 수 있는 것이다."

問善治民者, 治其性也.

或曰:「冶金而流, 去火則剛; 激水而升, 舍之則降. 惡乎治?」

曰:「不去其火則常流, 激而不止則常升. 故大冶之爐, 可使無剛; 踊水之機, 可使無降. 善立敎者若茲, 則終身治矣. 故凡器可使與顔·冉同趨. 投百金於前, 白刃加其身, 雖巨跖弗敢掇也. 善立法者若茲, 則終身不掇矣; 故跖可使與伯夷同功.」

【冶金】야금. 불 속에 쇠붙이를 녹이거나 달구어 기구를 만들어내는 일.

【流】쇳물이 액체 상태로 흐름.

【去火】불을 제거함.

【激水】흐르는 물을 막거나 심하게 침.

【舍之】'舍'는 '捨'와 같음. 물을 막고 있던 장애물을 치워줌.

【大冶】쇠붙이를 녹이는 큰 용광로.

【踊水之機】물을 퍼 올리는 기계. 水車.

【凡器】평범한 기구. 보통 사람을 말함.

【顔·冉】顔回와 冉有. 모두 공자 제자이며 顔回
는 顔淵, 冉有는 冉雍. 안연은 德行으로, 염옹은
政事에 뛰어난 것으로 이름을 얻었음.《論語》先
進篇에 "子曰:「從我於陳·蔡者, 皆不及門也.」德
行: 顔淵, 閔子騫, 冉伯牛, 仲弓. 言語: 宰我, 子貢.
政事: 冉有, 季路. 文學: 子游, 子夏"라 함.

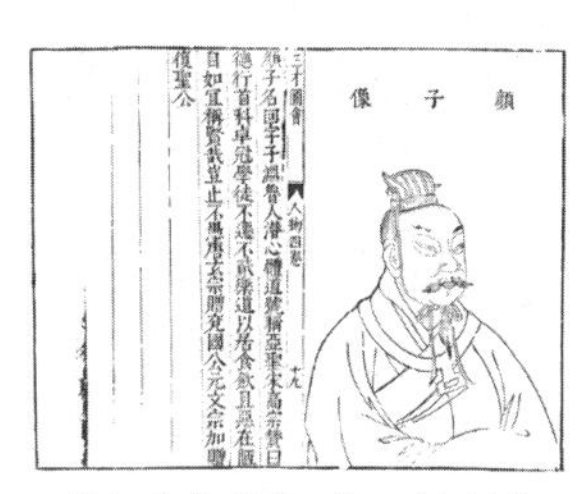

〈顔子〉(顔回) 《三才圖會》

【百金】금은 일(鎰)로 단위를 삼으며 백금은 매우 많은 쇠붙이를 말함.

【巨跖】천하의 大盜로 알려진 盜跖을 가리킴. 그에 대한 일화가 《莊子》 등에
널리 실려 있음.

【伯夷】고대에 청렴하기로 이름난 현인. 원래 孤竹國의 왕자로 叔齊와 함께
周나라에 이르러 武王의 불의를 규탄하다가 首陽山에 은거하여 고사리를
캐 먹다가 죽었다 함.《史記》伯夷列傳 참조.

028(1-28)
물을 건널 때

듣건대 백성은 물길을 경유하는 것과 같다고 한다.

큰 냇물을 건너는 자는 가장 최상의 방법은 배를 타고 건너는 것이며 그 다음은 헤엄을 쳐서 건너는 방법이다.

헤엄을 치는 것은 힘이 들기도 하려니와 위험하기도 하다. 그러나 배를 타고 건너는 것은 편안할뿐더러 안전하다.

그러나 아무런 대책 없이 물로 뛰어든다면 틀림없이 물에 빠지고 말 것이다.

지능知能으로써 백성을 다스리는 것은 헤엄을 치는 것이요,

도덕道德으로써 백성을 다스리는 것은 배를 타고 건너는 것인 셈이다.

問民由水也.

濟大川者, 太上乘舟, 其次泅.

泅者勞而危, 乘舟者逸而安.

虛入水, 則必溺矣.

以知能治民者, 泗也;
以道德治民者, 舟也.

【由】'猶'와 같음.
【太上】가장 높은 하늘의 가장 밝음을 뜻함. 여기서는 가장 훌륭한 방법이라는
　뜻으로 쓰였음.
【泗】헤엄을 쳐서 건너감.
【虛】아무런 대책도 없음.
【溺】익사함. 물에 빠져 죽음.
【知能】智能과 같음. 智慧와 能力.

029(1-29)
난황亂荒

　　백성이 하고 싶은 대로 하도록 내버려 두는 것을 일러 '난亂'이라 하고, 백성의 본성을 끊어버리는 것을 일러 '황荒'이라 한다.

　　"그렇다면 어떻게 해야 하는가?"

　　나는 이 질문에 이렇게 설명한다.

　　"한계를 정하여 넘어서지 않도록 해야 한다. 그리고 구역을 정해놓고 역시 넘어서지 않도록 해야 한다. 그러므로 물이란 넘치지 않게 할 수 있고, 쇳물이란 계속 액체 상태로 있지 않도록 할 수가 있다. 이를 잘 금지시키는 자는 우선 자신부터 잘 금지하고 남에 대한 금지는 뒤로 미룬다. 그러나 금지를 잘 하지 못하는 자는 남부터 금지시키고 자신은 뒤로 미룬다. 그러나 가장 훌륭한 금지는 아무것도 금지하지 않는 상태만 한 것이 없다. 법령도 이와 마찬가지이다. 만약 자기 자신은 하고 싶은 대로 마구 다하면서 민중은 새끼줄로 얽어매고자 하며, 관청에서는 속임수를 쓰면서 백성에게는 자신이 성실한 척 자랑하며, 자신에게는 여유가 넘치도록 요구하면서 아래로 백성에게는 부족한 것조차 빼앗으려 하며, 자신이 하면 쉽게 할 일도 하지 않으면서 남에게는 하기 어려운 일의 책임을 덮어씌운다면 이는 원망의 근본이 되고 만다. 이를 일러 이치의 근원을 끊어버리는 짓이라 하는 것이다."

縱民之情謂之亂, 絶民之情謂之荒.

曰:「然則如之何?」

曰:「爲之限, 使勿越也; 爲之地, 亦勿越. 故水可使不濫, 不可使無流. 善禁者, 善禁其身而後人; 不善禁者, 善禁人而後身. 善禁之, 至於不禁. 令亦如之. 若乃肆情於身而繩欲於衆, 行詐於官而矜實於民; 求己之所有餘, 奪下之所不足; 捨己之所易, 責人之所難; 怨之本也. 謂理之源斯絶矣.」

【縱】 마구 풀어놓음. 방종하게 내버려 둠.
【爲之限】 알맞은 한계를 설정함.
【肆情】 자신의 감정대로 마구 행동함.
【繩欲】 끈으로 욕망을 묶어 절제함.
【矜實】 자신의 성실함을 지나치게 자랑하거나 자신감을 가짐.

030(1-30)
닭을 몰듯이

"위로부터 아래를 통제하는 일은 마치 낚시꾼이 낚시를 하는 것과 같아, 손은 숨긴 채 낚시바늘의 움직임에 따르면 물고기를 잡을 수 있다.

가까운 곳으로부터 먼 곳에 이르게 하는 것은 마치 마부가 말을 모는 것과 같아 손놀림을 화순하게 하고 재갈에 조화를 이루면 말을 부릴 수 있다.

그러므로 지극한 도의 요체란 자신으로부터 시작하지 않는다면 그것은 도道가 될 수가 없다.

어린아이가 닭을 모는 것을 보면 가히 백성을 다스리는 방법을 발견할 수 있다.

아이가 닭을 쫓으면서 급하게 굴면 닭이 놀라고 느슨하게 하면 닭이 아예 움직이지 않는다.

닭을 북쪽으로 몰면서 급히 그 앞을 막으면 닭은 방향을 꺾어 남쪽으로 향할 것이다. 그를 남쪽으로 몰면서 급히 그 앞을 막으면 닭은 방향을 꺾어 북쪽으로 향할 것이다.

급히 몰면 날아오르고 풀어주면 닭은 마음을 놓는다. 닭이 뜻을 한가하게 가질 때 가까이 다가가되, 느리게 서성이되 닭이 불안해할 때 그에게 먹이를 주면 된다.

몰지 않으면서 몰아가는 것, 이것이 닭을 몰아가는 지극함이다. 뜻을 편안히 가지도록 하여 길을 따라 그 닭을 몰면 문 안으로 들여보낼 수 있는 것이다."

「自上御下, 猶夫釣者焉, 隱於手, 應於鉤, 則可以得魚.

自近於遠, 猶夫御馬焉, 和於手而調於銜, 則可以使馬.

故至道之要不於身, 非道也.

睹孺子之驅鷄也, 而見御民之方.

孺子驅鷄者, 急則驚, 緩則滯.

方其北也, 遽要之則折而過南;

方其南也, 遽要之則折而過北.

迫則飛, 疎則放, 志閑則比之, 流緩而不安則食之.

不驅之驅, 驅之至者也. 志安則循路而入門.」

【隱】 의지함. 기댐.
【銜】 말의 재갈.
【使馬】 말을 다룸. 말을 부림.
【孺子】 어린아이.
【見】 現과 같음. 體現의 뜻.
【遽】 '신속히'의 뜻.
【比】 가까이 접근함.
【流緩】 천천히 왔다갔다함.
【循路】 길을 따라 감.

031(1-31)
투절偸竊과 약탈掠奪

가장 최상의 방법은 시장이 텅비도록 놔두지 않는 것이며, 차상책은 도둑질을 하지 않는 것이며 가장 낮은 방법은 약탈을 하지 않는 것이다.

윗사람이라면 공功과 혜택으로써 백성을 위무하는 것이며 아랫사람이라면 재물과 노동력으로써 윗사람을 모시는 것이니 이로써 위와 아래가 서로 도와주는 것이다.

시장을 폐쇄하면 백성이 참여하지 못하고 백성이 참여하지 못하면 거짓과 속임수로써 구하고자 하는 것을 구할 것이니 이를 일러 '투절偸竊'이라 한다.

훔치고 도둑질하게 되면 백성들이 물건을 집에 쌓아두고 내놓지 않을 것이며, 쌓아두고 내놓지 않으면 폭력과 핍박의 방법으로 구하려고 하는 것을 구할 것이니 이를 일러 '약탈掠奪'이라 한다.

이리하여 백성들이 어쩔 수 없이 서로 다투게 되면 그것이 곧 화란禍亂이 되고 만다.

太上不空市, 其次不偸竊, 其次不掠奪.

上以功惠綏民, 下以財力奉上, 是以上下相與.

空市則民不與; 民不與, 則爲巧詐而取之, 謂之「偸竊」.
偸竊則民備之, 備之而不得, 則暴迫而取之, 謂之「掠奪」.
民必交爭, 則禍亂矣.

【空市】시장을 비워 상업이 활성화되지 못하도록 함.
【偸竊】속임수로 백성의 재물을 빼앗음.
【掠奪】겁을 주어 남의 재물을 빼앗음.
【綏民】백성을 안위하여 품에 안음.
【財力】재물과 노동력.
【相與】서로를 인정하여 친근해짐.
【暴迫】폭력을 사용하여 핍박함.
【禍亂】재앙과 전란.

032(1-32)
성왕聖王과 범주凡主

어떤 이가 말하였다.

"성왕聖王은 천하로써 즐거움을 삼는다."

나는 이렇게 설명한다.

"아니다. 성왕은 천하를 근심해주어야 할 대상으로 여겼고, 천하는 성왕의 다스림을 통해 즐거움을 얻었다. 그러나 범주凡主는 천하를 즐거움의 대상으로 삼았고, 천하 백성은 그런 범속한 군주를 근심의 대상으로 삼았다."

성왕은 자신을 굽히는 것으로써 천하의 즐거움을 펴 주는 자요, 범속한 군주는 자신을 폄으로써 천하의 근심을 굽히는 자이다.

천하의 즐거움을 펴 주기 때문에 백성이 즐거워하면서 역시 그에 대한 보답이 있는 것이요,

천하의 근심을 굽혀 없는 듯이 여김으로써 그 때문에 백성이 근심하는 것이 역시 그 범주에 미치는 것이다.

이것이 천하의 도이다.

或曰:「聖王以天下爲樂.」

曰:「否. 聖王以天下爲憂, 天下以聖王爲樂. 凡主以天下爲樂, 天下以凡主爲憂.」

聖王屈己以申天下之樂, 凡主申己以屈天下之憂.

申天下之樂, 故樂亦報之;

屈天下之憂, 故憂亦及之.

天下之道也.

【聖王】 덕과 통치력 등이 완벽함을 상정한 고대 이상적인 제왕.
【凡主】 평범한 군주. 범속한 군주. 聖王에 상대하여 쓴 말.
【屈己】 자신을 굽혀 겸손히 하며 자신의 욕망을 억제함.
【申】 '伸'과 같음. '펴다'의 뜻.

033(1-33)
치세治世와 쇠세衰世

다스려지는 세상에서 귀히 여기는 바의 지위가 세 가지이다.

첫째 천하에 통달한 도를 펴는 것이요, 둘째 백성에게 통달한 은혜를 베푸는 것이요, 셋째 자신부터 통달한 도를 실천하는 것이다.

쇠약해 가는 세상에 귀히 여기던 바의 지위도 세 가지이다.

첫째 남에게 고고하게 구는 것을 귀히 여기는 것이요, 둘째 자신을 받드는 것을 부유함인 양 여기는 것이요, 셋째 자신이 마음대로 하는 것을 보답인 줄 여기는 것이다.

다스려지는 세상에서 귀히 여긴 것은 진실로 옳은 것이요,

쇠미한 세상에서 귀히 여긴 것은 재앙을 만들어내는 것들이다.

진실로 남에게 거만하게 군다면 반드시 손해를 입을 것이니 이것이 바로 재앙이요,

진실로 자신만을 받든다면 틀림없이 버림을 받을 것이니 이것이 바로 재앙이요,

진실로 제 마음대로 마구 한다면 틀림없이 막히고 말 것이니 이것이 바로 재앙인 것이다.

治世所貴乎位者三:

一曰達道於天下, 二曰達惠於民, 三曰達德於身.

衰世所貴乎位者三:

一曰以貴高人, 二曰以富奉身, 三曰以報肆心.

治世之位, 眞位也;

衰世之位, 則生災矣.

苟高人, 則必損之, 災也;

苟奉身, 則必遺之, 災也;

苟肆心, 則必否之, 災也.

【治世】亂世에 상대되는 말로 태평시대.
【貴乎位】'位'는 '것'과 같음. 혹 그러한 지위에 있으면서 귀하다 여긴 관념.
【達道】아주 통달하여 하자가 없는 도.
【衰世】末世. 난세와 같음. 덕이 쇠미하여 정치가 혼란한 시대. 治世에 상대되는 말.
【奉身】자기 자신을 봉양함.
【否】순조롭지 못함. 막힘. 否塞. '비'로 읽음.

034(1-34)
순리順理와 역리逆理

잘 다스려지는 세상의 신하로서 귀히 여기는 바의 순리가 셋이다.

첫째 마음 씀씀이를 순리대로 하는 것, 둘째 직책을 순리대로 처리하는 것, 셋째 도리를 순리대로 따르는 것이다.

쇠미해 가는 세대의 신하로서 귀히 여기는 바의 순리는 셋이 있다.

첫째 제 몸 편한 것을 순리로 여기는 것, 둘째 무슨 말이든지 순리라 여기며 따르는 것, 셋째 일을 순리라 여겨 아무렇게나 처리하는 것이다.

치세의 순리는 진짜 참된 순리이다.

그러나 쇠미해 가는 세대의 순리는 역逆을 낳는다.

제 몸만 편하게 여기는 것을 순리라고 한다면 절도에 대한 역이요,

무슨 말이든지 모두 순리라고 여긴다면 충忠에 대한 역이요,

일을 아무렇게나 하는 것을 순리라 여긴다면 도道에 대한 역이다.

治世之臣, 所貴乎順者三:

一曰心順, 二曰職順, 三曰道順.

衰世之臣, 所貴乎順者三:

一曰體順, 二曰亂順, 三曰事順.

治世之順, 眞順也;

衰世之順, 生逆也.

體苟順則逆節,

亂苟順則逆忠,

事苟順則逆道.

【貴乎順】중시해야 할 것은 순리라고 말한 것.
【心順】마음속이 순함.
【衰世~事順】이곳의 22글자는 다른 본에는 탈락되어 있으나 黃省曾 주에 의해 보충하여 넣은 것임.
【亂順】'辭順'의 오기. 언어가 순하고 화평함.
【亂苟順】이곳의 '亂'자 역시 '辭'자의 오기임.

035(1-35)
대보大寶

높은 지위와 낮은 지위가 질서를 잃게 되면 그 지위가 가벼워지고,

반열과 직급이 견고하지 못하면 그 지위가 가벼워지고,

봉록이 박하고 낮은 자가 총애를 입게 되면 그 지위가 가벼워지고,

관위과 직책을 자주 바꾸면 그 지위가 가벼워지고,

자리를 자주 옮기고 일을 번잡하게 하거나 남의 업무를 침범하게 되면 지위가 가벼워지고,

파면과 승진이 명확하지 않으면 그 지위가 가벼워지고,

신하를 대접하면서 예로써 하지 않으면 그 지위가 가벼워진다.

대체로 지위가 가벼우면서 그가 행하는 정치가 중요함을 인정받은 것은 이제까지 있어본 적이 없다.

성인의 가장 큰 보물을 일러 지위라 하였으니 이것이 가벼워진다면 나의 보물을 잃는 것이 된다.

高下失序則位輕,

班級不固則位輕,

祿薄卑寵則位輕,

官職屢改則位輕,

遷轉煩瀆則位輕,

黜陟不明則位輕,

待臣不以禮則位輕.

夫位輕而政重者, 未之有也.

聖人之大寶曰位, 輕則喪吾寶也.

【高下】'上下'와 같음. 높은 지위에 있는 자와 낮은 지위에 있는 자.

【序】秩序, 順序, 品序.

【班級】班列과 職級. 즉 作爲를 뜻함.

【卑寵】비천한 자가 총애를 받음.

【屢改】여러 차례 변화가 있음.

【遷轉】관리의 자리를 바꾸어 배치함.

【煩瀆】번거롭게 하면서 瀆職을 함.

【黜陟】벼슬자리의 진퇴와 오르내림. 진출과 퇴출.

【大寶】가장 귀중한 사물. 帝王의 자리를 뜻함.《周易》繫辭(下)에 "聖人之大寶
　曰位"라 함.

【喪】喪失함. 잃음. '喪'은 '失'과 같음. 쌍성.

036(1-36)
호오好惡와 상벌賞罰

호오好惡의 감정에 따라 일을 처리하지 않는 것은 오래된 풍속이다.

그리하여 절의를 지키는 자는 가상히 여기면서 편협하고 비루한 자는 경홀히 여긴다. 위세로써 복을 누리는 것은 증오하면서도 권문과 호족은 존중한다.

욕심대로 요구하는 것은 천하게 여기면서 남이 어려움을 극복하며 건너온 것은 존중한다. 자신에게 책임을 구하면서 화려하고 실질이 없는 명예는 영광으로 여긴다.

만물은 모두가 이와 같은 것이다.

대체로 마음과 말, 말과 일이란 서로 상응하는 것이다.

호오와 훼예毁譽, 상벌賞罰은 서로 부합하여 상응한다.

이 여섯 가지에 과실이 있으면 실질은 혼란을 일으키게 된다.

따라서 실질을 굳게 지켜내는 자는 더욱 영광스러움을 얻게 되며, 자신에게 모든 책임을 구하는 자는 더욱 현달하게 되며, 그윽한 곳에 처하는 자일수록 더욱 밝게 드러나게 되는 것이니 그런 연후에야 백성이 그 근본을 알게 된다.

好惡之不行, 其俗尚矣.

嘉守節而輕狹陋, 疾威福而尊權右,

賤求欲而崇克濟, 貴求己而榮華譽,

萬物類是已.

夫心與言, 言與事, 參相應也.

好惡·毀譽·賞罰, 參相福也.

六者有失, 則實亂矣.

守實者益榮, 求己者益達, 處幽者益明, 然後民知本也.

【尚】 '上'과 같음. 오래되었음을 말함.

【嘉】 가상히 여김, 찬미함.

【狹陋】 狹窄하고 누추함.

【疾】 질시함. 혐오함. 증오함.

【威福】 형벌과 상급. 여기서는 상벌을 남용함을 말함.

【權右】 權門豪族을 말함.

【克濟】 공을 세워 이름을 드날림.

【求己】 모든 것을 자신에게서 구함.

【華譽】 이름만 드러날 뿐 실질이 없는 명예.

【參】 배합, 조화.

【福】 '副'와 같음. 符合함.

卷二 〈時事〉

'시사時事'는 당시 시속時俗의 폐단 21가지를 거론하여 이를
시정할 방법을 제시한 내용으로 이루어져 있다.

〈擊鼓說唱陶俑〉（東漢） 明器 1957 四川 成都 天回山 출토

037(2-1)
논의해야 할 사안 21가지

모두 합하여 21가지 논의해야 할 사안이 있다.

처음과 두 번째 것은 지혜를 숭상하고 돈후함을 귀히 여겨야 할 덕목이다.

그 두 가지에 다시 거듭 거론할 것이 19가지가 된다.

첫째 고핵考覈과 시험을 명확히 하는 사안.

둘째 군수는 반드시 공경公卿의 지위라야 한다거나 현령에게는 2천 석의 봉록이어야 한다는 원칙에 얽매이지 않아야 할 사안.

셋째 상무관尙武官의 직제를 두는 사안.

넷째 주목州牧의 지위는 논의를 거쳐 결정해야 한다는 사안.

다섯째 형벌을 받아 사형을 당할 자는 살려주되 육형肉刑을 가해야 한다는 사안.

여섯째 덕치와 형벌을 함께 사용해야 한다는 사안.

일곱째 피해야 할 복수에 대해서는 그 조목을 설정할 것에 대한 사안.

여덟째 봉록에 대한 논의.

아홉째 전용 농지에 대한 논의.

열 번째 화폐의 유통에 대한 논의.

열한 번째 제사를 줄이고 국가의 중요한 일을 먼저 서둘러야 할 사안.

열두 번째 하늘과 사람은 서로 화복이 응한다는 논의.

열세 번째 매월 초하룻날은 조정에서 조회를 들을 것에 대한 논의.
열네 번째 궁중 안 후궁들의 교화를 숭상할 것에 대한 사안.
열다섯 번째 박사 제도에 대한 사안.
열여섯 번째 지덕과 요도要道에 대한 논의.
열일곱 번째 너무 잦은 사면령을 금지할 것에 대한 사안.
열여덟 번째 공주의 혼인 제도를 바르게 정할 것에 대한 논의.
열아홉 번째 궁중 내외의 기록 제도를 복원할 것에 대한 논의.

最凡有二十一首.

其初二首, 尙知貴敦也.

其二首有申重可擧者, 十有九事.

一曰明考試;

二曰公卿不拘爲郡, 二千石不拘爲縣;

三曰置上武之官;

四曰議州牧;

五曰生刑而死者, 但加肉刑;

六曰德刑並用;

七曰避讎有科;

八曰議祿;

九曰議專地;

十曰議錢貨;

十一曰約祀擧重;

十二曰天人之應;

十三曰月正聽朝;

十四曰崇內敎;

十五曰備博士;

十六曰至德要道;

十七曰禁數赦令;

十八曰正尙主之制;

十九曰復內外注記者.

【最凡】 '모두 합하여'의 뜻.

【首】 '件'과 같음. 量詞.

【尙知】 '知'는 '智'와 같음. 지혜로움을 숭상함.

【申重】 재차 거듭 밝힘.

【考試】 관리의 실적을 考覈함을 말함.

【二千石】 군수(郡守)를 가리킴. 한나라 때 군수의 봉록이 2천 석이어서 군수를
  대신하는 말로 쓰임.

【上武】 尙武와 같음. 무력을 숭상함.

【州牧】 주의 목사. 東漢 靈帝 때 刺史를 州牧이라 불렀으며 郡守 위의 지위로써
  州의 행정 대권을 장악하였음.

【肉刑】 고대 신체의 일부를 훼손하는 형벌. 이에 상대되는 형벌이 象刑이었음.

【議祿】 봉록에 대하여 논의함.

【錢貨】 화폐와 재물.

【約祀擧重】 제사를 줄여 중요한 것만 거행함.

【天人之應】 天人感應과 같음.

【月正聽朝】 고대 제왕이나 제후의 군주가 매월 초하루 묘당에서 제사를 올리고
  이어서 개최하는 조회. '聽朔'이라고도 함.

【內敎】 안으로 부인들에 대한 교화.

【博士】 전국시대 이미 이 제도가 있었으며 秦漢 때에는 典籍을 敎學하는 이들을
두어 이를 박사라 하였음. 특히 武帝 때에는 五經博士를 두어 儒學의 진흥을
꾀하기도 하였음.

【至德要道】 지극한 덕과 중요한 도.

【尙主之制】 공주의 혼인에 대한 제도. '尙主'는 공주를 아내로 맞이하여 장가
드는 것을 말함.

【注記】 궁중 안의 자질구레한 일들에 대해 일일이 기록을 남기는 것. '起居注'나
'實錄' 따위를 말함.

038(2-2)
반경盤庚의 천도

반경盤庚이 은殷으로 천도하고 나서 사치를 개혁하고 절약하는 방향으로 나가도록 하였으며 교화로써 이를 다스렸더니 그 시기에 맞추어 풍조가 변하였다.

많고 적음, 차고 비는 것이란 결코 영원히 변할 수 없는 것은 아니다.

지혜를 숭상하고 돈후한 풍속을 귀히 여기는 것은 고금에 일치하는 법이다.

백성의 수가 적으면 적은 비용으로도 만족시킬 수 있고, 토지가 넓으면 물산이 많이 생산될 수 있으며, 일이 간단하면 쉽게 그 업무를 안정시킬 수 있다.

혼란에 염증을 느끼면 다스림을 떠올리게 되고 창업이 어려우면 조용히 쉬고 싶은 생각이 나게 마련이다.

盤庚遷殷, 革奢即約, 化而裁之, 與時消息.

衆寡盈虛, 不常厥道.

尚知貴敦, 古今之法也.

民寡則用易足, 土廣則物易生, 事簡則業易定.
厭亂則思治, 創難則思靜.

【盤庚】商나라 20대 帝王. 도읍을 亳(혹은 奄)에서 殷(지금의 河南 安陽 小屯村)
　으로 옮겨 그 뒤를 흔히 殷으로 부름. 천도의 과정을 기록한 것이《尙書》
　盤庚篇임.
【革奢】사치의 풍조를 개혁함.
【卽約】즉은 ‘就’, ‘提’와 같음. 절약을 제창함.
【消息】소멸과 증식. 사물의 변화, 즉 生滅이나 盛衰 등을 뜻함. 雙聲連綿語.
【易足】쉽게 만족함.
【厭亂】혼란이나 禍亂을 싫어함.
【創難】창업의 어려움.

1.《尙書》盤庚(上)

盤庚遷于殷, 民不適有居, 率籲衆慼, 出矢言. 曰:「我王來, 旣爰宅于兹. 重我民,
無盡劉, 不能胥匡以生. 卜稽曰:『其如台.』先王有服, 恪謹天命, 兹猶不常寧,
不常厥邑, 于今五邦. 今不承于古, 罔知天之斷命. 矧曰其克從先王之烈. 若顚
木之有由蘖. 天其永我命于兹新邑, 紹復先王之大業, 厎綏四方.」

039(2-3)
삼황 시대의 백성

어떤 이가 물었다.

"삼황三皇 시대의 백성은 지극히 돈후하였고 그 다스림은 지극히 청렴하였습니다. 그것은 천성天性이었습니까?"

나는 이렇게 대답하였다.

"삼황 시대의 백성은 돈후하였고, 진秦나라 때의 백성은 잔폐하였으니 그것은 그 때가 그렇게 한 것이다. 산에 사는 사람은 순박하고 시장에 사는 사람은 완악한 것은 그 사는 위치가 그렇게 만드는 것이다. 걸주桀紂는 백성의 본성을 바꾸지 않았음에도 난이 일어났고, 탕무湯武는 백성을 바꾸지 않았음에도 정치가 이루어졌다. 삼황 시대 백성은 수가 적었으며 수가 적어서 그토록 돈후하였던 것이며, 삼황은 다스림이 순정하였기 때문에 그 순정함이 청렴함을 이루었던 것이다. 그런데 어찌 이를 본성이라 하겠는가?"

或曰:「三皇民至敦也, 其治至清也, 天性乎?」

曰:「皇民敦, 秦民弊, 時也; 山民樸, 市民玩, 處也; 桀紂不易民而亂, 湯武不易民而治, 政也. 皇民寡, 寡斯敦; 皇治純, 純斯清. 奚惟性?」

【三皇】 전설 속의 고대 황제. 天皇氏, 地皇氏, 人皇氏를 들기고 하고 혹은 伏羲氏, 神農氏, 女媧氏, 또는 祝融, 共工, 黃帝, 燧人氏 들 중에 셋을 들기도 함.

【市民玩】 玩은 頑과 같음. 시중의 백성들이 완악함. 물건을 팔아 이익을 얻기 위해 공교함을 부린다는 뜻.

【桀紂】 桀王과 紂王. 걸은 夏나라 末王으로 妹喜로 인해 商湯에게 나라를 잃었으며, 紂는 殷나라 末王으로 妲己에 의해 酒池肉林에 빠져 포악한 정치를 펴다가 周 武王에게 나라를 잃음.

【湯武】 商의 시조 湯과 周의 개국군주 武王을 가리키며 이들은 각각 桀과 紂를 쳐서 없애 흔히 이를 '湯武革命'이라 함.

天皇氏, 地皇氏, 人皇氏《三才圖會》

040(2-4)
백성의 풍속

무익한 물건을 구하려 들지 않고, 얻기 어려운 재화는 쌓아두지 않으며, 화려한 장식은 줄여나가고, 이익을 가지고 찾아오는 자는 물리친다면 백성의 풍속은 저절로 맑아지게 될 것이다.

자질구레한 금기는 간략히 줄이고 잘못된 제사는 제거하며 기이하고 괴기한 물건을 단절시킨다면 요망하고 거짓된 것은 사라질 것이다.

정성을 다하고 책임을 자신에게서 찾으며, 대사大事를 바르게 치른다면 신명이 이에 감응해올 것이다.

사악한 이단의 논설을 방축하고 잘못된 지혜는 제거하며, 백가의 사상을 억제하고 유가의 경전을 숭상하면 도의가 안정될 것이다.

떠도는 화려함을 제거하고 공功의 실질을 들어 밝히며 말단의 기예를 끊어버리고, 본분에 힘쓰도록 동참한다면 사업이 저절로 잘 이루어져 나갈 것이다.

不求無益之物, 不蓄難得之貨, 節華麗之飾, 退利進之路, 則民俗淸矣.

簡小忌, 去淫祀, 絶奇怪, 則妖僞息矣;

致精誠, 求諸己, 正大事, 則神明應矣;
放邪說, 去淫智, 抑百家, 崇聖典, 則道義定矣;
去浮華, 擧功實, 絶末伎, 同本務, 則事業修矣.

【簡小忌】 사소한 禁忌들을 감소시킴.
【淫祀】 자신의 사사로운 이익을 위해 과도하게 사치를 부리는 제사.
【正大事】 큰일에 바르게 대처함. 大事는 나라의 제사나 전쟁 따위를 말함.
【邪說】 사악한 여론을 조성하는 것.
【百家】 儒家 이외의 여러 학설들.
【聖典】 儒家의 경전.
【功實】 공로와 실적.
【末伎】 末技와 같음. 산업의 근본인 농사 이외의 사업, 즉 商業이나 功業을 낮추어
이르는 말.
【本務】 본업. 農業을 가리킴.
【修】 아름답게 이어져 나감. 사업이 발전함. 성취를 이루어 나감.

041(2-5)
훔쳐갈 수 없는 것

누구를 헐뜯고 누구를 칭찬해야 하는가?

시험을 거친 자를 칭찬하는 것은 만물은 모두 그 양이나 부피를 재어 본 다음에 내용을 알 수 있는 원리와 같다.

이러한 과정을 거쳐 천거된 자는 그가 하는 일을 시험해보아야 하고, 그러한 직책에 있는 자는 그의 실적을 고핵해 보아야 한다.

상과 벌이 그 실질을 잃으면 어찌 그 사람을 알아낼 수 있겠는가!

사람이 어찌 수식한다고 본모습이 감추어지겠는가!

속담에 "도척盜跖이라 해도 단 한 자 한 치의 농지는 훔쳐갈 수 없다"고 하였으니, 한 치도 도둑질할 수 없을 텐데 하물며 한 자의 물건을 훔칠 수 있겠는가?

誰毀誰譽? 譽其有試者, 萬物之槪量也.

以玆擧者試其事, 處斯職者考其績.

賞罰失實, 以惡反之!

人焉飾哉!

語曰:『盜跖不能盜田尺寸.』寸不可盜, 況尺乎?

【誰毀誰譽】‘毀誰譽誰’의 도치문. "누구를 헐뜯고 누구를 칭찬할 것인가"의 뜻.
여기서 ‘誰’는 관직에 있는 사람을 가리킴.

【試】고핵(考覈)함. 업무실적의 고과를 따짐.

【概量】‘概’는 고대에 쌀을 되나 말에 될 때 위를 깎는 나무. 量은 斗衡의 들이를
재는 기구.

【績】業績, 實績.

【失實】실질이나 사실에 맞지 않음.

【惡】‘오’로 읽으며 의문사. ‘어찌 ~하리오?’의 반어법 문장이나 의문문을 구성함.

【反】유추함. 추단함. 알아냄.

【飾】사실을 은폐하거나 엄폐하기 위해 거짓을 꾸밈.

【語】여기서는 전해 내려오는 속담을 말함.

【盜跖】춘추시대의 대도.

042(2-6)
사실의 점검

　대체로 일을 통한 사실의 점검을, 반드시 농토가 들에 펼쳐져 있는 듯이 하면 사사로운 짓을 하는 자가 적어질 것이다.
　만약 물을 건너는 사람이 깊은 물에 빠져 찾아낼 수 없는 것처럼 한다면 이를 믿는 자는 아주 적을 것이다.
　그러므로 일에는 그 공적을 고핵하고 말에는 그 실천의 쓰임을 따져보며, 움직일 때에는 그 행동을 보고, 조용히 있을 때는 그가 지키고 있는 것이 무엇인지를 살펴보아야 한다.

夫事驗, 必若土田之張於野也, 則爲私者寡矣.

若亂之墜於澳也, 則可信者解矣.

故有事考功, 有言考用, 動則考行, 靜則考守.

【驗】證驗함. 실제를 점검함.
【澳】隩와 같음. 물이 깊이 흐르며 굽어진 곳.

【解】'鮮'자의 오기로 봄. '적다'의 뜻.
【考功】공적을 고핵(考覈)함.
【考守】지켜내는 바가 정확한지의 여부를 고핵함.

043(2-7)
군현의 관리

공경公卿의 신분으로 군수에 임명하지 않고, 현령에게 2천 석 봉록을 주지 않는 것은 옳지 않다.

작은 능력으로 직무를 수행하면 이로써 더 큰 직무에 끝까지 오를 수 있다. 까닭으로 아래의 직책들이 서로 자리를 놓고 경쟁하게 될 것이다.

큰 임무를 맡은 자가 그 맡은 바를 수행해 내지 못하면 아래 자리로 추락하고 만다. 그 까닭으로 윗자리에 앉은 자는 조심하게 될 것이다.

나라가 망하면 형벌을 받을 것인데 어찌 강등됨을 꺼리겠는가?

公卿不爲郡, 二千石不爲縣, 未是也.

小能其職, 以極登於大, 故下位競.

大橈其任, 以墜於下, 故上位愼.

其鼎覆, 刑焉, 何憚於降?

【小能其職】작게는 그 맡은 직분을 능히 감당할 만함.

【下位】직위가 낮은 아래의 관원.

【大橈其任】큰 임무를 맡을 수 없음. '橈'는 '撓'와 같음.

【鼎覆】솥이 엎어짐. 국가의 패망을 뜻함. 鼎은 三足兩耳의 古代 큰 솥으로 禹임금이 九州의 쇠붙이를 모두 모아 九鼎을 주조하였으며 이것이 대대로 이어 오면서 국가의 상징이 됨.

【憚】꺼림.

1. 이는 21가지 요건(037) 중 두 번째 "公卿不拘爲郡, 二千石不拘爲縣"에 대한 논증임.

044(2-8)
능력을 발휘할 수 있도록

만약 천 리의 땅을 다스릴 능력을 가진 자가 군郡 정도에 충원된 것을 만족하게 생각지 못하여 그로 인해 그 아래 행정 단위인 현縣이나 읍邑의 업무가 폐기된다면 이는 안타까운 일이로다!

여러 직무를 거치면서 능력을 제대로 발휘하지 못한 자가 아니라면 이를 강등시키지 말아야 한다. 이것은 뛰어난 자를 우대하기 위한 정책이다.

여러 직책을 거치면서도 능력을 제대로 발휘하지 못한 자라면 강등시켜야 한다. 이것은 그가 맡은 직무의 과실을 징벌하는 것이다.

若夫千里之任, 不能充於郡, 而縣邑之功廢, 惜矣哉!

不以過職紬則勿降, 所以優賢也;

以過職紬則降, 所以懲怨也.

【若夫】發語詞. 뜻이 없음.
【千里之任】사방 천 리 정도 되는 땅을 다스릴 수 있는 능력을 가진 자.

【縣邑】 邑은 縣의 별칭이며 행정 중심지.

【過職】 여러 직책을 거침.

【絀】 재능이 낮음. 拙劣함.

【優賢】 어진 이를 우대함.

【懲愆】 과실을 저지른 자를 징벌, 징계함.

045(2-9)
상무관의 설치

　무제武帝는 사이四夷가 제대로 복종해 오지 않고 도적과 간악한 무리가 일어나자 처음으로 무공武功이 있는 자를 쓰는 제도를 마련하고 이들 관원에게 상을 주는 등 전사戰士를 총애하였다.

　지금과 같은 때에는 그러한 법을 근거로 그 제도를 숭상하여 상무관尙武官 제도를 두어 《사마병법司馬兵法》을 기준으로 선발하여야 한다. 그들의 지위와 품질은 박사博士에 준하고 《사마병법》을 강독하며 수수蒐狩의 행사를 간략히 줄여 군공軍功과 작상爵賞의 업무를 관장하도록 한다. 작은 부대는 오교五校를 두어 통솔하게 하며, 큰 부대는 태위太尉가 이를 거느리도록 한다. 이윽고 그 업무를 충분히 잘 수행하도록 주선하고 예우도 그에 맞도록 해 주어야 한다.

　孝武皇帝以四夷未賓, 寇賊姦宄, 初置武功賞官以寵戰士.

　若今依此科而崇其制, 置尙武之官, 以《司馬兵法》選, 位秩比博士, 講《司馬》之典, 簡蒐狩之事, 掌軍功爵賞, 小統於五校, 大統於太尉, 旣周事務, 禮亦宜之.

【孝武皇帝】漢나라 武帝. 劉徹(B.C.156~B.C.87년). 한나라
　시절 국세를 크게 확장시킨 군주로 널리 알려짐.

【四夷】 고대 中原의 華夏族을 둘러싸고 있는 사방
　이민족을 화하족 자신들이 일컫는 말로 東夷, 西戎,
　南蠻, 北狄이라 불렀음.

【賓】 賓服. 복종해 옴을 말함.

【姦宄】 '간귀'로 읽으며 침략이나 賊害 행위를 말함.

【科】 법률 조문.

【司馬兵法】 고대의 병법서. 武經七書의 하나인《司馬法》.
　춘추시대 司馬穰苴가 지은 것으로 알려져 있지만 여러
가지 이설이 있음. 한나라 때 155편이었으나 수나라 때 3권, 지금은 1권이 남아
있음.

漢 武帝

【位秩】 직위와 봉록.

【典】 전적. 여기서는《司馬法》을 말함.

【簡】 검열. 점검.

【蒐狩之事】 수(蒐)는 천자가 봄철에 하는 사냥, 수(狩)는 선(獮)이라고도 하며
　가을철에 하는 사냥을 가리킴. 周나라 때는 봄·가을 사냥 때면 흔히 열병을
　하고 군대의 훈련 연습을 하였음.《李衛公問對》에는 '蒐狩'로 되어 있음.

【五校】 군대 편제의 다섯 가지 校尉. 즉 漢代에 步兵, 屯騎, 長水, 越騎, 射聲 등
　조직에 각기 교위를 하나씩 두었으며 이를 묶어 五校라 함.

【太尉】 군사의 최고 책임자. 秦漢 시대 군사 조직의 수뇌로서 丞相, 御史大夫와
　함께 三公으로 불렀음. 그러나 太尉의 명칭은 漢 武帝 때 大司馬로 바뀌었다가
　東漢 光武帝 때 다시 태위로 불러 司徒, 司空과 함께 역시 삼공으로 칭함.

참고 및 관련 자료

1. 이곳과 다음 장은 앞에 든 21가지 요건(037) 중 세 번째 "置上武之官"을
풀이한 것임.

2.《司馬法》仁本篇

故國雖大, 好戰必亡; 天下雖安, 忘戰必危. 天下旣平, 天下大愷, 春蒐秋獮;
諸侯春振旅, 秋治兵, 所以不忘戰也.

3.《李衛公問對》卷上

太宗曰：「《司馬法》首序蒐狩, 何也?」靖曰：「順其時而要之以神, 重其事也.
《周禮》最爲大政. 成有岐陽之蒐, 康有酆宮之朝, 穆有塗山之會, 此天子之事也.
及周衰, 齊桓有召陵之師, 晉文有踐土之盟, 此諸侯奉行天子之事也. 其實用九伐
之法以爲不恪, 假之以朝會, 因之以巡狩, 訓之以甲兵. 言『無事兵不妄擧, 必於
農隙』, 不忘武備也. 故首序蒐狩, 不其深乎!」

046(2-10)
전쟁을 잊고 살면

주周나라 말엽 이래 전쟁이 빈번하기로 진秦나라 때보다 심한 적이 없어 그 당시 백성들은 거의 황폐해지거나 멸절滅絶되었다.

지금은 나라나 제후들이 전쟁을 잊고 산 지가 오래되어 매번 내외의 난리가 터질 때마다 백성들은 피폐하여 거의 멸절을 당하고 있다.

"백성들에게 전쟁의 위험을 가르치지 않는 것은 그들을 버리는 것"이라 하였으니 진실로 맞는 말이다.

周之末葉, 兵革繁矣, 莫亂於秦, 民不荒殄.

今國家忘戰日久, 每寇難之作, 民瘁幾盡.

「不敎民戰, 是謂棄之」, 信矣.

【周之末葉】周나라는 기원전 11세기 武王이 殷의 末王 紂를 쳐 없애고 鎬京
　　(지금의 陝西 西安 근처)에 도읍하여 이어오다가 B.C.771년 褒姒의 난으로
　　申侯가 西戎과 연합하여 幽王을 죽임으로써 막을 내렸고 이듬해 平王이 洛邑
　　(雒邑, 지금의 河南 洛陽)으로 옮겨 東周가 시작되며 그 이전을 西周라 함. 한편

동주는 다시 전반기를 春秋, 후반기를 戰國 시대라 하여 종주국으로서의
면모를 잃게 되었으며 秦始皇의 천하 통일 때 秦나라에게 망하고 말았음.
【兵革】 무기와 갑옷을 총칭하는 말로 전쟁을 뜻함.
【秦】 B.C.221년 秦始皇(嬴政)이 천하를 통일하여 咸陽에 도읍을 정하였다가 15년
 만인 B.C.206년 二世(胡亥) 때 劉邦에게 망하고 말았음.
【民不荒殄】 황폐하게 멸절됨. '不'은 '大', 혹 '幾'의 오기이거나 잘못된 글자임.
【忘戰】 전쟁에 대한 걱정을 잊고 삶. 사회가 안정된 태평성대임을 말함.
【寇難】 내우외환을 말함. '寇'는 외적의 침입. '難'은 나라 안의 내란을 의미함.
【瘁】 피로에 지쳐 노고로움.

참고 및 관련 자료

1.《論語》子路篇

子曰:「以不敎民戰, 是謂棄之.」

2.《司馬法》仁本篇

國雖大, 好戰必亡; 天下雖安, 忘戰必危. 天下旣平, 天下大愷, 春蒐秋獮; 諸侯
春振旅, 秋治兵, 所以不忘戰也.

047(2-11)
주목과 자사, 그리고 감찰어사

어떤 이가 물었다.

"주목州牧, 자사刺史, 감찰어사監察御史, 이 세 가지 제도 중에 어느 것이 낫습니까?"

나는 이렇게 대답하였다.

"시대마다 상황에 맞추어 제도로 정할 뿐이다."

그가 다시 물었다.

"천하에 이미 그러한 주목의 관직이 있지 않습니까?"

나는 이렇게 설명하였다.

"옛 제후들은 나라(國)와 집(家)을 세워 대대로 세습하여 그 지위와 권한을 쥐고 있었다. 이에 제후들 중에 똑똑한 자를 '목牧'으로 지정하되 나라 안의 기강紀綱을 통솔하게 하였을 뿐, 나라 정치는 관여하지 못하며 백성도 거느리지 못하도록 하였다. 그러나 지금 군현郡縣에는 고정적으로 정해진 제도도 없을 뿐 아니라 그들의 권한도 가볍고 견고하지도 못하다. 그러나 주목은 그 권한이 중대하고 세력 또한 옛날과 다르다. 이는 줄기는 강하게 하고 가지는 약하게 하는 중앙집권을 위한 것이 아니라면, 백성을 다스리는 실질에는 도움이 되지 않는다. 따라서 감찰어사를 두는 것이 마땅하다. 만약 시대 상황에 따른 권력의 마땅함을 가지고 논한다면 다른 논리가 있을 수 있을 것이다."

或問曰:「州牧・刺史・監察御史, 三制孰優?」
曰:「時制而已.」
曰:「天下不旣定其牧乎?」
曰:「古諸侯建國家, 世位權柄存焉. 於是置諸侯之賢者以牧, 總其紀綱而已, 不統其政, 不禦其民. 今郡縣無常, 權輕不固, 而州牧秉其權重, 勢異於古, 非所以强幹弱枝也, 而無益治民之實. 監察御史斯可也. 若權時之宜, 則異論也.」

【三制】漢 武帝 때 전국을 13部(州)로 나누고 각 주에 刺史를 두었으며, 成帝 때 자사를 고쳐 州牧을 두었음. 그 뒤 東漢 靈帝 때에는 다시 이를 고쳐 刺史를 郡守의 위에 두어 州의 軍政大權을 장악하도록 함. 한편 御史는 秦漢 이래 여러 군에 감찰의 임무를 맡기기 위하여 두었던 제도임.

【時制】 각기 그 때에 맞게 설치한 제도였음을 말함.

【國家】 고대 제왕(천자)이 다스리는 영역은 '天下', 제후들이 관할하는 영역은 '國', 경대부들의 세습 집안은 '家'라 하였음.

【世位】 대를 이어 전해주는 직위. 세습제도였음을 말함.

【禦】 '御'와 같음. 조정함. 통치함. 어거함.

【無常】 일정한 제도가 아님. 자주 바뀔 수 있음.

【强幹弱枝】 줄기를 강하게 하고 가지는 약화시킴. 중앙집권제를 뜻함.

【權時之宜】 실제 時宜에 맞게 권력의 구조를 정해야 함.

참고 및 관련 자료

1. 이는 앞의 21가지 요건(037) 중 네 번째 "議州牧"에 대한 풀이임.

048(2-12)
육형肉刑

육형肉刑은 고대의 형법이다.

어떤 이가 물었다.

"이를 다시 실시해야 합니까?"

나는 이렇게 설명하였다.

"옛날에는 백성이 많았으나 지금은 지극히 적다. 많은 무리를 통솔하다 보면 위엄이 필요하지만 적은 수를 거느리는 데는 관대함이 필요하다. 이것이 도이다. 육형肉刑을 복원하는 것은 지금 반드시 힘써야 할 일은 아니다. 형벌을 받아 극형에 처하여 죽여야 할 사람을 죽이지 않고 살려내기 위해서 육형을 복원한다면 이는 옳은 일이다. 예로부터 육형을 폐지하면서 오른쪽 발꿈치를 자른 자는 원래 사형에 해당하는 자였다. 다시 육형을 복원한다면 이는 죽을 사람을 살리며 백성을 편히 쉬도록 하기 위한 것이어야 한다."

肉刑古也.

或曰:「復之乎?」

曰:「古者, 人民盛焉; 今也至寡. 整衆以威, 撫寡以寬, 道也. 復刑非務必也. 生刑而極死者, 復之可也. 自古肉刑之除也, 斬右趾者死也, 惟復肉刑, 是謂生死而息民.」

【肉刑】죄인의 신체 일부를 훼손하는 형벌. 상형(象刑)에 상대되는 고대의 가혹한 형벌.

【盛】'多'와 같음.

【至寡】지극히 적음.

【整衆】많은 사람들을 정리함.

【務必】必須와 같음.

【極死】極刑과 같음.

【生死】죽을 사람을 살려줌.

肉刑을 폐지한 禹임금. 山東 嘉祥縣 武梁祠(東漢 畵像石)

참고 및 관련 자료

1. 이는 앞서 21가지 논의(037) 중 다섯 번째 "生刑而死者, 但加肉刑"을 풀이한 것임.

049(2-13)
덕치와 형벌

어떤 이가 물었다.

"덕과 형벌을 함께 사용하는 것은 옛날부터 늘 해온 것이며, 다만 어느 것을 먼저하고 어느 것은 뒤로 미루었는가 하는 것은 시대에 맞게 선택했을 뿐입니다."

"형벌과 교화가 실행되지 않으면 그러한 상황이 극점에 이르게 된다.

처음 시작할 때의 교화는 반드시 간단해야 하며 형벌의 시작도 간략해야 한다. 그래야 그러한 일이 점차 줄어들게 된다.

교화가 융성하면 인의가 흥성해지지 않을 수 없다. 그렇게 한 다음이라야 덕을 갖추기를 요구할 수 있다.

형법이 고정되면 죄를 피하려 하지 않을 자가 없다. 그런 다음이라야 형법을 조밀하게 요구할 수 있다.

교화가 아직 갖추어지지 않은 단계인데도 가혹하게 하는 것을 말하여 '허교虛敎'라 하고,

법이 아직 조밀해지지 않았는데도 이를 시행하는 것을 말하여 '준형峻刑'이라 한다.

'허교'는 교화를 손상시키고, '준형'은 백성을 해롭게 하는 것으로서 군자라면 결코 이렇게 하지 않는다."

問：「德刑並用, 常典也. 或先或後, 時宜.」

「刑教不行, 勢極也.

初教必簡, 刑始必略, 事漸也.

教化之隆, 莫不興行, 然後責備.

刑法之定, 莫不避罪, 然後求密.

未可以備, 謂之「虛教」；

未可以密, 謂之「峻刑」.

虛教傷化, 峻刑害民, 君子弗由也.」

【常典】상례. 언제나 변함 없는 법. 고대로부터 늘 지켜온 철칙.

【刑教】형벌과 교화.

【勢極】정세나 정황이 최고점에 달함.

【事漸】일이 점차 발전함.

【責備】완전하기를 요구함.

【求密】세밀하기를 요구함.

【峻刑】極刑. 酷刑. 嚴刑.

【傷化】교화에 손상을 입힘.

참고 및 관련 자료

1. 이곳과 다음 장은 앞서 21가지 논의(037) 중 여섯 번째 "德刑並用"을 풀이한 것임.

050(2-14)
상화傷化와 해민害民

반드시 위반할 수밖에 없는 교육을 만들어 놓고 백성이 힘으로 해낼 수 없는 힘을 헤아리지도 않는 것은 백성을 불러 악을 저지르도록 하는 것이니 이를 말하여 '상화傷化'라 한다.

반드시 범법을 저지를 수밖에 없는 법을 만들어 놓고 백성이 감당해 낼 수 없는 정황은 촌탁忖度도 하지 않고 있다면 이는 백성을 죄의 구덩이에 빠뜨리는 것이니 이를 일러 '해민害民'이라 한다.

도덕이 흥해지지 않을 수 없도록 하였다면 털끝만 한 선행일지라도 가히 찾아 권면해야 한다. 그러한 다음에야 교화가 구비되도록 요구할 수 있는 것이다.

죄를 피하지 않을 자가 없도록 하였다면 실오라기나 겨자씨 같은 작은 악이라도 이를 찾아 금지시켜야 한다. 그런 다음에야 형벌을 조밀하게 갖출 수 있는 것이다.

設必違之敎, 不量民力之未能, 是招民於惡也, 故謂之傷化.

設必犯之法, 不度民情之不堪, 是陷民於罪也, 故謂之
害民.
莫不興行, 則一毫之善, 可得而勸也, 然後教備.
莫不避罪, 則纖介之惡, 可得而禁也, 然後刑密.

【必違之敎】 반드시 범법을 저지를 수밖에 없도록 유도함.
【度】 ‘탁’으로 읽으며 ‘忖度하다’의 뜻.
【一毫】 털끝만큼 아주 작음.
【纖介】 ‘纖芥’로도 표기하며 아주 작은 상태.

051(2-15)
사사로운 복수

어떤 이가 물었다.

"복수는 예로부터 의롭게 여긴 일입니다."

그가 이어 물었다.

"그렇게 마음대로 복수할 수 있도록 방치하는 것도 옳은 일입니까?"

나는 이렇게 대답하였다.

"옳지 않다."

그가 물었다.

"그렇다면 어떻게 해야 합니까?"

나는 이렇게 말하였다.

"그렇게 하도록 방치할 일도 있고 그렇게 하지 못하도록 금해야 할 경우도 있다. 그리고 살려 주어야 할 경우도 있고 죽여야 할 경우도 있다. 이는 의義로써 제한하고 법으로써 판단해야 한다. 이를 말하여 '의법병립義法並立'이라고 한다."

그가 물었다.

"무엇을 말하는 것입니까?"

"옛날의 복수를 해도 되도록 한 법조문에 의하면, 아버지와 원수인 사람은 다른 주州의 천 리까지 피해 살도록 하였으며, 형제와 원수인 사람은 다른 군郡 오백 리 밖으로 피하여 살도록 하였으며, 종부從父나

종형제從兄弟의 원수와는 다른 현縣 백 리 밖으로 피하여 살도록 하였다. 그렇게 피해 가지 않은 자에게 복수를 한 경우는 무죄로 여겼으며, 그렇게 피해 가서 살고 있는데도 그를 보복하여 죽였다면 이는 왕이 법으로 금지하였다. 억울하게 죽은 자를 위해 복수를 하는 것은 의로운 일이다. 의에 따라 죄를 보복하거나 왕이 정한 금지에 따르는 것은 모두 순리이다. 그러나 왕이 금지한 법을 어기면서 복수를 하는 것은 역逆이다. 그러한 역리와 순리로써 살려주기도 하고 죽이기도 하는 것이다. 무릇 공적인 법령에 의해 혹 실행하기도 하고 혹 그만두기도 하는 것은, 피하지 않았다고 해서 그렇게 할 수 있는 것이 아니다.”

或問:「復讐, 古義也.」

曰:「縱復讐可乎?」

曰:「不可.」

曰:「然則如之何?」

曰:「有縱有禁, 有生有殺, 制之以義, 斷之以法, 是謂義法並立.」

曰:「何謂也?」

「依古復讐之科, 使父讐避諸異州千里; 兄弟之讐避諸異部五百里; 從父從兄弟之讐, 避諸異縣百里. 弗避而報者無罪, 避而報之殺, 犯王禁者罪也. 復讐者義也, 以義報罪, 從王制, 順也; 犯制, 逆也, 以逆順生殺之. 凡以公命行止者, 不爲弗避.」

【古義】 고대에 의롭다고 여겼던 風義.

【有縱】 사사롭게 개인 감정에 따라 이를 처리하도록 나라에서 관여하지 않음.

【父讐】 아버지와 원수 관계인 사람.

【諸】 ‘之於’, ‘之乎’의 合音字.

【異州】 다른 주. 州는 東漢 시대에 郡보다 큰 지방 행정 구역이었음.

【異部】 ‘異郡’이어야 함.

【從父】 아버지와 같은 항렬의 伯父나 叔父.

【從兄弟】 종부의 아들. 자신과는 사촌인 형제들.

【王禁】 왕, 즉 국가가 금한 법령.

【以逆順生殺】 역리와 순리로써 혹 살려주기도 하고 또는 죽이기도 함.

【公命】 공공의 명령. 국가의 법령.

참고 및 관련 자료

1. 이곳은 앞서 21가지 논의(037) 중 일곱 번째 “避讎有科”을 풀이한 것임.

052(2-16)
봉록

어떤 이가 봉록에 대하여 질문하면서 이렇게 말하였다.

"옛날의 봉록은 충분했는데 지금의 봉록은 너무 부족합니다."

"대체로 봉록이란 반드시 그 직위에 맞아야 하는 것으로서 하나의 물건이라도 그에 맞지 않으면 이것은 제도가 아니다. 공적인 봉록을 깎아 버리면 사사로운 이익이 발생하고 사사로운 이익이 발생하면 청렴한 자는 궁핍해지고 탐욕스러운 자는 부유해진다. 대체로 탐욕스러운 자를 풍성하게 해 주어 사사로운 마음이 생기도록 하는 경우나, 청렴한 자를 궁핍하게 하여 공심公心을 깎아 내리는 것은 곧 화란禍亂이다. 선왕들께서는 이 점을 중시하였던 것이다."

그가 물었다.

"지금의 봉록은 어떻습니까?"

나는 이렇게 설명하였다.

"지금은 결핍되어 있다. 봉록은 양식을 기준으로 삼으며 양식은 백성의 수를 기준으로 삼아, 서로 참조하여 급여를 주고 있다. 반드시 해야 할 것은, 봉록을 탐내는 것을 바로잡아야 하며, 한직이나 능력 없는 자의 직위를 줄이되 때의 시대 상황에 맞추어 고쳐나가야 한다. 그리고 봉록이 은혜라는 것을 밝게 알도록 하고 아랫사람을 긍휼히 여기도록 하여, 덜고 보태는 것을 그 표준에 맞추어야 될 것이다."

或問祿, 曰:「古之祿也備, 漢之祿也輕.」

「夫祿必稱位, 一物不稱, 非制也. 公祿貶則私利生, 私利生則廉者匱而貪者豐也. 夫豐貪生私, 匱廉貶公, 是亂也, 先王重之.」

曰:「今祿如何?」

曰:「時匱也. 祿依食, 食依民, 參相澹. 必也正貪祿, 省閑冗, 與時消息, 昭惠恤下, 損益以度可也.」

【備】충족함.
【稱謂】각 직책이나 직위에 맞는 칭호를 말함.
【公祿】국가의 봉록.
【匱】匱乏함.
【豐貪生私】貪婪(탐람)한 자는 재물이 풍부하면 사사로운 욕심을 가지게 됨.
【匱廉貶公】청렴한 자로서 재물이 너무 궁핍하면 公僕으로서의 마음이 저하됨.
【參】'三'과 같음. 여기서는 祿, 食, 民 세 가지를 가리킴.
【澹】'贍'과 같음. 供給의 뜻. 급여로 줌을 말함.
【正貪祿】봉록에 대하여 貪婪(탐람)한 자를 바로잡음.
【省閑冗】한가한 관원이나 쓸모 없는 관리를 줄여나감.
【消息】생명이나 성쇠를 뜻하는 雙聲連綿語. 원래 消는 消滅, 息은 增息의 뜻.
【昭惠】봉록의 은혜에 대한 것을 밝게 알도록 함.
【度】표준. 척도.

참고 및 관련 자료

1. 이는 앞서 21가지 논의(037) 중 여덟 번째 "議祿"을 풀이한 것임.

053(2-17)
자봉自封과 전지專地

제후는 토지를 자신의 사유로 봉封을 받을 수 없다. 그러나 부자는 남의 이름으로 소유한도를 넘는 농지를 가지고 있을 수 있어 그 부유함은 공후公侯를 초과할 수 있으니 이것이 자봉自封이다.

대부는 자신의 사유 땅을 가질 수 없으나 일반 사람들은 토지를 매매하여 자신이 가질 수 있으니 이것이 전지專地이다.

어떤 이가 물었다.

"정전제井田制를 부활해야 합니까?"

내가 대답하였다.

"아니다. 전지는 옛날 제도가 아니며, 정전제는 지금의 제도가 아니다."

"그렇다면 어떻게 하면 됩니까?"

나는 이렇게 대답하였다.

"경작은 하되 소유하지 아니하며 이로써 제도가 마련될 때까지 기다려야 한다."

諸侯不專封. 富人名田踰限, 富過公侯, 是自封也.

大夫不專地, 人賣買由己, 是專地也.

或曰:「復井田與?」

曰:「否. 專地非古也, 井田非今也.」

「然則如之何?」

曰:「耕而勿有, 以俟制度可也.」

【專封】토지 분봉에 대한 권력을 장악함.

【名田】개개인 명의로 가지고 있는 토지나 농토를 뜻함.

【踰限】한계를 넘어섬. 한도를 초과함.

【公侯】귀족을 가리킴. 고대 작위의 등급을 公侯伯子男으로 나누었으며 그 중 가장 높은 작위.

【自封】스스로 자신의 봉지를 정함. 사사롭게 봉지를 소유함을 말함.

【大夫】고대 임금 아래에 卿, 大夫, 士 등이 있었으며 뒤에 관직에 오른 이를 흔히 대부라 불렀음.

【專地】자신 마음대로 세금을 받을 수 있는 토지.

【井田】周나라 때의 토지 구획 제도. 사방 9백 畝의 토지를 우물 '井'자처럼 아홉으로 나누어 그 중 가운데 토지를 '公田'이라 하고 이를 나머지 8가구가 공동 경작하여 그 소출을 나라에 바침.《孟子》에 자세히 실려 있음.

【俟】기다림.

参고 및 관련 자료

1. 이는 앞서 21가지 논의(037) 중 아홉 번째 "議專地"를 풀이한 것임.

054(2-18)
화폐의 유통

어떤 이가 화폐에 대하여 질문하기에 나는 이렇게 말하였다.

"오주전五銖錢의 제도가 마땅하다."

그가 물었다.

"지금은 폐지되었으니 어떻게 하면 되겠습니까?"

나는 이렇게 말하였다.

"해내海內가 이미 평온해졌으니 이를 시행하면 된다."

그가 물었다.

"화폐가 널리 유통되어 흩어지면 경기京畿 지역은 돈이 텅 비게 됩니다. 그 형세로 보아 틀림없이 먼 곳에 그 돈이 쌓일 것입니다. 만약 실제로 유통시킨다면 먼 곳 사람들이 쌓아두었던 쓸모 없는 돈을 가지고 이곳 우리가 사는 지역에서 필요한 물건들을 사야 하는 상황이 벌어질 것입니다. 이렇게 되면 가까운 곳에는 돈이 모자라고 먼 곳에는 돈이 남아돌게 됩니다."

나는 이렇게 말하였다.

"일의 형세로 보아 어쩔 수 없을 때라는 것은 관官에서 급히 필요로 하는 곡물일 것이다. 그렇게 되면 우마牛馬의 통행을 금지하여 1백 리 밖으로는 곡물을 수송하지 못하도록 하면 된다. 곡물 이외의 물자에 대해서는 먼 저곳에서는 화폐로 이를 구매하여 왼쪽에서 물건을 구해 오른쪽에서 이를 사용하면 될 것이고, 물건을 서로 옮겨가며 유통시켜 두루 통하게 하면 될 것이다. 해내가 한 집안인데 어찌 걱정을 하겠는가?"

그가 말하였다.

"화폐가 부족합니다."

나는 이렇게 말하였다.

"화폐가 부족하다면 백성들이 사용하기에는 편리하다. 만약 돈이 이미 유통되고 있음에도 널리 두루 사용되지 않는다면 그런 상황이 벌어진 다음에 관에서 돈을 주조하여 보충해나가면 된다."

어떤 이가 말하였다.

"민간에 저장된 화폐를 거두어 이를 관목官牧으로 실어 나르고, 멀리 서울까지 수송한 다음 그 뒤에 이를 시행하면 될 것입니다."

나는 이렇게 말하였다.

"일만 많을 뿐 실행하기 어렵다. 게다가 속이고 태만히 하는 경우가 틀림없이 많아질 것이며, 간악하고 거짓된 일이 일어나게 될 것이며, 쟁송爭訟도 많아질 것이며, 법에 걸리는 자나 죽임을 당하는 경우도 심각해질 것이다."

或問貨, 曰:「五銖之制宜矣.」

曰:「今廢, 如之何?」

曰:「海內旣平, 行之而已.」

曰:「錢散矣, 京畿虛矣, 其勢必積於遠方. 若果行之, 則彼以無用之錢, 市吾有用之物, 是匱近而豐遠也.」

曰:「事勢有不得, 官所急者穀也. 牛馬之禁, 不得出百里之外. 若其他物, 彼以其錢, 取之於左, 用之於右, 貿遷有無, 周而通之, 海內一家, 何患焉?」

曰:「錢寡矣.」

曰:「錢寡民易矣. 若錢旣通而不周於用, 然後官鑄而補之.」

或曰:「收民之藏錢者, 輸之官牧, 遠輸之京師, 然後行之.」

曰:「事枉而難實者, 欺慢必衆, 奸僞必作, 爭訟必繁, 刑殺必深.」

【五銖之錢】漢 武帝 元狩 5년(B.C.118)에 처음으로 주조하기 시작한 화폐. 그 무게가 5銖(銖는 무게의 단위로 아주 가벼운 무게임)였으므로 이렇게 불렀음. 돈 위에 篆書로 '五銖'라 표시하였음. 西漢 시대에 대량 유통되었으나 王莽이 이를 금지하였다가 東漢 光武帝 때 다시 주조하였음.

【京畿】국가의 도읍이 있는 곳을 포함한 주위의 지역을 京畿라 하며 대략 사방 1천 리의 범위를 정하고 있음. 흔히 왕의 직할지로 삼아 관할하는 구역임.

【市】동사로 '구매하다'의 뜻임.

【匱匠】'匠'은 '近'의 오기. 가까운 주위에 물자가 없어 곤핍하게 됨.

【豐遠】먼 곳은 풍족하게 됨.

【急】긴급히 필요한 물자.

【貿遷】물자를 교역하여 멀리 이동시킴.

【周】두루 循環함.

【錢寡民易】화폐가 적으면 백성들이 편해짐.

【官牧】官府와 같음.

【京師】서울. 수도.

【事枉】상황이 한갓 노고롭기만 할 뿐임.

【難實】실제의 효과를 얻기 어려움.

【刑殺】형벌을 가하여 사형을 내림.

참고 및 관련 자료

1. 본 장과 다음 장은 앞서 21가지 논의(037) 중 열 번째 "議錢貨"를 풀이한 것임.

055(2-19)
화폐의 유통과 폐지

"아! 분란을 일으키고 소요를 일으키는 소리가 천하에 드러나고 말 것이다. 이는 유민遺民을 위무하여 빛나고 아름다운 세상을 만드는 방법이 아니다."

그가 물었다.

"그렇다면 그 돈을 거두어 쌓아두면 되지 않겠습니까?"

나는 이렇게 대답하였다.

"시장에 유통시키는 것이 옳다."

어떤 이가 물었다.

"사주전四銖錢으로 바꾸어 주조하면 어떨까요?"

나는 이렇게 대답하였다.

"어렵다."

어떤 이가 말하였다.

"결국 폐지해야겠군요."

나는 이렇게 말하였다.

"화폐란 실제 생활에 편리하도록 하기 위한 것이며, 백성들이 이를 통해 즐거움을 삼고 있으니 금지하기는 어렵다. 지금 시행하기 어려운 법령을 공포하여 편리한 일상 생활을 끊어버리며 백성들이 즐거워하는 것을 금한다면 풍성하게 하는 제도는 아니다."

그가 말하였다.

"지금 당장 실행에 옮긴다 해도 돈을 주조해낼 수 없으니 어찌합니까?"

나는 이렇게 말하였다.

"이를 실행하거나 폐지하거나 모두가 사람의 힘으로 될 일이 아니니 어찌 근심하리오?"

「吁嗟! 紛擾之聲, 章乎天下矣, 非所以撫遺民, 成緝熙也.」

曰:「然則收而積之與?」

曰:「通市其可也.」

或曰:「改鑄四銖.」

曰:「難矣.」

或曰:「遂廢之.」

曰:「錢實便於事用, 民樂行之, 禁之難. 今開難令以絶便事, 禁民所樂, 不茂矣」

曰:「起而行之, 錢不可, 如之何?」

曰:「尙之廢之, 弗得已, 何憂焉?」

【吁嗟】 탄식할 때 내는 소리.

【紛擾】 분란과 소요.

【章】 '彰'과 같음. 드러냄, 현창함. 분명히 함.

【緝熙】 빛이 나는 모습.

【通市】 무역을 터서 왕래할 수 있도록 함.

【四銖】 四銖錢. 半兩錢. 漢 文帝 때 통행시켰다가 武帝 때 폐지한 동전으로 위에 篆文으로 半兩이라 표시하였음.

【事用】 實用과 같음.

【開難令】 실행하기 어려운 법령을 만들어 냄.

【絶便事】 쉽고 편리한 일을 그렇게 하지 못하도록 끊어버림. 매우 불편해짐을
 말함.

【茂】 풍성해짐. 흥성해짐.

【起而行之】 즉시 실행에 옮김.

【尙之廢之】 '尙'은 숭상함. 화폐 유통제도를 숭상하는 것과 이를 폐지하는 것.

제사

성스러운 왕은 먼저 백성의 일을 성취시켜준 연후에 신을 모시는 일에 힘을 쏟았다.

백성의 일이 아직 안정되지 않았을 때라면 군사郡祀를 행하지 않더라도 이것이 허물이 되지 않는다.

꼭 살펴야 할 일이란 그 중에 중요한 일부터 처리하고 나서 제사를 치렀으며 오악五嶽과 사독四瀆에 대한 망사望祀는 그에 해당되는 신에게만 제사를 올렸고, 현縣에서는 옛날부터 전해오던 제사를 상례대로 치르면 된다.

그러나 지금은 군사郡祀로써 이를 지내고 있으니 다만 그 제사에서 예물의 양을 줄여서 행하면 될 것이다.

聖王先成民, 而後致力於神.

民事未定, 郡祀有闕, 不爲尤矣.

必也擧其重而祀之, 望祀五嶽四瀆, 其神之祀, 縣有舊常.

若今郡祀之, 而其祀禮物從鮮可也.

【成民】 백성의 사정에 맞추어 일을 처리함. 백성의 욕구를 이루어줌.

【郡祀】 각 군에서 시행하던 제사 의식.

【闕】 '缺'과 같음. 부족함.

【望祀】 望祭. 고대 제후들이 자신의 봉지 내에 눈으로 보이는 산천에만 제사를 지낼 수 있었음.

【五嶽】 고대 제왕이 숭배하여 제사를 지내던 산으로 五行의 위치에 맞추어 동서 남북 중앙의 다섯 곳을 지정함. 漢宣帝 때에는 泰山을 東嶽, 華山(陝西省)을 西嶽, 天柱山(霍山, 安徽省)을 南嶽, 恒山(河北省)을 北嶽, 嵩山(河南省)을 中嶽 으로 삼았었음. 그러나 隋代에는 衡山(湖南省)을 南嶽으로 고쳤으며 明代에는 恒山(山西省)을 北嶽으로 하였음.

【四瀆】 중국 경내의 중요한 네 강. 長江, 黃河, 淮河, 濟水. 제후의 등급으로 간주 하여 제사를 지내는 대상임.

【舊常】 옛 제도를 따름. 漢나라 때 望祭를 제정하였으며 五嶽과 四瀆이 있는 郡縣에 각 廟堂을 설치하였음. 이에 따라 岱宗廟(泰山)를 博縣 서북쪽 30리에 세우고 10월은 '令凍', 臘月을 '涸凍', 正月을 '解凍'이라 하여 군의 태수가 직접 큰 제사를 관장하여 올리도록 하였음.

참고 및 관련 자료

1. 본 장과 다음 장은 앞서 21가지 논의(037) 중 열한 번째 "約祀擧重"을 풀이 한 것임.

2. 《幼學瓊林》

東嶽泰山, 西嶽華山, 南嶽衡山, 北嶽恒山, 中嶽嵩山, 此爲天下之五嶽.

3. 《書經》舜典 "望於山川"의 注

九州名山大川五嶽四瀆之屬, 皆一時望祭之.

4. 《說苑》辨物篇

四瀆者, 何謂也? 江河淮濟也. 四瀆何以視諸侯? 能蕩滌垢濁焉, 能通百川於 海焉, 能出雲雨千里焉, 爲施甚大, 故視諸侯也.

057(2-21)
예의 근본

　예禮는 근본을 중시하는 것으로써 백성으로 하여금 구차스럽지 않음을 보여주며 아울러 그러한 제도와 제물이 어떤 것인지를 밝혀 보여주면 그뿐이다. 풍년일 경우 제물은 그에 맞게 갖추면 되는 것이다.
　해와 달이 재앙을 내릴 때 제사를 올리는 것은 옛날 제도가 아니다.

禮重本, 示民不偷, 且昭典物, 其備物以豐年.

日月之災降異, 非舊也.

【偷】 구차스럽게 여김.
【昭】 드러내어 밝혀 보임.
【典物】 典章과 물품. 제사의 儀典과 그에 쓰이는 제물을 말함.
【降異】 하늘이 기이한 물건을 내림. 일식, 월식, 혜성 등을 재앙의 징조를 내리는
　것이라 여긴 것.
【非舊】 옛 제도에 맞지 않음을 말함.

058(2-22)
천인감응설

하늘과 사람은 서로 응험한다는 학설은 그 유래가 이미 오래되었다.

그러므로 "서리를 밟으면 곧 얼음이 어는 계절이 올 것"이라는 말은 어떠한 현상도 나타난 그 때에 이루어진 것이 아님을 말하는 것이다.

중니仲尼를 낳고자 공자 부모가 이구산尼丘山에서 기도를 드린 것도 하루아침에 성취된 것이 아니다.

게다가 일식日蝕도 어떤 때는 자주, 또는 드물게 나타나지만 한 해에 두 번 나타난다면 이는 정상적인 현상은 아니다.

天人之應, 所由來漸矣.

故履霜堅冰, 非一時也.

仲尼之禱, 非一朝也.

且日食行事, 或稠或曠, 一年二交, 非其常也.

【天人之應】漢 武帝 때 董仲舒가 주장한 것으로 하늘은 사람의 뜻에 감응하여 人事의 豫兆를 보여준다고 믿었음.

【履霜見冰】‘履霜見冰至’의 줄인 말. “서리를 밟게 되면 곧이어 얼음이 어는
  계절이 올 것임을 알게 되다”의 뜻.《周易》坤卦에 실린 말.
【一時】‘일시에, 단기간에, 즉시, 한꺼번에’의 뜻.
【仲尼】공자의 자. 孔丘.
【禱】신에게 기도함.《史記》孔子世家에 의하면 공자 아버지 叔梁紇이 顏徵在와
  야합하여 尼丘(지금의 山東 曲阜 尼山)에서 기도하여 공자를 얻었다 함. 태어난
  공자의 모습이 이마가 튀어나와 이름을 丘라 하고 자를 仲尼라 하였다 함.
【日食】日蝕과 같음. 해가 달에 가려 보이지 않는 현상.
【行事】‘出現’과 같음. 그러한 현상이 나타남.
【稠】稠密함. 시간과 공간적으로 잦거나 빽빽함.
【曠】넓음. 疏曠함. ‘稠’에 상대되는 뜻.
【二交】일년에 두 번씩 일식이 나타남.

참고 및 관련 자료

1. 이곳과 다음 장은 앞서 21가지 논의(037) 중 열두 번째 “天人之應”을
풀이한 것임.
2.《周易》坤卦
初六: 履霜堅冰至.
3.《周易》文言傳(下)
積善之家, 必有餘慶; 積不善之家, 必有餘殃. 臣弑其君, 子弑其父, 非一朝一夕
之故, 其所由來者漸矣! 由辯之不早辯也. 易曰:「履霜堅氷至」, 蓋言順也.
4.《史記》孔子世家
孔子生魯昌平鄕陬邑. 其先宋人也, 曰孔防叔. 防叔生伯夏, 伯夏生叔梁紇. 紇與
顏氏女野合而生孔子, 禱於尼丘得孔子. 魯襄公二十二年而孔子生. 生而首上圩頂,
故因名曰丘云. 字仲尼, 姓孔氏.
5.《孔子家語》本姓解
徵在旣往, 廟見, 以夫之年大, 懼不時有勇, 而私禱尼丘之山以祈焉, 生孔子,
故名丘, 字仲尼.

6. 《潛夫論》志氏姓

閔公子弗父何生宋父, 宋父生世子, 世子生正考父, 正考父生孔父嘉, 孔父嘉生子
木金父, 木金父降爲士, 故曰滅於宋. 金父生祁父, 祁父生防叔, 防叔爲華氏所偪,
出奔魯, 爲防大夫, 故曰防叔. 叔生伯夏, 伯夏生叔梁紇, 爲鄹大夫, 故曰鄹叔紇,
生孔子.

059(2-23)
육기와 재해

《홍범전洪範傳》에 말하였다.

"육기六氣가 조화를 이루지 못해 이것이 재해로 나타났을 때, 만약 임금이 있는 도읍에서는 보이지 않는다면 듣지 못한 채로 넘어가면 된다."

그러나 기록관이 이를 기록으로 남기는 것은 선왕先王 때부터 전해오던 규정이며, 보장保章이라는 직책이 이를 관찰하여 자신의 집에 편안히 거하면서 하나씩 이를 제거해 나간다. 그러면서 반드시 구름의 모양과 색깔을 글로 기록하여 다음의 변고에 대비하였다. 그러고 나서 태사太史가 기록을 임금에게 올리되 그 상황을 어떠한 경우라도 은폐하지 않았다. 이러한 제도는 폐기하지 않는 것이 맞을 듯하다.

《洪範傳》云:『六沴作見, 若是王都未見之, 無聞焉爾.』

官修其方, 而先王之禮, 保章視祲, 安宅敍降, 必書雲物, 爲備故也.

太史上事無隱焉, 勿寢可也.

【洪範傳】〈洪範〉은 《尙書》의 편명. 商나라 말 箕子가 周 武王에게 천지의 大法을 설명하기 위해 지은 것이라 하며 漢나라 때 이를 '天人感應說'로 발전 시켰음. 뒤에 劉向이 이를 근거로 《洪範五行傳》11편을 지어 秦漢 이래 각종 變異를 설명하였으며, 그 내용은 《漢書》五行志(中)에 들어 있음.

【六沴】 '沴'는 '려'로 읽으며, 六氣가 조화를 이루지 못하여 생기는 재앙을 뜻함. 六氣는 陰, 陽, 風, 雨, 晦, 明을 가리킴.

【作見】 發生, 出現, 드러내어 보임. '見'은 '現'과 같음.

【無聞】 '聞'은 '問'과 같음. 관심을 가질 필요가 없음을 뜻함.

【官修】 史官이 이를 기록함. 官은 史官, 修는 修撰.

【方】 方版. 고대 竹簡이나 木簡에 이를 기록하였음을 말함.

【保章視祲】 保章은 周나라 때 天文官으로 秦漢 때의 太史令, 宋元 때의 司天監, 明淸 때의 欽天官과 같음. '祲'은 음양이 서로 침범하여 일으키는 재앙을 말함.

【安宅敍降】 집에 앉아 재앙을 차례대로 없애버림. 安宅은 집안에 안거함을 뜻하며 敍는 차례, 降은 하늘이 내리는 재앙.

【雲物】 구름을 말함. 고대 구름의 색깔, 형태 등을 통해 길흉화복이나 수재, 한재를 판단하였음.

【備故】 변고에 대비함.

【太史】 周代 및 秦漢 시대에 歷史와 天文, 曆法 등을 관장하던 직책.

【上事】 임금에게 災異의 사실을 보고해 올림.

【不隱】 은폐하지 않음. 숨김없이 사실대로 알림.

【寢】 '그치다, 폐기하다'의 뜻.

060(2-24)
옛 제도에 따라

천자는 남면南面하여 천하의 사정을 청취하고 아침이 밝아올 때면 다스림을 시작한다. 이는 대체로 《역易》의 '이離'에서 취한 것으로 하늘의 도에 맞는다.

매월 초하루에는 조정에서 정치를 들으니 그 내용은 국가의 대사大事에 관한 것이다.

의당 단정한 분위기로 이 의식儀式을 행하여 옛날 제도를 밝게 이어가야 한다.

天子南面聽天下, 嚮明而治, 蓋取諸離, 天之道也.

月正聽朝, 國家之大事也.

宜正其儀, 以明舊典.

【南面】 고대에 남쪽을 향해 앉는 자리. 제왕이나 지도자 등을 뜻함.
【嚮明而治】 날이 밝을 때 공무를 처리함.

【離】 ‘明’의 뜻. 이상은 《周易》 說卦를 원용한 것임.
【月正聽朝】 고대 제왕은 매월 초하루에 조회를 열었음.
【宜正其儀】 마땅히 그러한 의전을 다시 복구하여야 함을 주장한 것.
【舊典】 옛날 제도의 儀典.

1. 본 장은 앞서 21가지 논의(037) 중 열세 번째 “月正聽朝”를 풀이한 것임.

2. 《周易》 說卦

帝出乎震, 齊乎巽, 相見乎離, 致役乎坤, 說言乎兌, 戰乎坤, 勞乎坎, 成言乎艮.
萬物出乎震, 震東方也. 齊乎巽, 巽東南也; 齊也者, 言萬物之絜齊也. 離也者,
明也, 萬物皆相見, 南方之卦也; 聖人南面而聽天下, 嚮明而治, 蓋取諸此也.

061(2-25)
부녀자 교육

고대에는 음양陰陽의 예를 관장하는 관리가 있어 후궁의 교육을 맡아 부녀자들의 학문을 가르치는 방법을 담당하였다.

바로 부덕婦德, 부언婦言, 부용婦容, 부공婦功이었다.

그들은 각기 자신들에게 배속된 이들을 거느리고 때에 맞추어 순서대로 왕을 모시게 하였다.

이는 선왕 때부터 내려오던 예이니 의당 그러한 교육 방법을 숭상하여 먼저 내정內政으로써 하되 《열도列圖》를 열람시키고, 《열녀전列女傳》의 내용을 외우도록 하며, 전례典例를 준행하여 실천하도록 해야 한다.

이를 기록하는 내사內史는 붉은 대롱의 붓을 잡고 교육받는 부인들의 잘한 일, 과실 등을 낱낱이 기록하며 그 행동을 고핵考覈하여 출척黜陟의 근거로 삼아 이로써 잘한 일, 악한 일을 밝혀야 한다.

古有掌陰陽之禮之官, 以敎後宮, 掌婦學之法;

婦德·婦言·婦容·婦功.

各率其屬, 而以時御序於王.

先王禮也, 宜崇其敎以先內政, 覽《列圖》, 誦《列傳》,
遵典行.

內史執其彤管, 記善書過, 考行黜陟, 以章好惡.

【陰陽之禮】 남녀 사이의 예. 음양은 男女를 뜻함.

【後宮】 비빈들이 거처하는 궁. 여기서는 제왕의 후궁 비빈을 가리킴.

【婦學之法】 부녀들이 익혀야 할 예절 등을 가르치는 교육.《周禮》에 의하면
　　內宰라는 관직을 두어 이를 담당하도록 하였음. 참고란을 볼 것.

【婦德】 부녀로서 갖추어야 할 덕목으로 흔히 德行과 貞順을 들고 있음.

【婦言】 부녀로서 갖추어야 할 언어 태도. 和柔를 들고 있음.

【婦容】 부녀로서 갖추어야 할 표정과 용모. 흔히 端莊과 柔順을 들고 있음.

【婦功】 婦工으로도 표기하며, 부녀로서 갖추어야 할 각종 능력과 솜씨. 흔히
　　紡織, 刺繡, 縫紉, 烹飪 등을 들고 있음. 이상 婦德, 婦言, 婦容, 婦工을 ‘婦女四德’
　　이라 함.

【御序】 차례와 신분의 순서에 맞게 侍奉함.

【內政】 궁궐 안에서의 법도와 교양.

【列圖】《列女傳》의 그림을 가리킴. 劉向이《列女傳》7권을 저술하면서 각기
　　그림으로 그렸음.

【列傳】《列女傳》을 가리킴. 劉向이 고대 부녀의 사적을 母儀, 賢明, 仁智, 貞順,
　　絶義, 辯通, 嬖孽 등 7가지 유형으로 나누어 저술하고 讚과 그림을 더하였음.

【內史】 女史. 宮中의 女官. 똑똑하고 덕 있는 여자들을 궁중으로 들여 직위를
　　주고 內宰를 도와 王后의 儀典과 敎育 등을 담당하도록 하였음. 그 외에 世婦
　　아래에 역시 여관의 직위를 두어 왕후의 일상 생활을 보필하며 기록을 담당
　　하도록 함. 이상《周禮》天官 女史와 春官 世婦를 참조할 것.

【彤管】 붉은색의 대롱으로 만든 붓. 女史가 기록할 때 사용하는 필기구.

【考行】 행위의 내용을 상고하고 비교함.

【黜陟】 진퇴. 승진과 퇴출.

【章】 ‘彰’과 같음.

【好惡】 善惡, 美醜와 같음.

1. 본 장과 다음 장은 앞서 21가지 논의(037) 중 열네 번째 "崇內敎"를 풀이한 것임.

2.《周禮》天官 內宰

以陰禮敎六宮, 以陰禮敎九嬪, 以婦職之法敎九御, 使各有屬.

3.《禮記》昏義

古者天子后立六宮·三夫人·九嬪·二十七世婦·八十一御妻, 以聽天下之內治, 以明章婦順; 故天下內和而家理. 天子立六官·三公·九卿·二十七大夫·八十一元士, 以聽天下之外治, 以明章天下之男敎; 故外和而國治. 故曰: 天子聽男敎, 后聽女順; 天子理陽道, 后治陰德; 天子聽外治, 后聽內職. 敎順成俗, 內外和順, 國家理治, 此之謂盛德.

4.《禮記》昏義

是以古者婦人先嫁三月, 祖廟未毀敎于公官, 祖廟旣毀, 敎于宗室, 敎以婦德·婦言·婦容·婦功. 敎成祭之, 牲用魚, 芼之以蘋藻, 所以成婦順也.

062(2-26)
남녀의 바른 위치

남녀의 바른 위치는 내외에 있으며 가정이 바르게 되어야 천하가 안정된다.

그러므로 이의二儀가 서면 대업大業이 성취되는 것이니, 군자의 도란 하루 종일도 여기에 빠뜨림이 없어야 하고 조차造次의 짧은 순간에도 이에 기준을 삼아야 한다.

男女正位乎外內, 正家而天下定矣.

故二儀立而大業成, 君子之道, 匪闕終日, 造次必於是.

【二儀】陰陽, 男女, 內外의 두 가지 位儀와 구분.
【大業】천하를 바르게 안정시키는 일.
【匪闕】빠뜨릴 수 없음.
【造次】아주 짧은 순간. 雙聲連綿語. 《論語》里仁篇에 "君子去仁, 惡乎成名? 君子無終食之間違仁, 造次必於是, 顚沛必於是"라 함.
【是】이것. 여기서는 二儀를 가리킴.

063(2-27)
박사 제도

박사博士 제도를 완비하여 태학太學을 넓히고 공자孔子를 제사지내는 것이 예이다.

중니仲尼가 경經을 지었으니 그 근본은 하나였을 뿐인데 고문경古文經과 금문경今文經이 서로 달라 모두가 각기 자신들의 것이 진짜 본경本經이라고 주장하고 있다.

고금의 선대 선생님들의 가르침은 그 의義는 하나일 뿐인데 다른 이론을 가진 학자들의 주장이 달라 서로 자신들의 풀이에 따라 '고문경'이니 '금문경'이니 말하는 것이다.

備博士, 廣太學, 而祀孔子焉, 禮也.

仲尼作經, 本一而已, 古今文不同, 而皆自謂眞本經.

古今先師, 義一而已, 異家別說不同, 而皆自謂古今.

【太學】國學. 고대의 대학. 殷周 시대에 이미 있었으며 漢 武帝 때 정식으로 국가 교육기관으로 확장하고 五經博士를 두어 國子를 교육함. 隋나라 이후에는 國子監이라 하였음.

【仲尼作經】공자가 六經을 찬술하거나 정리함.《史記》孔子世家에 그 내용이 자세히 실려 있음.

【本一】원본은 하나로 같았으며 글씨체도 같았음을 말함.

【古今文】西漢 시대 당시 유행하던 글자인 隸書體로 五經을 받아 적어 이를 學官에서 사용하였으며 이를 '今文經'이라 하였음. 그 뒤 景帝 때 魯 恭王(劉餘)이 자신의 궁궐을 넓히려 공자의 구택을 허물다가 벽에서《禮記》,《尙書》,《春秋》, 《論語》,《孝經》 등이 쏟아져 나왔음. 그 기록이 古文(蝌蚪文)이었으며 그 외 河間獻王(劉德)이 古文經傳을 구해 조정에 바쳐 이를 '古文經'이라 하였음. 이에 따라 동한 때까지 금고문의 논쟁이 벌어지기도 하였음.

【眞本經】원본의 경서.

【自謂古今】스스로 '고문경'이니 '금문경'이니 하는 것임.

참고 및 관련 자료

1. 본 장과 다음 장은 앞서 21가지 논의(037) 중 열다섯 번째 "備博士"를 풀이한 것임.

064(2-28)
공자와 경전

중니仲尼는 아득한 옛날 사람으로 그에게 직접 질문을 해 볼 수가 없고, 옛 선대 선생님들도 이미 모두 세상을 떠난 후라 그들의 강의를 들어볼 수가 없다. 그러니 장차 누가 이러한 상충된 주장을 절충할 수 있겠는가?

진秦나라가 분서갱유로 모든 학문을 멸절시켜 버렸지만 그래도 책을 벽 속에 숨겨놓았었으며, 그 뜻이 조야朝野에 모두 끊어졌지만 한漢나라가 들어서면서 다시 흥하게 되었다. 그러나 흩어지고 막혔던 것을 다시 거두어 모았으나 진실로 이미 온전한 모습의 학술은 사라지고 말았다.

글자는 마멸되었고 언어는 초楚나라 말과 화하華夏의 말이 뒤섞여 있으며, 여러 경서들도 출현 시기가 달라, 혹 학자들조차 이미 고정 관념에 잡혀 자신의 뜻대로 해석을 하고 있다. 이에 후진들이 서로 그러한 잘못된 학설을 모방하니 이러한 풍조가 세상에 널리 퍼져 있게 된 것이다.

그러므로 원류는 하나로 같지만 열 개의 물줄기로 나뉘어 하늘과 물의 차이처럼 엇갈린 채 흘러, 이를 두고 쟁송을 벌이는 자가 마치 실타래처럼 얽혀 있다.

그들이 고집하는 학설이 모두 옳은 것은 아니니 이를 비교하여 논해 보면 틀림없이 참고로 삼을 만한 것이 있을 것이다.

仲尼邈而靡質, 昔先師沒而無聞, 將誰使折之者?

秦之滅學也, 書藏於屋壁, 義絶於朝野, 逮至漢興, 收摭散滯, 固已無全學矣.

文有磨滅, 言有楚夏, 出有先後, 或學者先意有所借定, 後進相放, 彌以滋蔓.

故一源十流, 天水違行, 而訟者紛如也.

執不俱是, 比而論之, 必有可參者焉.

【邈】 시기적으로 멀고 아득함.

【靡質】 '靡'는 未(無)와 雙聲互訓. '質'은 質問, 質疑. 물어볼 곳이 없음.

【折】 折中, 折衷과 같음. 판단함. '중간(가장 가운데 속)을 꺾다'의 뜻으로 서로 다른 주장이 있을 때 그 중간쯤을 택해 판단하여 결정함을 말함.

【秦之滅學】 秦始皇의 焚書坑儒를 가리킴.

【書藏於屋壁】 秦始皇의 혹독한 挾書禁法으로 인해 학자들과 민간에서는 책을 벽 속에 감추어둠.

【漢興】 秦나라가 망하고 漢나라가 일어섬. 시대가 바뀜.

【收摭】 거두어 들이고 주워 모음. '摭'은 '척'으로 읽음.

【散滯】 흩어져 사라지고 유실됨. '滯'는 '통행이 막혀 유실되다'의 뜻.

【全學】 완정한 학설이나 학문.

【言有楚夏】 말에는 각 지역마다 방언이 있음. 楚는 남방, 夏는 중원을 의미함.

【先後】 시기적으로 선후가 있음. 古今의 차이를 뜻함.

【借定】 억측을 가지고 판단함.

【放】 '倣'과 같음. 모방함, 흉내냄.

【彌】 점차. 점점.

【一源十流】 근원은 하나로 같으나 그 흐름은 각기 달라져 분파를 형성함.

【天水違行】 하늘과 물처럼 서로 현격한 차이가 있음.

065(2-29)
덕과 요체

어떤 이가 말하였다.

"지극한 덕과 요체가 되는 도는 아주 간약簡約한 것일 뿐이다."

전적典籍이 아주 풍부하니 어찌하면 이 넓은 것에서 간약하게 추려낼 수 있을까?

속담에 이런 말이 있다.

"새들이 몰려올 때 새그물을 치고 기다리지만 새가 걸리는 것은 단지 하나씩의 그물코일 뿐이다."

그렇다고 지금 한 개의 그물코만을 걸어놓고 새가 오지도 않는 때에 새를 기다리고 있는 형국이다.

도가 비록 중요하다 하나, 너무 넓어 통달할 수 없는 것은 아니다.

그 방법을 넓히고 그 학설을 줄여야 하는 것이다.

或曰:「至德要道約爾.」

典籍甚富, 如而博之以求約也?

語有之曰:「有鳥將來, 張羅待之, 得鳥者一目也.」

今爲一目之羅, 無時得鳥矣.

道雖要也, 非博無以通矣.

博其方, 約其說.

【要道】 아주 중요한 도리.

【約】 간단하게 정리함.

【如而】 '如何而'와 같음. 疑問文의 구문.

【語有之】 속담이나 격언 등에 그러한 말이 있음.

【張羅】 새를 잡기 위해 그물을 펼쳐 설치함.

【一目】 하나의 그물코. 새가 전체 그물에 걸리는 것이 아니라 한 코에 걸릴 뿐임.

【通】 通曉함. 알아냄. 알게 됨.

참고 및 관련 자료

1. 본 장은 앞서 21가지 논의(037) 중 열여섯 번째 "至德要道"를 풀이한 것임.

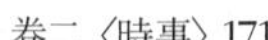

066(2-30)
사면령

사면령은 권변權變이다.

어떤 이가 말하였다.

"제도가 있습니까?"

나는 이렇게 말하였다.

"저울대는 고정되어 있는 것이 아니다. 그에 맞추어 저울추를 움직여 통제할 뿐이다. 그 일을 통제하지 못하면 사물의 추이에 맞추어 그 권변을 행사하면 된다. 의義는 통제의 뜻이며, 권權은 형상의 개념을 뒤집을 수 있다는 뜻으로 구체적인 사물을 두고 하는 말은 아니다."

이에 그 괘상卦象을 물었다.

나는 이렇게 설명하였다.

"생각하지 않았던 재앙을 뜻하는 무망無妄, 无妄괘는 그 재앙이 아주 그 크기를 초과하였다는 뜻이다. 그 상象은 흉함을 나타내며 그럼에도 부득이 그 길로 갈 수밖에 없으나 계속해서 여러 차례 그렇게 하는 것은 금하고 있다."

그가 물었다.

"그만두면 되지 않겠습니까?"

내가 말하였다.

"권변이기 때문이다."

그가 말하였다.
"마땅히 끊어버릴 수도 없군요."

赦令, 權也.

或曰:「有制乎?」

曰:「權無制, 制其義, 不制其事, 巽以行權. 義, 制也; 權者反經, 無事也.」

問其象.

曰:「無妄之災, 大過. 凶其象矣, 不得已而行之, 禁其屢也.」

曰:「絶之乎?」

曰:「權.」

曰:「宜弗之絶也.」

【權】 잠시 사용할 수 있는 權變, 權衡. 저울질하여 그 때에 맞게 실시함을 뜻함. 固定化된 것이 아님을 말함.

【巽】 《周易》 8괘(小成卦)의 하나이며 동시에 64괘(大成卦)의 하나. 참고란을 볼 것. 여기서는 군자는 변화에 적응하여 그 權變을 적절히 사용함을 뜻함.

【反經】 常規에 어긋남. 常道에 벗어남.

【象】 卦象, 《주역》의 象辭. 각 爻가 상징하는 뜻을 말로 풀이한 것.

【無妄之災】 뜻밖의 재앙을 말함. 無妄(无妄)은 64괘의 하나. 참고란을 볼 것. 여기서는 어떤 사람이 이유 없이 소를 길가에 매어두었다가 잃게 되자 주위 사람들이 의심을 받게 됨을 말함.

【大過】 역시 64괘의 하나이며 큰 못의 물이 나무까지 덮어 아주 큰 재앙을 일으킴을 말함.

【屢次】여러 차례 赦免令을 내림을 말함.
【弗之絶】'弗絶之'의 도치문. 끊어버리지 못함. 사면령을 전혀 없앨 수는 없음을
 말함.

1. 본 장과 다음 장은 앞서 21가지 논의(037) 중 열일곱 번째 "禁數赦令"을
풀이한 것임.

2.《周易》巽卦

巽: 小亨, 利有攸往, 利見大人. 彖曰: 重巽以申命. 剛巽乎中正而志行, 柔皆順
乎剛, 是以「小亨, 利有攸往, 利見大人」. 象曰: 隨風, 巽; 君子以申命行事.

3.《周易》无妄卦

无妄: 元亨, 利貞; 其匪正有眚, 不利有攸往. 彖曰: 无妄, 剛自外來而爲主於內,
動而健, 剛中而應; 大亨以正, 天之命也.「其匪正有眚, 不利有攸往」; 无妄之往,
何之矣? 天命不祐, 行矣哉! 象曰: 天下雷行, 物與无妄; 先生以茂對時育萬物.

4.《周易》大過卦

大過: 棟橈; 利有攸往, 彖曰:「大過」, 大者過也;「棟撓」, 本末弱也. 剛過而中,
巽而說, 行, 利有攸往, 乃享.「大過」之時大矣哉! 象曰: 澤滅木, 大過; 君子以
獨立不懼, 遯世无悶.

067(2-31)
공주의 혼례

공주의 혼례에 대한 제도는 옛날 제도가 아니다.

제요帝堯는 두 딸을 아랫사람인 순舜에게 낮추어 시집을 보내어 도당陶唐 시대의 규범이 되었고, 제을帝乙은 딸을 시집보내는 것을 아주 중요한 길사吉事로 여겨 '제을의 훈계'가 전해지게 된 것이다. 그런가 하면 천자국 주周나라는 희씨姬氏 성으로 제후국 제齊나라에 시집을 보냄으로써 종주 宗周로서의 규범이 있게 된 것이다.

음으로서 양을 타면 이는 천도天道를 위배하는 것이요, 부녀자로서 지아비를 뛰어넘으면 이는 인도人道를 위배하는 것이 된다.

천도를 위배하면 상서롭지 못하고 인도를 위배하면 의롭지 못하다.

尙主之制, 非古也.

釐降二女, 陶唐之典; 歸妹元吉, 帝乙之訓; 王姬歸齊, 宗周之禮.

以陰乘陽違天, 以婦凌夫違人.

違天不祥, 違人不義.

【尚主】 공주에게 장가드는 것을 말함. 공주는 지위가 높아 '娶'라 하지 아니하고 높여서 '尚'이라 함.

【釐降】 아래로 내려감. 공주는 높은 신분이지만 어쩔 수 없이 아래 신분으로 시집을 갈 수밖에 없음. '釐'는 '賜予'의 뜻. 이에 임금이 '내려주다'의 뜻으로 쓰인 것임.

【陶唐】 고대 제왕이었던 帝堯 陶唐氏, 堯임금을 말함. 堯가 처음 陶에 살다가 뒤에 唐에 봉해져 唐侯가 되어 陶唐氏라 부름.

【典】 제도를 마련함. 帝堯가 두 딸 娥皇과 女英을 舜에게 주어 처를 삼도록 한 혼인제도를 말함.

【歸妹】 嫁妹와 같음. 고대 여자가 시집가는 것을 歸라 하였으며 妹는 소녀를 말함. 여기서는《周易》歸妹卦를 원용한 것.

【元吉】 元은 '크다'의 뜻. 大吉.

【帝乙】 商(殷)나라 30대 임금. 太丁의 아들이며 紂王의 숙부.

【訓】 법칙. 가르침. 歸妹卦를 볼 것.

【王姬】 周나라 천자의 딸들을 말함. 周나라 성씨가 姬氏였음.

【齊】 姜太公이 봉을 받았던 지금의 山東 淄博市 일대로 周나라와는 異姓 제후였음. 姜太公은 呂尙이며 춘추시대 관중의 도움으로 첫 패자가 된 桓公이 있었으나 춘추 말기 쇠퇴하여 陳氏(田氏)에게 나라를 잃어 전국시대 田氏齊가 됨. 戰國七雄의 하나였으나 秦나라에게 망하였음.

【宗周】 종주국인 周나라.

【陰乘陽】 陰氣가 陽氣를 타고 올라 陽을 능멸함.

【違人】 인륜을 어그러뜨림.

참고 및 관련 자료

1. 본 장은 앞서 21가지 논의(037) 중 열여덟 번째 "正尙主之制"를 풀이한 것임.

2.《後漢書》荀悅傳

尙主之制, 非古. 釐降二女, 陶唐之典; 歸妹元吉, 帝乙之訓; 王姬歸齊, 宗周之禮. 以陰乘陽違天, 以婦凌夫違人. 違天不祥, 違人不義.

3.《周易》歸妹卦

六五, 帝乙歸妹, 其君之袂不如其娣之袂良; 月幾望, 吉. 象曰:「帝乙歸妹, 不如其娣之袂良」也; 其位在中, 以貴行也.

068(2-32)
궁중 잡사의 기록

고대 천자나 제후는 일이 있으면 반드시 종묘宗廟에 이를 고하였다.

조정에는 두 사관이 있었으니 좌사左史는 임금의 말을 기록하고, 우사右史는 임금의 행동을 기록하였다.

행동을 기록한 것은 《춘추春秋》가 되었고, 말을 기록한 것은 《상서尙書》가 되었다.

임금이 행동을 하면 반드시 기록하였으며 잘한 일, 그렇지 못한 일, 성공과 실패 등 어느 것 하나 기록하지 않은 것이 없었다.

아래로 사士와 서민庶民에 이르기까지 각 등급별로 차이가 있어, 혹 현달하고자 하나 뜻대로 되지 않고, 혹 은거하고자 하나 도리어 그 이름이 더 드날리는 경우가 있다.

하루 아침의 득실이 천년을 두고 영광이나 치욕으로 남는다.

이러한 기록을 통해 착한 사람은 더욱 권면하고 잘못된 짓을 저지르는 자는 이로써 두려움을 느낀다. 그 때문에 선왕들은 이를 중시한 것이며 임금은 상과 벌로써 계속 이어가도록 하였고 사관은 법과 교화로써 임금을 보필하게 된 것이다.

古者天子諸侯, 有事必告於廟.

朝有二史, 左史記言, 右史記動.

動爲《春秋》, 言爲《尚書》.

君擧必記, 臧否·成敗, 無不存焉.

下及士庶, 等各有異, 或欲顯而不得, 或欲隱而名章.

得失一朝, 而榮辱千載.

善人勸焉, 淫人懼焉, 故先王重之, 以嗣賞罰, 以輔法敎.

【廟】宗廟. 자신들의 조상 왕들의 위패를 모셔놓고 제사를 올리는 사당.

【二史】左史와 右史.《禮記》玉藻篇에 "動則左史書之, 言則右史書之"라 하였
으나 흔히 左史記言, 右史記事로 보고 있음.

【左史記言】임금의 왼쪽에 있는 사관은 임금의 언어(法令, 敎令)를 기록함.
이러한 법령을 모은 것이《尙書》임.

【右史記動】《後漢書》에는 '右史書事'로 되어 있음. 임금의 오른쪽에 있는 사관은
임금의 行動(事件)을 기록함. 이러한 법령을 모은 것이《春秋》임.

【春秋】최초의 編年體의 史書로 孔子가 魯나라 紀年을 중심으로 춘추시대
각 나라의 역사를 褒貶의 개념에 맞추어 찬술한 것이라 함. 五經의 하나이며
13경의 하나. 뒤에 이를 풀이한 책으로《春秋左氏傳》,《春秋公羊傳》,《春秋
穀梁傳》이 있어 흔히 이를 '春秋三傳'이라 하며 모두 13경에 열입됨.

【尙書】書經이라고도 하며 古代 정치의 當案(file)을 모은 것으로 儒家 五經의
하나이며 13경의 하나임. 이상《春秋》는 記事 중심이며《尙書》는 記言 중심의
역사서로 널리 분류됨.

【臧否】선악의 與否《後漢書》에는 '善惡'으로 되어 있음.

【士庶】士와 서민. 周代의 士는 귀족 중에 가장 낮은 신분이며 庶는 일반 평민을
가리킴.

【等各有異】이 부분은《後漢書》에는 '苟有茂異, 咸在載籍'으로 되어 있음.

【名章】명성이 더욱 드러남. ‘章’은 ‘彰’과 같음.

【淫人】행위와 품덕이 사악한 사람.

【嗣】이어감. 임금이 사관들에게 상과 벌로 조정하여 그 기록이 계속 이어지도록 하였음을 말함.

【輔】보조함. 보필함. 이끌어줌.

【法敎】법제와 교화. 사관이 임금의 통치를 보좌한 것이 법과 교화였음을 말함.

1. 본 장과 다음 장은 앞서 21가지 논의(037) 중 열아홉 번째 “復內外注記者”를 풀이한 것임.

2. 《後漢書》荀悅傳

又古者天子諸侯, 有事必告于廟. 朝有二史, 左史記言, 右史書事. 事爲《春秋》, 言爲《尙書》. 君擧必記, 善惡·成敗, 無不存焉. 下及士庶, 苟有茂異, 咸在載籍. 或欲顯而不得, 或欲隱而名章. 得失一朝, 而榮辱千載. 善人勸焉, 淫人懼焉, 故先王重之, 以嗣賞罰, 以輔法敎.

069(2-33)
내사의 임무

오늘날에도 이는 합당한 것으로서 관官에서는 날마다 각기 그 기록을 남기도록 하여 이들이 모두 완성되면 이를 《상서尚書》와 같은 책이 되도록 해야 한다.

그러나 지금은 사관이 그러한 일을 관장하면서 괴이한 일이나 일상의 일을 기록하지 않고 있다.

선한 일이건 악한 일이건 기록해야 하며,

언행이 법식으로 삼을 만한 것이라면 기록해야 하며,

일에 공을 세웠다면 기록해야 하며,

전쟁으로 백성이 동원되었다면 기록해야 하며,

사이四夷가 조공을 오거나 공물을 바쳤다면 기록해야 하며,

황후皇后와 귀인貴人, 태자太子를 세웠다면 기록해야 하며,

공주公主와 대신大臣이 임명되었거나 면직되었으면 기록해야 하며,

선한 이에게 복을 내리고 악한 이에게 화를 내렸다면 기록해야 하며,

상서로운 일이나 재이災異가 있었다면 기록해야 한다.

선제先帝의 고사故事는 《기거주起居注》라는 것이 있어, 일상생활과 움직임의 절차 등을 반드시 기록해 왔다.

의당 그러한 제도와 법식은 다시 복원하여 내사內史가 이를 관장하여 궁중 안의 일을 기록해야 한다.

宜於今者, 官以其日各書, 其盡則集之於《尙書》.
若史官使掌典其事, 不書詭常.
爲善惡則書,
言行足以爲法式則書,
立功事則書,
兵戎動衆則書,
四夷朝獻則書,
皇后·貴人·太子拜立則書,
公主·大臣拜免則書,
福淫禍亂則書,
祥瑞災異則書.
先帝故事, 有《起居注》, 日用動靜之節必書焉.
宜復其式, 內史掌之, 以紀內事.

【掌典】 관장하여 다스리거나 운용함.
【詭常】 기이함과 평상스러움.
【功事】 업적에 공을 세움.
【四夷】 사방의 이민족. 東夷, 西戎, 南蠻, 北狄.
【貴人】 東漢 光武帝 때 설치한 妃嬪의 지위 명칭. 皇后의 다음 지위.
【拜立】 종묘에 고하고 나서 책립 의식을 치름.
【拜免】 역시 종묘에 고한 다음 면직함.
【福淫禍亂】 '福善禍淫'의 오기. 선한 행동에 복을 내리고 악한 행동에 재앙을 내림.
【故事】 先例, 舊制, 舊例와 같음.

【起居注】황후의 궁중 일상생활을 낱낱이 기록한 史書. 兩漢 시대 궁중 女史가 이 일을 맡았으며 漢 武帝 때《禁中起居注》, 東漢 馬皇后의《明帝起居注》등이 있었으나 지금은 전하지 않음.

【日用動靜】일상생활의 자질구레한 일들.

【內史】궁중의 起居注를 기록하기도 하며 后妃의 교육을 담당하기도 했던 직위 이름. 덕과 학문을 갖춘 여인들이 맡았었음.

【內事】궁중 안의 일들.

참고 및 관련 자료

1. 《後漢書》荀悅傳

宜於今者, 備置史官, 掌其典文, 紀其行事. 每於歲盡, 擧之尙書. 以助賞罰, 以弘
法敎.

卷三 〈俗嫌〉

　　‘속혐俗嫌’이란 ‘세속에서 꺼리는 것’이란 뜻으로 여기서는 당시에 널리 성행하던 각종 복서卜筮, 금기禁忌, 관상觀相, 천인감응설天人感應說, 기도祈禱, 신선술神仙術, 방술方術, 참위설讖緯說 등에 대하여 문답 형식을 빌려 옳고 그름을 나름대로 정리하여 자신의 의견을 밝힌 것이다.

〈朱雀燈〉 서한 山西 출토

070(3-1)

복서卜筮

어떤 이가 복서卜筮에 대해 질문하자 이렇게 대답하였다.

"점이란 덕으로 하면 이익이 되는 것이요, 그렇지 않으면 손해가 나는 것이다."

그가 물었다.

"무슨 뜻입니까?"

"길하면서 그 어려움을 건널 수 있고, 흉하지만 구제를 받게 되는 것을 일러 '익益'이라 하고, 길하다고 해서 그것만 믿거나 흉하다고 해서 태만히 구는 것을 일러 '손損'이라 한다."

或問卜筮, 曰:「德斯益, 否斯損.」

曰:「何謂也?」

「吉而濟·凶而救之謂益; 吉而恃·凶而怠謂之損.」

【卜筮】점치는 일. 卜은 거북 껍질로 치며 筮는 시초(蓍草), 혹은 산가지로 치는 점.
【否斯損】'否'는 '비'로 읽으며 비색(否塞)의 뜻. 꽉 막힘을 말함. '斯'는 '則'과 같음.
 따라서 "막힌 일이 있으면 그것이 덜어져서 해결되다"의 뜻. 그러나 앞의 말,
 즉 德에 반대되는 뜻으로 풀이하여야 옳을 듯함.
【吉而濟】길함을 얻어 해결됨.

때와 금기

어떤 이가 물었다.

"시간과 관련된 금기가 있습니까?"

나는 이렇게 설명하였다.

"이는 천지의 수數이지 길흉으로 말미암아 생겨나는 것은 아니다. 동방은 만물을 살리는 일을 주관하지만 그렇다고 그곳 사람들이 적어지는 것은 아니다. 서방은 만물을 죽이는 일을 주관하지만 그렇다고 그곳에 사는 사람이 줄어드는 것은 아니다. 남방은 오행으로 화火에 해당하지만 그곳에 사는 사람들이 불에 타 죽는 것은 아니다. 북방은 오행으로 수水에 해당되지만 그렇다고 물을 밟다가 죽는 것은 아니다. 그러므로 갑자甲子일 이른 새벽에 은殷나라는 멸망하고 주周나라가 일어섰으며, 함양咸陽의 땅에서는 진秦나라가 망하고 한漢나라가 융성했던 것이다."

或問曰:「時群忌?」

曰:「此天地之數也, 非吉凶所生也. 東方主生, 死者不鮮; 西方主殺, 生者不寡; 南方火也, 居之不憔; 北方水也, 蹈之不死. 故甲子昧爽, 殷滅周興; 咸陽之地, 秦亡漢隆.」

【時群忌】群은 繫(系)의 뜻. 시간과 연계된 금기 사항.

【數】象數. 定數. 시간이 되면 그렇게 될 수밖에 없는 길흉. 천도의 운행에 따라 정해진 숙명.

【東方主生】동방(靑, 木, 春, 仁, 龍)은 생명의 시작을 주관함. 五行說에서 사시와 사방, 오행을 연계하여 풀이하는 학설.

【西方主殺】서방(白, 金, 秋, 義, 虎)은 생명의 肅殺, 判決 등을 주관함. 그 때문에 만물이 죽게 됨.

【南方火也】남방(赤, 火, 夏, 禮, 朱雀)은 오행으로 火에 해당하며 만물을 태움.

【北方水也】북방(黑, 水, 冬, 智, 玄武)은 오행으로 水에 해당하며 그 때문에 한랭함.

【甲子昧爽】甲子는 60갑자의 첫 시작. 昧爽은 이른 새벽 黎明의 때. 주 무왕이 은나라 주를 정벌하면서 갑자일 새벽에 공격을 개시하였음.《尙書》참조. 한편 갑자는 天干(十干: 甲乙丙丁戊己庚辛壬癸)과 地支(十二支: 子丑寅卯辰巳午未申酉戌亥)가 최소공배수로 결합하여 60갑자를 이루며 이로써 각 상징하는 동물이나 시간, 방위 등을 나타내는 것으로도 사용하였음.

【咸陽】秦나라가 도읍으로 정했던 곳이며 지금의 陝西 咸陽市 북쪽. 關中 땅이었음.

【秦亡漢隆】秦나라 수도 咸陽이나 漢나라 수도 長安 모두가 關中의 같은 지역에 있었으나 이들의 지속 시기는 각기 장단이 달랐음을 말한 것임.

참고 및 관련 자료

1. 오행관계표

五行	五方	五色	五音	五常	五臟	五季	五事	五聲	五味	五義	五嶽
木	東	靑	角	仁	肝	春	貌	牙	甘	謙	泰
火	南	赤	徵	禮	心	夏	聽	舌	鹹	敢	衡
土	中	黃	羽	信	脾	季夏	思	脣	酸	和	嵩
金	西	白	商	義	肺	秋	言	齒	苦	容	華
水	北	黑	宮	智	腎	冬	視	喉	辛	廉	恒

五行의 相生 관계 : 水生木. 木生火, 火生土, 土生金, 金生水.

五行의 相剋 관계 : 水剋火, 火剋金, 金剋木, 木剋土, 土剋水

072(3-3)
음양과 감응

어떤 이가 물었다.

"오삼五三의 지위는 주周나라에 응험하였고, 용호龍虎의 회맹은 진晉나라의 길상이 되었습니다."

나는 이렇게 설명하였다.

"관직과 부서를 설치하여 이는 부귀한 자들이 그 자리를 차지한다. 일반 서민들이 그 속에 들어가서 일을 맡는다고 해도 그 작위에 맞게 일을 처리해내지 못한다. 감옥도 거실과 같지만 죄를 저지른 자가 그 속에 갇혀 있게 된다. 착한 사람이 그 속에 들어간다고 해도 그러한 벌을 받지는 않는다."

어떤 이가 물었다.

"그렇다면 해와 달로써 시간을 계산하는 방법을 폐기하여도 됩니까?"

나는 이렇게 대답하였다.

"안 된다."

그리고 이렇게 덧붙였다.

"길한 날은 선왕들께서 잘 활용하셨다. 사람은 하늘과 땅의 운을 이어 받는다. 그 때문에 움직임과 멈춤이 순리에 맞는 것이다. 그 음양陰陽에 순응하고 그 일진日辰에 순응하며, 그 도수度數에 순응해 살게 된다. 안으로는 관대함에 순응함이 있고, 밖으로는 형식에 순응함이 있는 것이다.

형식과 실질이 순리에 맞는 것은 이理이다. 휴징休徵의 부합은 자연스럽게 그에게 응한 것이다. 그 때문에 도천盜泉, 조가朝歌는 그 이름으로 인해 공자와 묵자墨子가 그곳을 경유하지 않았다. 그 이름을 혐오하는 것은 그 마음을 따르는 것이다. 그러나 진실로 그 실질이 없는데도 이를 꺼리며 복을 받고자 한다면 이는 이루기 어렵게 된다."

或問:「五三之位, 周應也; 龍虎之會, 晉祥也.」

曰:「官府設陳, 富貴者値之, 布衣寓焉, 不符其爵也; 獄犴若居, 有罪者觸之, 貞良入焉, 不受其罰也.」

或曰:「然則日月可廢歟?」

曰:「否.」

曰:「元辰, 先王所用也. 人承天地, 故動靜順焉. 順其陰陽, 順其日辰, 順其度數. 內有順實, 外有順文. 文實順, 理也. 休徵之符, 自然應也. 故盜泉, 朝歌, 孔墨不由. 惡其名者, 順其心也. 苟無其實, 徼福於忌, 斯成難也.」

【五三之位】五星과 三辰. 五星은 辰星, 熒惑, 太白, 歲星, 塡星을 가리키며, 三辰은 日月과 斗辰을 말한다고 함. 天象과 人事가 서로 연관이 있음을 말한 것.
【周應】周나라에 감응하여 흥기시킴.《春秋元命苞》에 실려 있음.
【龍虎之會】'龍尾之會'의 오기. 龍尾는 미수(尾宿)로 별자리 이름. 동방 창룡 칠수 (七宿)의 끝에 있어 '용미'라 부름.《左傳》에 의하면 夏十月 丙子朔 아침에 해가 미수에 있고 달이 책수(策宿)에 있어 이때에 晉나라가 회맹을 한다고 괵(虢)나라 임금을 불러 결국 괵나라를 없애버렸음.
【晉祥】춘추시대 진나라가 상서로운 징조를 얻어 괵국을 공격하여 승리를 거둠. 《左傳》참조.

【官府】 관서, 관청, 관직.

【設陳】 陳設과 같음. 設置함, 陳列함.

【値】 관직을 담당함.

【布衣】 마포로 옷을 해 입은 일반 백성. 벼슬이 없음을 말함.

【獄犴】 ‘犴’은 ‘안’으로 읽으며 원래 고대 흉수 ‘狴犴’이라는 짐승. 고대 감옥의
 정문에 이 형상을 설치하여 감옥을 이렇게 불렀음.

【觸】 법을 저촉하여 감옥에 갇힌 죄수.

【日月】 해와 달의 운행을 계산하여 절기를 밝혀냄.

【元辰】 아주 길한 날짜. ‘元’은 ‘善’, ‘辰’은 ‘日’의 뜻.

【實】 사물마다 내재하는 실질.

【休徵】 길조. 아름다운 징조. ‘休’는 ‘吉’의 뜻.

【盜泉】 옛 샘물 이름. 지금의 山東 泗水縣에 있었다 하며 이름이 매우 좋지 않아
 군자는 그 물을 마시지 않았다 함.

【朝歌】 고대의 읍 이름. 지금의 河南 淇縣에 있었으며 殷나라 武乙과 紂의 도읍
 이었음. 武王이 紂를 칠 때 그 교외로 들어가 殷나라를 멸망시킴. 아침에 노래를
 부른다 하여 불길하게 여겼음.

【徼福】 복을 맞이함. 복을 맞아들임.

참고 및 관련 자료

1. 《春秋元命苞》

殷紂之時, 五星聚於房, 房者蒼神之精, 周據而興.

2. 《左傳》僖公 5년

晉侯復假道於虞以伐虢. 宮之奇諫曰:「虢, 虞之表也; 虢亡, 虞必從之. 晉不
可啓, 寇不可翫. 一之謂甚, 其可再乎? 諺所謂‘輔車相依, 脣亡齒寒’者, 其虞,
虢之謂也.」公曰:「晉, 吾宗也, 豈害我哉?」對曰:「大伯·虞仲, 大王之昭也;
大伯不從, 是以不嗣. 虢仲·虢叔, 王季之穆也, 爲文王卿士, 勳在王室, 藏於盟府.
將虢是滅, 何愛於虞? 且虞能親於桓·莊乎? 其愛之也, 桓·莊之族何罪? 而以
爲戮, 不唯偪乎? 親以寵偪, 猶尙害之, 況以國乎?」公曰:「吾享祀豐絜, 神必
據我.」對曰:「臣聞之, 鬼神非人實親, 惟德是依. 故周書曰:‘皇天無親, 惟德

是輔.' 又曰: '黍稷非馨, 明德惟馨.' 又曰: '民不易物, 惟德繄物.' 如是, 則非德, 民不和, 神不享矣. 神所馮依, 將在德矣. 若晉取虞, 而明德以薦馨香, 神其吐之乎?」弗聽, 許晉使. 宮之奇以其族行, 曰:「虞不臘矣. 在此行也, 晉不更舉矣.」八月甲午, 晉侯圍上陽. 問於卜偃曰:「吾其濟乎?」對曰:「克之」公曰:「何時?」對曰:「童謠云, '丙之晨, 龍尾伏辰; 均服振振, 取虢之旂. 鶉之賁賁, 天策焞焞, 火中成軍, 虢公其奔.' 其九月·十月之交乎! 丙子旦, 日在尾, 月在策, 鶉火中, 必是時也.」冬十二月丙子, 朔, 晉滅虢. 虢公醜奔京師. 師還, 館于虞, 遂襲虞, 滅之. 執虞公及其大夫井伯, 以媵秦穆姬, 而修虞祀, 且歸其職貢於王. 故書曰:「晉人執虞公」, 罪虞, 且言易也.

3.《史記》鄒陽傳

故縣名勝母而曾子不入, 邑號朝歌而墨子回車.

4.《漢書》鄒陽傳

故里名勝母, 曾子不入; 邑號朝歌, 墨子回車.

5.《說苑》談叢篇

邑名勝母, 曾子不入; 水名盜泉, 孔子不飲. 醜其名也.

6.《淮南子》說山訓

曾子立孝, 不過勝母之閭; 墨子非樂, 不入朝歌之邑; 曾子立廉, 不飲盜泉. 所謂養志者也.

7.《鹽鐵論》晁錯(第八)

孔子不飲盜泉之流, 曾子不入勝母之閭.

8.《新序》雜事(3)

今人主沈於諂諛之辭, 牽於帷墻之制, 使不羈之士, 與牛驥同緯, 此鮑焦之所以忿於世, 而不留於富貴之樂也. 臣聞:「盛飾以朝者, 不以私麻義; 砥礪名號者, 不以利傷行.」故里名勝母, 而曾子不入; 邑號朝歌, 墨子回車.

9.《新序》雜事(3)

故里名勝母, 而曾子不入; 邑號朝歌, 墨子回車. 今使天下寥廓之士, 籠於威重之權, 脇於勢位之貴, 回面汙行, 以事諂諛之人, 求親近於左右, 則士有伏死崛穴巖藪之中耳, 安有盡精神而趨闕下者哉?

10.《尸子》

過於盜泉, 渴矣而不飲, 惡其名也.

073(3-4)
기도와 응답

어떤 이가 말하였다.

"기도하고 청하는 자가 진실로 신을 접하게 된다면 이는 자연적으로 응한 것이다. 그 때문에 정성이 철저히 바닥까지 이르게 되는 것이다. 제물의 희생을 옥백玉帛으로 하여 그만큼의 기도와 정성이 간절함을 밝혀 보이되 길삭吉朔에 신과 통하려고 한다. 그러나 공자가 '예에 말하되, 예에 말하되 하는 것이 옥백을 두고 한 말이겠는가?'라고 한 것처럼 청합니다, 기도합니다 하는 것이 술이나 제물을 두고 하는 것이겠는가? 그 예에 맞지 않으면 혹시 허물이 될 수 있으며 그 청할 바가 아닌 것을 청하게 되면 신의 응답을 얻지 못하게 된다."

或曰:「祈請者誠以接神, 自然應也, 故精以底之. 犧牲玉帛以昭祈請, 吉朔以通之.『禮云禮云, 玉帛云乎哉?』請云祈云, 酒膳云乎哉? 非其禮則或愆, 非其請則不應.」

【祈請】복을 받기 위해 기도하여 청함. 제사를 올림.

【底】'抵'와 같음. '도착하다, 다다르다'의 뜻.

【犧牲】제사나 잔치에 쓰이는 가축.

【玉帛】제사에 쓰이는 각종 玉器와 織品.

【吉朔】매월 초하루. 이날에 天神에게 제사를 올렸음.

【通】사람과 하늘이 통함.

【酒膳】제사에 쓰이는 술과 음식.

참고 및 관련 자료

1. 《論語》陽貨篇

子曰:「禮云禮云, 玉帛云乎哉? 樂云樂云, 鐘鼓云乎哉?」

074(3-5)
기도

어떤 이가 물었다.
"기도와 청원으로 됩니까, 안 됩니까?"
나는 이렇게 대답하였다.
"기물이 감응하면 되겠지만, 성명性命이나 자연스럽게 되는 것이 아니라면
그렇게 한다고 되는 것이 아니다."

或問: 「祈請可否?」

曰: 「氣物應感則可, 性命自然則否.」

【氣物應感】 만물의 자연계에는 氣가 있으며 이 기가 사물과 감응함.
【性命】 본성과 생명. 이미 정해진 자연 상태. 과학적으로 불가능한 일들은
기도나 청원을 한다고 되는 것이 아님을 말함.

075(3-6)
질병과 재액

어떤 이가 물었다.

"질병과 재액災厄을 피하는 방법이 있습니까?"

나는 이렇게 설명하였다.

"대체로 질병과 재액이란 무엇이겠는가? 자신의 몸에 생긴 것이 아니면 귀신과 관련된 것이다. 몸에 관련된 것은 피할 수가 없고, 귀신에 관련된 것도 거기에서 도망칠 수가 없다. 가히 피할 수 있다면 몸에 관계된 것이 아니며, 가히 도망칠 수 있다면 이는 귀신에 관계된 것이 아니다. 자신의 몸은 하늘을 따르는 것이니 만 리 멀리 간다 해도 도망칠 수가 없다. 이는 비유하건대 어린아이가 눈을 가리고 덩치 큰 사내의 겨드랑이에 숨어 '이렇게 하면 도망친 것이겠지?'라고 말하는 것과 같다."

或問:「避疾厄有諸?」

曰:「夫疾厄, 何爲者也? 非身則神, 身不可避, 神不可逃. 可避非身, 可逃非神也. 持身隨天, 萬里不逸. 譬諸孺子, 掩目巨夫之掖, 而曰『逃可乎?』」

【疾厄】질병과 禍厄. 재앙.
【諸】 '之於', '之乎'의 合音字.
【逸】도망함. 피해 감.
【孺子】어린아이.
【巨夫】덩치가 큰 사나이.
【掖】 '腋'과 같음. 겨드랑이.

관상

어떤 이가 물었다.

"사람의 형상에 관상이라는 것이 있습니까?"

나는 이렇게 설명하였다.

"대체로 있다고 여길 수 있다. 대체로 신神의 기氣는 형태와 용모에 상응하여 내포되어 있는 것이 자연 현상이다. 행동에 두 가지로 나타나며 시간을 가지고 이를 참증參證해 보면 어떤 경우에는 서로 그 상相과 관계를 이루기도 하고 혹은 그 상과 서로 어그러진 상황을 나타낸다. 그 경우의 수는 매우 많으며 그 변화도 심하다. 역시 상중하의 삼품三品으로 크게 나눌 수 있을 따름이다."

或問:「人形有相?」

曰:「蓋有之焉. 夫神氣, 形容之相包也, 自然矣. 貳之於行, 參之於時, 相成也, 亦參相敗也. 其數衆矣, 其變矣. 亦有上中下品云爾.」

【人形】 사람의 형체. '形'은 흔히 肉身을 뜻함.

【相】 관상. 사람의 얼굴이나 신체 모습을 보고 미래를 추측하는 方術.

【神氣】 정신과 기질.

【形容】 형체와 용모.

【貳之於行】 행동이 그에 맞지 않음. 이는 常理에 어긋남을 말함.

【參】 참험(參驗).

【相成】 서로 이루어줌.

【數】 術數, 방법. 경우의 수.

【上中下品】 고대 명리학과 관상학에서 사람을 上品, 中品, 下品으로 나누었으며 이를 三品이라 함.

077(3-8)
신선술

어떤 이가 신선술神仙術에 대하여 묻기에 이렇게 대답하였다.

"허탄한 것이로다! 말단의 현상일 뿐이다. 성인이 이를 학습하지 않은 것은 살기를 싫어해서 그런 것이 아니었다. 삶을 마치고 새로 태어나고 하는 것은 운명이며, 오래 살고 일찍 죽고 하는 것은 운수이다. 운명과 운수는 사람의 힘으로 어쩔 수 있는 것이 아니다."

그가 물었다.

"역시 선인仙人이라는 것이 있지 않습니까?"

나는 이렇게 말하였다.

"초요僬僥나 계망桂莽은 다른 풍속을 가진 집단에서 나는 것이다. 비록 선인이 있다 해도 역시 이는 다른 족류族類일 뿐이다."

或問神仙之術, 曰:「誕哉! 末之也已矣. 聖人弗學, 非惡生也; 終始, 運也; 短長, 數也. 運數非人力之爲也.」

曰:「亦有仙人乎?」

曰:「僬僥·桂莽, 産乎異俗, 就有仙人, 亦殊類矣.」

【神仙之術】秦漢 시대의 方士와 그 뒤의 道家에서 주장한 長生不死의 道術. 長生術, 神仙術이라고도 함.

【誕】허탄함, 괴탄함.

【末】末流.

【聖人】孔子를 가리킴.《論語》述而篇에 "子不語怪力亂神"이라 함.

【惡生】長生을 싫어함.

【終始】사물의 시작과 끝. 생명체의 순환을 말함.

【運】운명.

【短長】壽夭長短. 長壽와 夭折.

【數】운수. 사람이나 생명체는 일정 수명이 있음을 말함.

【人力】煉丹이나 服藥 등 사람의 힘으로 할 수 있는 일.

【僬僥】고대 전설 속의 난쟁이.《列子》湯問篇에 "從中州以東四十萬里, 得僬僥國, 人長二尺五寸"이라 함.

【桂荈】계보(桂父)가 아닌가 함.《列仙傳》에 실려 있는 신선.

【異俗】아주 먼 곳에 있어서 풍속이 전혀 다름.

【殊類】전혀 다른 族類.

참고 및 관련 자료

1.《山海經》海外南經

周饒國在其東, 其爲人短小, 冠帶. 一曰焦僥國在三首東.

2.《列仙傳》卷上

桂父者, 象林人也. 色黑而時白·時黃·時赤. 南海人見而尊事之. 常服桂及葵, 以龜腦和之, 千丸十斤桂. 累世見之. 今荊州之南, 尙有桂丸焉. 偉哉桂父, 挺直遐畿. 靈葵內潤, 丹桂外綏. 怡怡柔顔, 代代同輝. 道把東南, 奕世莫違.

078(3-9)
장수

어떤 이가 물었다.

"수백 살을 산 사람이 있습니까?"

나는 이렇게 설명하였다.

"힘으로는 오획烏獲을 들며, 빠르기로는 강해羌亥를 거론하며, 용맹으로는 맹분孟賁과 하육夏育을 들고 있으며, 성스럽기로는 중니仲尼를 거론하며, 장수한 자로서는 팽조彭祖를 일컫고 있다. 만물에는 준걸俊傑이 있으니 무망한 것이라 할 수는 없다."

或問:「有數百歲人乎?」

曰:「力稱烏獲, 捷言羌亥, 勇斯賁育; 聖云仲尼, 壽稱彭祖, 物有俊傑, 不可誣也.」

【烏獲】전국시대 秦나라 武王의 力士. 힘이 장사였음. 周나라에 들어가 鼎을 들다가 놓쳐 그 다리를 부러뜨렸다 함.

【羌亥】'豎亥'라고도 하며 아주 달리기를 잘 하던 사람.
【賁育】孟賁과 夏育. 모두 뛰어난 용사로 맹분은 전국시대 齊나라 사람으로
　　쇠뿔을 뽑아버릴 정도의 힘을 가지고 있었으며, 하육은 전국시대 衛나라
　　사람으로 千鈞의 무게를 들어올릴 수 있었다 함.
【仲尼】공자.
【彭祖】전설 속의 長壽한 사람. 이름은 전갱(籛鏗)이라
　　하며 顓頊의 玄孫 陸終氏의 셋째 아들로 堯임금 때
　　彭城에 살았으며 商나라 때는 守藏史, 周나라 때는
　　柱下史를 지내는 등 8백 세를 살았다 함.
【俊傑】재능과 지혜가 출중한 사람.
【誣】誣妄함.

〈彭祖〉

1.《列仙傳》卷上

彭祖者, 殷大夫也. 姓籛名鏗, 帝顓頊之孫, 陸終氏之中子, 歷夏至殷末八百餘歲.
常食桂芝, 善導引行氣. 歷陽有彭祖仙室, 前世禱請風雨莫不輒應. 常有兩虎
在祠左右, 祠訖, 地卽有虎跡云. 後昇仙而去. 遐哉碩仙, 時惟彭祖. 道與化新,
緜緜歷古. 隱倫玄室, 靈著風雨. 二虎嘯時. 莫我猜侮.

2.《神仙傳》卷一

彭祖者, 姓籛, 名鏗, 帝顓頊之玄孫, 至殷末世, 年七百六十歲而不衰老. 少好
恬靜, 不恤世務, 不營名譽, 不飾車服, 唯以養生治身爲事. 殷王聞之, 拜爲大夫,
常稱疾閒居, 不與政事. 善於補養導引之術, 幷服水桂·雲母粉·麋鹿角, 常有少容.
然其性沈重, 終日不自言有道, 亦不作詭惑變化鬼怪之事, 窈然無爲. 時乃遊行,
人莫知其所詣, 伺候之, 竟不見也. 有車馬以不常乘. 或數百日或數十日不持資糧,
還家則衣食與人無異. 常閉氣內息, 從平旦至日中, 乃危坐拭目, 摩搦身體, 舐唇
咽唾, 服氣數十, 乃起行, 言笑如故. 其體中或有疲倦不安, 便導引閉氣, 以攻
其患. 心存其身, 頭面九竅, 五藏四肢, 至于毛髮, 皆令其存, 覺其氣行體中, 起於
鼻口中, 達十指末, 尋卽平和也. 王自詣問訊, 不告之. 致遺珍玩, 前後數萬, 彭祖
皆受之以恤貧賤, 略無所留. 又有采女者, 亦少得道, 知養形之方, 年二百七十歲,

視之年如十五六. 王奉事之, 於掖庭爲立華屋紫閣, 飾以金玉, 乃令采女乘輕輧而往, 問道於彭祖. 采女再拜, 請問延年益壽之法. 彭祖曰:「欲擧形登天, 上補仙官者, 當用金丹, 此元君太一所服, 白日昇天也. 然此道至大, 非君王所爲. 其次當愛精養神, 服餌至藥, 可以長生, 但不能役使鬼神, 乘虛飛行耳. 不知交接之道, 雖服藥無益也. 采女能養陰陽者也, 陰陽之意可推而得, 但不思之耳, 何足枉問耶? 僕遺腹而生, 三歲失母, 遇犬戎之亂, 流離西域, 百有餘年. 加以少怙, 喪四十九妻, 失五十四子, 數遭憂患, 和氣折傷, 令肌膚不澤, 榮衛焦枯, 恐不得度世, 所聞素又淺薄, 不足宣傳. 今大宛山中, 有靑精先生者, 傳言千歲, 色如童子, 行步一日三百里, 能終歲不食, 亦能一日九餐, 眞可問也.」采女曰: 「敢問靑精先生所謂何仙人也?」彭祖曰:「得道者耳, 非仙人也. 仙人者, 或竦身入雲, 無翅而飛; 或駕龍乘雲, 上造太堦; 或化爲鳥獸, 浮遊靑雲; 或潛行江海, 翱翔名山; 或食元氣, 或茹芝草; 或出入人間, 則不可識; 或隱其身草野之間, 面生異骨, 體有奇毛, 戀好深僻, 不交流俗. 然有此等, 雖有不亡之壽, 皆去人情, 離榮樂, 有若雀之化蛤, 雉之爲蜃, 失其本眞, 更守異器, 今之愚心未之願也. 人道當食甘旨, 服輕麗, 通陰陽, 處官秩, 耳目聰明, 骨節堅强, 顏色和澤, 老而不衰, 延年久視, 長在世間. 寒溫風濕不能傷, 鬼神眾精莫敢犯, 五兵百蟲不能近, 憂喜毀譽不爲累, 乃可貴耳. 人之受氣, 雖不知方術, 但養之得宜, 當至百二十歲, 不及此者, 皆傷之也. 小復曉道, 可得二百四十歲; 能加之, 可至四百八十歲; 盡其理者, 可以不死, 但不成仙人耳. 養壽之道, 但莫傷之而已. 夫冬溫夏凉, 不失四時之和, 所以適身也; 美色淑姿, 幽閒娛樂, 不致思欲之惑, 所以通神也; 車服威儀, 知足無求, 所以一其志也; 八音五色, 以玩視聽, 所以導心也. 凡此皆以養壽, 而不能斟酌之者, 反以速患. 古之至人, 恐下才之子, 未識事宜, 流遁不還, 故絕其源也. 故有:『上士別床, 中士異被』;『服藥千裹, 不如獨臥』;『五色令人目盲, 五味令人口爽.』苟能節宣其宜適, 抑揚其通塞者, 不減年筭而得其益. 凡此之類, 譬猶水火, 用之過當, 反爲害耳. 人不知其經脈損傷, 血氣不足, 內理空疏, 髓腦不實, 體已先病, 故爲外物所犯, 因風寒酒色以發之耳. 若本充實, 豈當病耶? 凡遠思强記傷人, 憂恚悲哀傷人, 情樂過差傷人, 忿怒不解傷人, 汲汲所願傷人, 戚戚所患傷人, 寒暖失節傷人, 陰陽不交傷人, 所傷人者甚衆, 而獨責於房室, 不亦惑哉? 男女相成, 猶天地相生也, 所以導養神氣, 使人不失其和. 天地得交接之道, 故無終竟之限; 人失交接之道, 故有殘折之期. 能避衆傷之事, 得陰陽之術, 則不死之道也. 天地晝離而夜合, 一歲三百六十交, 而精氣和合者有四, 故能生育萬物, 不知窮極, 人能則之, 可以長存. 次有服氣得其道, 則邪氣不得入, 治身之本要也. 其餘吐納導引之術, 及念體中萬神, 有含影守形之事, 一千七百餘條. 及四時首向, 責己謝過, 臥起早晏之法, 皆非眞道, 可以敎初學者, 以正其心耳. 愛精養體, 服氣鍊形, 萬神自守. 其不然者, 則榮衛枯瘁, 萬神自逝, 非思念所留者也. 愚人爲道, 不務其本, 而逐其末, 告以至言, 又不能信. 見約要之書, 謂之輕淺, 而晝夕伏誦, 觀夫《太淸北神中經》之屬, 以此疲勞, 至死無益也, 不亦悲哉! 又人苦多事, 又少能棄世獨住山居穴處者, 以順道敎之, 終不能行, 是非仁人之意也. 但知房中之道, 閉氣之術, 節思慮, 適飲食, 則得道矣. 吾先師初著《九都節解》·《韜形隱遁》·《無爲開明》·《四極九室》諸經, 萬三千首, 爲以示始涉門庭者耳.」采女具受諸要以敎王, 王試爲之, 有驗. 欲秘之, 乃令國中有傳彭祖道者, 誅之. 又欲害彭祖以絶之, 彭祖知之, 乃去, 不知所在. 其後七十年, 聞人於流沙之西見之. 王能常行彭祖之道, 得壽三百歲, 力轉丁壯, 如五十時. 鄭女妖淫, 王失其道而殂. 俗間相傳, 言彭祖之道殺人者, 由於王禁之故也. 彭祖去殷時, 年七百七十歲, 非壽終也.

3.《搜神記》卷一

彭祖者, 殷時大夫也. 姓錢, 名鏗. 帝顓頊之孫. 陸終氏之中子. 歷夏而至商末, 號七百歲. 常食桂芝. 歷陽有彭祖仙室. 前世云:「禱請風雨, 莫不輒應. 常有兩虎在祠左右.」今日祠之訖, 地則有兩虎跡.

079(3-10)
장수와 본질

어떤 이가 물었다.

"무릇 장수하는 자는 틀림없이 본질의 어떤 도가 있을 것이며 익힌다고 그런 결과를 얻는 것은 아닐 것입니다."

나는 이렇게 설명하였다.

"대체로 장수를 한다면 그는 충분히 그 본질의 도를 잘 운용하는 자일 것이며, 그 본질의 도를 잘 운용한다면 그 타고난 생명이 길게 될 것이다. 정말로 그의 생명이 원래 길지 않았다면 수양한다고 해서 그런 경지에 이를 수 있는 것은 아니다. 학문이란 반드시 성인의 경지에 오르겠다고 해야 그 본래의 성품을 다 바칠 수 있고, 장수하면서 본질의 도를 반드시 잘 운용하겠다고 해야 그로 인해 타고난 생명을 다할 수 있는 것이다."

或問:「凡壽者必有道, 非習之功.」

曰:「夫惟壽, 則惟能用道; 惟能用道, 則性壽矣. 苟非其性也, 修不至也. 學必至聖, 可以盡性; 壽必用道, 所以盡命.」

【習】 연습. 단련. 훈련.
【功】 功效. 效果. 功勞.
【用道】 사물이 가지고 있는 본령을 사용함.
【性壽】 본성과 장수. 장수의 본성.
【盡命】 생명의 한계를 끝까지 다함.

080(3-11)
신선

어떤 이가 말하였다.

"사람이 변해서 선인이 된 자가 있다는데 믿을 만합니까?"

나는 이렇게 설명하였다.

"전에 그런 일이 있었는지 아직 들어보지 못하였다. 남자가 변하여 여자가 되었다는 것도 있고, 죽은 사람이 다시 살아났다는 것도 있다. 그러나 그것이 어찌 사람의 본성이겠는가! 기氣와 수數로는 있을 수 없는 일이다."

或曰:「人有變化而仙者, 信乎?」

曰:「未之前聞也, 然則異也, 非仙也. 男化爲女者有矣, 死人復生者有矣. 夫豈人之性哉! 氣數不存焉.」

【變化而仙】 사람이 복식(服食)이나 연단(煉丹) 등을 거쳐 신선이 되어 승천함.
【未之前聞】 예전에 이러한 일이 있었는지 들어본 적이 없음. '未前聞之'의 도치문.

【男化爲女】남자가 변하여 여자가 됨. 이러한 예는 《搜神記》,《漢書》五行志 등에 널리 실려 있음.

【死人復生】죽은 사람이 다시 살아남.

【氣數不存】사람의 기이한 변고와 국가의 운명이 서로 연결되어 있음을 말함.

1.《搜神記》(6)「男化爲女」

哀帝建平中, 豫章有男子化爲女子, 嫁爲人婦, 生一子. 長安陳鳳曰:「陽變爲陰, 將亡繼嗣, 自相生之象.」一曰:「嫁爲人婦, 生一子者, 將復一世乃絶.」故後哀帝崩, 平帝沒, 而王莽簒焉.

2.《搜神記》(6)「女死復生」

漢平帝元始元年二月, 朔方廣牧女子趙春病死. 旣棺殮, 積七日, 出在棺外. 自言見夫死父, 曰:「年二十七, 汝不當死.」太守譚以聞. 說曰:「至陰爲陽, 下人爲上, 厥妖人死復生.」其後王莽簒位.

081(3-12)
양성법養性法

어떤 이가 물었다.

"양성養性의 방법이 있습니까?"

나는 이렇게 말하였다.

"본성을 수양하는 방법이란 중화中和를 꼭 쥐고 이를 준수하면서 살아가면 될 뿐이다. 가까운 사람을 아끼며 덕을 아끼며 힘을 아끼고 정신을 아끼는 것을 일러 '색嗇'이라 한다. 막히면 제대로 펼 수 없고 지나치면 담담할 수가 없다. 그 때문에 군자는 그 기氣를 펴는 것을 절제하여 그것들로 하여금 꽉 막혀 꼼짝도 할 수 없는 지경에 이르는 일이 없도록 한다. 온갖 법도를 혼란昏亂하게 하면 병이 생긴다. 그 때문에 희로喜怒, 애락哀樂, 사려思慮는 반드시 그 중화를 얻어야 한다. 이는 그 정신을 보양하기 위함이다. 한훤寒暄, 허영虛盈, 소식消息은 반드시 그 중화를 얻어야 한다. 이는 그 몸을 보양하기 위함이다. '기'를 잘 다스리는 것은 마치 우禹가 물을 다스리는 것과 같다. 무릇 도인술導引術을 이용하여 기를 축적하고 이를 내장에 두루 다니게 하되 내심으로 이를 볼 수 있어야 한다. 그러나 지나치면 중화를 잃는 것이 되니 비록 그리하여 병을 고친다 해도 이는 모두 아주 훌륭한 양성술은 아니다.

무릇 굽혀진 것은 펴야 하고 쌓인 것은 비워야 하며 안에 든 것은 밖으로 내보내야 한다. '기'는 의당 펴주되 막을 수도 있어야 하며, 육신은 의당 조절하되 자세를 고칠 수도 있어야 하며, 정신은 의당 평온을 유지하되 억제할 수도 있어야 한다. 그럼에도 반드시 중화를 잃는 자가 있을 수 있다. 대체로 본성을 잘 수양하는 자라고 해서 반드시 정해진 어떤 방법이 있는 것은 아니며 그 중화를 얻으면 될 뿐이다. 배꼽 근처 2촌쯤 되는 곳을 '관關'이라 한다. '관'이란 호흡하는 '기'를 막기도 하고 저장하여 두기도 하는 곳으로 사체四體 각 부위에서 오는 기를 받아들이기도 하고 기를 보내주기도 하는 역할을 한다. 그러므로 '기'가 지나치게 긴 자는 '관'에서 이를 멈추게 하며, '기'가 지나치게 짧은 자는 그 멈춤을 조금씩 상승시키고, 맥脈을 조금씩 빠르게 하며 그 정신의 활동을 조금씩 넘어서게 한다. 견식肩息으로 하는 경우라면 그 '기'가 편안하게 펴질 것이니 이때는 약간 전일專一하게 집중시키면 된다. 관식關息으로 '기'로 하면 '기'가 넓게 펴진다. 그러므로 그 방법이란 항상 '기'가 '관'에서 시작하도록 해야 하는 것이니 이를 일러 요술要術이라 한다. 대체로 모든 양기陽氣는 태어나도록 하고 길러주고 하는 역할을 하며, 음기陰氣는 소멸시키거나 죽이는 역할을 한다. 온화하고 즐겁게 하는 감정이라면 그 '기'는 '양'이다. 그러므로 양성이란 '양'을 숭상하고 '음'을 퇴출시키는 것을 말한다. '양'이 극에 달하면 '원元'이 되고, 음이 극에 달하면 '응凝'이 된다. '원'은 후회를 낳고 '응'은 흉함을 낳는다. 무릇 물체란 스스로 봄기운을 만들어 낼 수 없다. 그 때문에 봄이 오기를 기다려 살아나는 것이다. 그러나 사람은 그렇지 않다. 내 몸 속에 스스로 봄기운을 지니고 있다. 약은 치료를 위한 것으로 그 때문에 약으로 질병을 고칠 수 있는 것이다. 질병이 없다면 약을 먹지 않아야 한다. 육류를 너무 먹어 곡류의 기를 이기도록 해서는 안 되는 것이니 하물며 약이 사람의 본래 기운을 이기도록 해서야 되겠는가! 추우면 열을 필요로 하고 열이 오르면 막히는 상태로 바뀐다. 이럴 경우 음기를 가진 약을 사용하면 된다. 오직 적당히 사용하기만 하면 해가 없을 것이다. 만약 이미 기가 평온한 상태가 되었는데도 음기의 약을 사용한다면 틀림없이 상해를 입게 될 것이다. 침과 뜸으로 치료하는 것도 이와 똑같다. 그러므로 본성을 보양한다는 약을 복용하지 않는 것이다. 오직 절제함에 있을 따름이다."

或問曰:「有養性乎?」

曰:「養性秉中和, 守之以生而已. 愛親愛德, 愛力愛神之謂嗇. 否則不宣, 過則不澹, 故君子節宣其氣, 勿使有所壅閉滯底. 昏亂百度則生疾, 故喜怒·哀樂·思慮, 必得其中, 所以養神也. 寒暄·虛盈·消息, 必得其中, 所以養體也. 善治氣者, 由禹之治水也; 若夫導引蓄氣, 歷藏內視, 過則失中, 可以治疾, 皆非養性之聖術也. 夫屈者以乎申也, 蓄者以乎虛也, 內者以乎外也. 氣宜宣而遏之, 體宜調而矯之, 神宜平而抑之, 必有失和者矣. 夫善養性者無常術, 得其和而已矣. 鄰臍二寸謂之關, 關者, 所以關藏呼吸之氣, 以稟授四體也. 故氣長者以關息, 氣短者其息稍升, 其脈稍促, 其神稍越. 至於以肩息而氣舒, 其神稍專. 至於以關息而氣衍矣. 故道者常致氣於關, 是謂要術. 凡陽氣生養, 陰氣消殺. 和喜之徒, 其氣陽也. 故養性者, 崇其陽而絀其陰. 陽極則元, 陰極則凝. 元則有悔, 凝則有凶. 夫物不能爲春, 故候天春而生. 人則不然, 存吾春而已矣. 藥者療也, 所以治疾也. 無疾則勿藥可也. 肉不勝食氣, 況於藥乎! 寒斯熱, 熱則致滯, 陰藥之用也. 唯適其宜, 則不爲害. 若已氣半也, 則必有傷. 唯鍼火亦如之. 故養性者不服也, 唯在乎節之而已矣.」

【養性】 본성을 함양함. 養生과 같은 뜻임.

【中和】 어떤 사물에도 치우침이 없이 화평한 경지.

【嗇】 '塞'과 같음. 막혀서 통하지 못함.

【否】 '비'로 읽으며 비색(否塞)의 뜻. 꽉 막힘.

【壅閉滯底】 '底'는 정체된 상태를 뜻함.

【百度】 온갖 일들. '百事'와 같음.

【消息】 消滅과 增長. 사물의 변화를 뜻하는 雙聲連綿語.

【治氣】 자신의 내부에 있는 氣를 다스림.

【禹】 고대 治水에 뛰어났던 夏后氏 부락의 영수. 姒姓, 아버지 鯀(곤)의 치수 사업을 이어받아 過聞不入의 온갖 시련을 무릅쓰고 홍수를 다스림. 뒤에 舜이 천하를 그에게 선양하였고 夏나라를 건립, 최초의 王朝가 시작됨. 동쪽을 순수하다가 會稽에 이르러 생을 마침.

【導引】 물을 막지 않고 흐르도록 인도하는 治水法. 아버지 곤이 물을 막는 방법으로 홍수를 다스리다가 실패하자 우는 이를 터서 흐르도록 하여 물을 다스림.

【歷藏】 氣가 五臟으로 순환하여 통하도록 함. '藏'은 '臟'과 같음.

〈夏 禹王〉《三才圖會》

【以乎】 '由於'와 같음.

【矯】 이겨내어 제압함.

【鄰臍二寸謂之關】 鄰臍는 배꼽 근처. 關은 신체 부위의 중요한 곳을 일컫는 용어.

【關藏】 통하지 못하도록 닫아 갈무리함.

【呼吸】 날숨과 들숨.

【稟授】 받기도 하고 주기도 함. '稟'은 '受'와 같음.

【四體】 四肢(四支)와 같음.

【氣長】 호흡이 느림. 肺活量이 큼을 말함.

【關息】 氣를 멈추어 머물게 함.

【氣短】 호흡이 짧음. 폐활량이 적음을 말함.

【脈稍促】 맥박이 매우 빠름을 말함.

【神稍越】 정신이 집중되지 않음.

【肩息】 호흡이 급하여 어깨까지 올리며 숨을 쉬는 상태.

【氣衍】 호흡에 여유가 있음.

【陽氣】 陽剛한 기질. 온화한 기운.

【生養】 만들어 내고 길러주며 보양하는 기능.

【陰氣】 陰柔한 기질. 寒冷한 기운.

【消殺】 감소시킴. 제거함.

【和喜之徒】 和樂하고 선한 기운을 가진 감정이나 정서들.

【絀】 ‘黜’과 같음. 내쫓음. 퇴출시킴.

【陽極】 陽의 極點.

【陰極】 음의 극점.

【有悔】 재앙이나 후회, 허물이 있음.《周易》乾卦에 “亢龍有悔”라 함.

【爲春】 봄날과 같은 따뜻한 기운에 생기가 있음.

【勿藥】 약을 복용하지 아니함.

【食氣】 흡입하는 기운.

【寒斯熱】 寒冷한 기운이 변하여 溫熱한 기운으로 바뀜.

【陰藥】 찬 기운을 가진 성질의 약.

【鍼火】 고대 치료법의 하나로 鍼灸나 불로 뜸을 놓는 방법. 신체의 찬 부분에 더운 불을 가하여 치료하는 방법.

〈禹王治水圖〉

082(3-13)
인자수仁者壽

어떤 이가 물었다.

"어진 자는 장수한다고 하였는데 무슨 뜻입니까?"

나는 이렇게 설명하였다.

"어진 사람은 안으로 자신의 본성을 손상하지 않으며, 밖으로 외물도 손상시키지 않는다. 그리고 위로는 하늘에 위배되는 행동을 하지 않으며 아래로는 사람의 도리에 어긋나는 일도 하지 않는다. 바른 곳에 처하며 중앙을 자리로 하여 그 육신과 정신이 모두 조화를 이룬다. 그 때문에 허물이나 나쁜 징조가 그에게 이르지 않으며 아름답고 좋은 기운이 그에게 집중된다. 이것이 장수의 방법이다."

그가 물었다.

"그렇다면 안연顔淵과 염경冉耕의 경우는 어떻게 된 것입니까?"

나는 이렇게 설명하였다.

"운명이다. 보리는 여름이 끝날 때까지 살아 있는 것이 아니며 꽃은 봄을 넘어서 피어 있을 수 없으니 화기和氣인들 어찌 그를 살려 줄 수 있겠는가? 그러나 비록 그들의 목숨이 짧았다고는 하나 그 명성은 길이 그들에게 있었던 것이다."

或問:「仁者壽, 何謂也?」

曰:「仁者內不傷性, 外不傷物, 上不違天, 下不違人, 處正居中, 形神以和. 故咎徵不至而休嘉集之, 壽之術也.」

曰:「顏·冉何?」

曰:「命也. 麥不終夏, 花不濟春, 如和氣何? 雖云其短, 長亦在其中矣.」

【仁者壽】 인애한 덕을 가진 자는 장수함.

【內不傷性】 안으로 자신의 본성을 손상시키지 않음.

【外不傷物】 밖으로 외물에게 손상을 주지 않음.

【下不違人】 아래로 사람에게 위배된 행동을 하지 않음.

【處正居中】 正中에 거함.

【咎徵】 凶兆. '咎'는 '凶', '徵'은 '兆'의 뜻임.

【休嘉】 아름다움. 吉祥.

【顏冉】 공자의 두 제자인 顏回(顏淵)와 冉耕(冉伯牛). 둘 모두 덕행이 뛰어났으나 안회는 젊은 나이에 죽었고, 염경은 나쁜 병에 걸려서 고통을 당하였음. 《論語》 참조.

【終夏】 여름 계절이 끝남. 여름을 넘김.

【濟春】 봄 계절을 넘김.

〈顏回〉王立忠《精選中華文物石索》

【雖云其短】 비록 그 실제적인 삶은 짧았으나 이름과 영예는 길어 長壽한 것과 같음.

1.《論語》雍也篇

子曰:「知者樂水, 仁者樂山. 知者動, 仁者靜. 知者樂, 仁者壽.」

2.《論語》雍也篇

哀公問:「弟子孰爲好學?」孔子對曰:「有顏回者好學, 不遷怒, 不貳過. 不幸短命死矣, 今也則亡, 未聞好學者也.」

3.《論語》雍也篇

伯牛有疾, 子問之, 自牖執其手, 曰:「亡之, 命矣夫! 斯人也而有斯疾也! 斯人也而有斯疾也!」

083(3-14)
황금 제조 기술

어떤 이가 황백(황금)을 만드는 일에 대하여 질문하였다.

나는 이렇게 설명하였다.

"부의(傳毅)가 이를 두고 논한 논리가 맞다. 진흙을 구워 기와를 만든다는 것은 그렇게 될 수 있는 일이지만 기와를 구워 구리를 만든다는 것은 불가능하다. 자연 현상으로 증험해 보아도 그렇게 될 수 없다. 헛된 말이다! 그처럼 개나 양의 고기로 말이나 소를 만들 수 있다고 한다면 거의 그렇게 될 수 없는 것과 같다. 그렇지 않겠는가?"

或問黃白之儔.

曰:「傳毅論之當也. 燔埴爲瓦則可, 爍瓦爲銅則不可. 以自然驗於不然, 詭哉! 敵犬羊之肉, 以造馬牛, 不幾矣, 不其然歟?」

【黃白】금과 은을 가리킴. 고대 煉丹法에 금과 은을 제조하는 법을 黃白之術이라 하였음.《漢書》淮南王傳에 劉安을 두고 "有《中篇》八卷, 言神仙黃白之術, 亦二十餘萬言"일 함.

【儔】무리. '類'와 같음. 황금 따위를 만들어 내는 유형의 괴탄한 일들.

【傅毅】자는 武仲. 東漢 扶風 茂陵 사람으로 章帝 때 蘭臺令史를 지냈으며 班固, 賈逵 등과 함께 궁중 도서를 정리함. 그는 黃白之術은 믿을 수 없는 것이라 하였음.

【燔埴】점토를 달구어 열을 가함.

【爍瓦】기와 따위를 구움. '爍'은 '鑠'과 같음.

【自然】'자연 상태 그대로'의 뜻.

【敵】상당함. 동등함.

【幾】거의 그에 가까움.

084(3-15)
위서緯書

세상에서 일컫기를 위서緯書를 공자가 지은 것이라 한다. 그러나 나悅의 숙부로서 일찍이 사공司空을 지냈던 순상荀爽께서 이를 변석辨析하셨으니 대체로 그것은 위작임을 밝혔다. 이는 우리 동한東漢이 건국하기 전으로 종씨終氏와 장씨張氏의 무리들이 지어낸 것이리라!

그러자 어떤 이가 이렇게 말하였다.

"그 내용은 공자의 여러 책을 뒤섞은 것입니다."

나는 이렇게 설명하였다.

"자신의 관점을 공자의 사상에 뒤섞은 것인가? 아니면 공자의 사상을 자신의 관점에 뒤섞은 것인가? 저들은 공자의 사상을 자신의 관점에 뒤섞은 것이다. 그렇다면 81편의 위서는 공자의 저술이 아닌 것이 된다."

그가 말하였다.

"모두 태워 없애버리지요."

나는 이렇게 말하였다.

"공자가 지은 것인지 여부에 관계없이 취할 것은 취한다면 될 일이지 어찌 태워 없애버리기까지 하겠는가? 윗자리에 있는 사람이라면 그 중 헛된 것은 받아들이지 않으면 되는 것이고, 떠도는 학술은 듣지 않으면 되며, 헛된 화려한 이름은 채납하지 않으면 되고, 거짓된 일은 벌이지 않으면 될 것이다. 그 말 중에는 틀림없이 쓸 만한 것이 있을 것이며,

그 학술 중에는 틀림없이 전고가 있는 것이 있을 수 있고, 그 이름 중에는 실질에 맞는 것이 틀림없이 있을 수 있으며, 그 사건 중에는 틀림없이 공을 이룰 만한 것이 있을 것이다."

世稱緯書, 仲尼之作也. 臣悅叔父故司空爽辨之, 蓋發其僞也. 有起於中興之前, 終張之徒之作乎!

或曰:「雜.」

曰:「以己雜仲尼乎, 以仲尼雜己乎? 若彼者, 以仲尼雜己而已, 然則可謂八十一首, 非仲尼之作矣.」

或曰:「燔諸.」

曰:「仲尼之作則否, 有取焉則可, 曷其燔? 在上者不受虛言, 不聽浮術, 不采華名, 不興僞事. 言必有用, 術必有典, 名必有實, 事必有功.」

【緯書】經書에 상대되는 뜻으로 儒家의 경서에 대칭하여 일컫는 서적들. 漢代에 《易緯》,《書緯》,《詩緯》,《禮緯》,《樂緯》,《春秋緯》,《孝經緯》 등 7종이 있었으며 모두 공자를 僞托하여 지은 것으로 되어 있음. 대체로 吉凶禍福이나 治亂興衰 등을 예언한 愧誕한 것들로서 모두 讖緯書들임. 그러나 이를 통해 고대인들의 천문과 지리, 역법, 점술 등에 대한 자료로 활용할 수도 있으므로 폐기하지는 않았음.

【臣悅】이 책의 저자 荀悅 자신을 말함.

【司空】東漢 때 司空은 三公의 하나로 土木, 建設, 造營 등을 담당하였음.

【爽】荀爽. 荀悅의 숙부. 자는 慈明(128~190). 일명 諝. 荀淑의 여섯째아들. 당시 사람들이 "荀氏八龍, 慈明無雙"이라 할 정도로 12세에 이미 《春秋》·《論語》에

밝았음. 司空을 지냈음. 《易傳》, 《詩傳》, 《尙書正經》, 《春秋條例》, 《漢語》,
《新書》 등을 남겼으며, 특히 《辨讖》이라는 저작을 통해 緯書는 孔子의 저작이
아님을 밝히기도 하였음. 《後漢書》(62)에 전이 있음.

【中興之前】 中興은 光武帝 劉秀가 東漢을 다시 건국함을 말하며 그 이전이란
西漢 말의 哀帝, 平帝 때를 말함. 당시 災異가 빈번하게 발생하자 緯書가 극성을
부렸으며 많은 황제들도 이를 믿고 附和雷同하였음. 특히 王莽은 이를 통해
백성을 현혹시켜 新나라를 세우기도 하였음.

【終張】 성이 終씨인 자와 張씨인 두 사람. 임의로 내세운 두 사람으로 보임.

【雜】 緯書가 神學과 儒家 經書의 내용을 뒤섞어 놓음. 眞僞가 혼재함.

【以己雜仲尼】 자신의 의견이나 학설 따위를 공자의 저작 속에 끼워 넣음.

【八十一首】 참위서에 《河圖》 9편, 《洛書》 6편이 있으며 그 외 黃帝로부터
周 文王까지의 위서 30편, 고대로부터 공자 때까지의 위서 36편 등 모두 81편이
공자의 저작으로 위탁하고 있음을 말함.

【浮術】 불확실한 方術. 믿을 수 없는 방술.

【華名】 거짓으로 이름을 드날림.

【僞事】 거짓된 일들.

卷四 〈雜言〉(上)

　　본 잡언편(上)에서는 문답식으로 학문, 수양, 손익, 입지立志, 우락憂樂 등과 군신관계, 정치의 득실 등 광범위한 문제를 모아 토론하고 있다.

〈嵌貝鹿形銅鎭〉(서한) 1957 河南 陝縣 출토

085(4-1)
학문에 힘쓰는 이유

어떤 이가 물었다.

"군자는 어찌하여 학문에 그토록 돈독한 태도를 취합니까?"

나는 이렇게 설명하였다.

"나면서부터 아는 자는 적으나 배우고 나서 알게 되는 자는 많다. 몽매하여 아는 것이 없는 사람들과 총명하기 그지없는 선비들, 그리고 밝고 밝은 다스림과 어둡고 뒤얽힌 혼란, 이 모두는 학문에 정진한 이들과 학문을 폐기한 이들에 의해 말미암는 것이다. 그러니 학문을 돈독하게 하는 것이 어째서 역시 마땅하지 않겠는가?"

或問曰:「君子曷敦乎學?」

曰:「生而知之者寡矣, 學而知之者衆矣. 悠悠之民, 泄泄之士, 明明之治, 汶汶之亂, 皆學廢興之由, 敦之不亦宜乎?」

【敦】敦篤히 함. 근면함. 부지런함.

【生而知之】 나면서부터 곧바로 알아냄. 배우지 아니하고 알아냄. 성인의 경지를 말함.

【悠悠】 '幽幽'와 같음. 몽매하여 아는 것이 없는 무식한 모습.

【泄泄】 크게 총명한 모습을 뜻하는 疊語.

【汶汶】 혼암한 모습을 표현하는 疊語.

【廢興】 興廢와 같음. 폐기함과 흥성함. 학문을 부지런히 한 경우와 학업을 폐기한 경우.

참고 및 관련 자료

1.《論語》述而篇

子曰：「我非生而知之者, 好古, 敏以求之者也.」

2.《論語》季氏篇

孔子曰：「生而知之者上也, 學而知之者次也; 困而學之, 又其次也; 困而不學, 民斯爲下矣.」

3.《中庸》第20章

「或生而知之; 或學而知之; 或困而知之, 及其知之, 一也」

086(4-2)
군자의 세 가지 거울

　군자는 세 가지 거울을 가지고 있으나 세상 사람들은 실제 거울을 거울로만 삼고 있다.

　지난 일을 교훈으로 삼고, 사람을 통해 어짊을 비춰보며, 거울을 통해 형체를 밝게 보는 것이다.

　하夏나라와 상商나라가 쇠망한 것은 우禹와 탕湯을 거울로 삼지 않았기 때문이다.

　주周나라와 진秦나라가 피폐하게 된 것은 백성들의 고통을 거울로 삼지 않았기 때문이다.

　모자를 비뚤게 쓰고 때묻은 얼굴이 된 것을 모른다면 이는 밝은 거울을 거울로 삼지 않았기 때문이다.

　그러므로 군자는 오직 거울을 비춰보기에 힘쓴다. 만약 거울이 그림자를 비뚤어지게 비춘다면 그 거울은 거울이 될 수 없다.

君子有三鑒, 世人鏡鑒.

前惟訓, 人惟賢, 鏡惟明.

夏商之衰, 不鑒於禹湯也.

周秦之弊, 不鑒於民下也.

側弁垢顔, 不鑒於明鏡也.

故君子惟鑒之務, 若夫側景之鏡亡鑒矣.

【三鑒】세 가지 종류의 사물을 거울로 삼음.

【鏡鑒】거울을 통해 자신의 모습을 살핌.

【禹湯】大禹와 成湯. 대우는 夏나라 개국 군주, 성탕은
股(商)나라 개국 군주. 모두 천하를 '家天下'로 보고
世襲을 통해 왕위를 잇도록 한 군주들.

【周秦之弊】西周 말 厲王은 폭정으로 인해 나라에서
쫓겨났고, 幽王은 褒姒의 일로 인해 나라를 망침. 한편
秦나라는 법치의 극악한 폭정으로 인해 二世(胡亥) 때
劉邦에 의해 나라가 망함.

【不鑒於民下】아래로 백성들의 생활을 거울로 삼지
않음.

【側弁】삐딱하게 쓴 모자.

【垢顔】더러운 때가 묻은 얼굴.

【鑒之務】긴급한 일을 비춰보아 거울로 삼음.

【側景之鏡】'景'은 '影'과 같음. 본래의 모습을 기울게 보여주는 거울.

【亡】'無'와 같음. 그러한 거울이라면 없는 것과 같음.

〈商王〉(成湯)《三才圖會》

087(4-3)
임금과 신하의 책임

어떤 이가 물었다.

"나라가 잘 다스려지게 하는 일에 대해서는 그 책임을 임금에게 요구해야 합니까?"

나는 이렇게 설명하였다.

"둘 모두 바로 세워야 하리라! 하늘과 땅이 없으면 만물이 태어날 수 없고, 임금과 신하가 아니면 다스림을 이룰 수 없다. 머리가 되는 것은 하늘과 땅이요, 이를 통솔하는 것은 임금과 신하로다! 선왕先王들의 도는 이를 가르친 것이니 그 때문에 아주 짧은 순간이라도 이러한 도에서 위배됨이 없도록 해야 한다. 옛날 가장 훌륭한 통치를 이룬 성인은 교화와 훈계를 경유하는 길로 삼았고, 보필을 그 바탕으로 삼아 사방 이웃들이 순종해 오도록 한 것이다. 그러므로 굳은 약속으로 맺어진 신하들이 쓸모 없이 곁에 있지 않았으며, 예와 법도를 기록한 법전들이 그저 눈을 거쳐 가는 물건으로 놓여 있지 않았으며, 선철先哲의 말씀이 몸에서 떠난 적이 없었으며, 옳지 못한 도가 마음에 담겨져 있는 경우가 없었으니 이렇게 하여 사벽邪僻한 기氣가 뚫고 들어올 수 없었던 것이다. 잠시라도 소홀히 하는 틈이 있으면 반드시 그러한 사악함이 들어올 수 있기 때문이었다. 이 까닭으로 편벽된 뜻이 싹이 트면 편벽한 사건이 발생하고, 편벽한 사건이 발생하면 정의가 막히게 되고, 정의가 막히면 공정公正함이 그를 찾아올 수 없는 것이다. 사랑하는 사람이라고 해서 그에게 맡기는 일을 하지 않는 것을 일러 '공公'이라 하고, 오직 공의로써 이를 따르는 것을 일러 '명明'이라 한다. 제齊 환공桓公은 중간 정도의 재목감으로서 충분히 공과 업적을 성취하지 못할 인물이었건만 그래도 다른 사람과 다른 면이 있었다. 환공은 첩과 잉첩媵妾이 궁실에 가득하였지만 사랑해 주지 않은 자가 없었고, 신하들이 조정에 가득하였지만 가까이 해 주지 않은 자가 없었다. 그런가 하면 밖으로도 관중管仲은 자신을 죽이려 활을 쏘았던 자였고, 위희衛姬는 이미 늙어 미색이 사라진 여인으로서 결코 사랑할 수 없는 대상이었지만 그들을 임용하였다. 그런 연후에야 비로소 똑똑하지 않으면 임용할 수 없고, 지혜롭지 않으면 따르게 할 수 없음을 알 수 있는 것이다. 대체로 이와 같은 행동은 훌륭하다 하리라! 고황膏肓이 순백하면 병마가 생길 수 없는 것이니 이를 일러 마음이 평온하다 하는 것이요, 궁궐 안이 맑고 깨끗하면 폐얼嬖孽이 생기지 않는 법이니 이를 일러 정치가 평온하다 하는 것이다. 대체로 고황膏肓은 심장에 가까우며 아주 중요한 부위이다. 침을 놓아도 닿지 않으며, 약을 처방해도 듣지 않는 곳이며, 이를 치료해도 낫지 않는 곳으로 거기에 병이 숨어 있을 때 이를 일러 독환篤患이라 한다. 그러므로 몸을 다스리고 나라를 다스리는 자는 오직 이러한 것을 두려워 하는 것이다."

或問:「致治之要君乎?」

曰:「兩立哉! 非天地不生物, 非君臣不成治. 首之者 天地也, 統之者君臣也哉! 先王之道致訓焉, 故亡斯須 之間而違道矣. 昔有上致聖, 由敎戒, 因輔弼, 欽順四鄰. 故檢柙之臣, 不虛於側; 禮度之典, 不曠於目; 先哲之言, 不輟於身; 非義之道, 不宣於心, 是邪僻之氣, 未由入也.

有間, 必有入之者矣. 是故僻志萌則僻事作, 僻事作則
正塞, 正塞則公正亦未有入也矣. 不任不愛謂之公, 惟公
是從謂之明. 齊桓公中材也, 未能成功業, 由有異焉者矣.
妾媵盈宮, 非無愛幸也; 群臣盈朝, 非無親近也. 然外則
管仲射己, 衛姬色衰, 非愛也, 任之也. 然後知非賢不可任,
非智不可從也. 夫此之擧宏矣哉! 膏肓純白, 二豎不生,
茲謂心寧; 省闈淸淨, 嬖孽不生, 茲謂政平. 夫膏肓近心
而處阨, 鍼之不遠, 藥之不中, 攻之不可, 二豎藏焉, 是謂
篤患. 故治身治國者, 唯是之畏.」

【致治】 맑고 질서 있는 정치가 이루어지는 세대. 태평성대를 이루는 역할 책임이
　임금과 신하 둘 중에서 어느 쪽이 더 큰 것인가에 대한 문제를 다룬 것임.
【兩立】 임금과 신하가 함께 중요함.
【先王之道】 옛 선왕이 전해내려 준 정치의 방법.
【亡】 無. '무'로 읽음.
【斯須】 '잠깐'을 뜻하는 雙聲連綿語.
【欽順四鄰】 사방 주위의 이웃 나라들이 모두 순종함.
【檢柙】 약속. 합(柙)은 맹수를 가두는 우리. 여기서는 굳은 약속을 뜻함.
【曠】 빔. 공허함. '缺(闕)'과 같음.
【僻志】 사악한 뜻. 편벽한 뜻.
【齊桓公】 春秋五霸의 수장으로 제나라 군주. 姜姓. 이름은 小白. 襄公의 아우로
　양공이 피살되자 莒나라에 피신하였던 소백(鮑叔이 모시고 있었음)이 들어오게
　되었으나 공자 糾(관중이 모시고 있었음)의 일행이 막아 管仲이 활을 쏘자
　소백이 죽은 척하여 이를 모면한 다음, 먼저 들어와 왕위에 오름. 뒤에 포숙의
　추천으로 관중을 재상으로 삼고 부국강병을 꾀하여 최초의 패자가 됨.《史記》
　齊太公世家 참조.

【中材】중간 등급의 인재.

【妾媵】妃嬪을 가리킴. 妾은 小妾, 媵(잉)은 여자가 시집갈 때 대동하고 가는 노비나 그 자매.

【管仲】춘추시대 齊나라 潁上 사람으로 이름은 夷吾, 자는 仲, 어릴 때 鮑叔과 우정을 나누어 '管鮑之交'의 고사를 낳았으며, 함께 궁중으로 들어가 포숙은 소백을, 관중은 공자 규를 모시고 내란을 피해 각기 魯나라, 莒나라로 피신하였다가 뒤에 소백이 왕위(환공)에 오르자 포숙의 추천으로 재상이 됨. 《列子》및《史記》管晏列傳 등을 참조할 것.

〈齊桓公과 管仲〉畫像石

【衛姬】衛姬 앞에 '內則' 두 글자가 누락된 것으로 보고 있음. 衛姬는 齊桓公의 正妻. 衛나라 출신.

【膏肓】심장 아래의 가장 깊은 곳. 橫膈膜을 황(肓)이라 함.

【二豎】두 명의 어린아이. 病魔를 가리키는 다른 말. 晉侯가 병이 든 뒤 꿈에 질병이 두 아이로 변한 고사를 말함.《左傳》참조.

【省闥】궁중을 뜻함. 관서가 있는 궁궐.

【嬖孽】不忠不孝한 사람을 가리킴.

【遠】'達'의 오기.

【篤患】중병. 지독한 질환.

1.《左傳》成公 10년

公疾病, 求醫于秦. 秦伯使醫緩爲之. 未至, 公夢疾爲二豎子, 曰:「彼, 良醫也, 懼傷我, 焉逃之?」其一曰:「居肓之上, 膏之下, 若我何?」醫至, 曰:「疾不可爲也, 在肓之上, 膏之下, 攻之不可, 達之不及, 藥不至焉, 不可爲也.」公曰:「良醫也.」厚爲之禮而歸之. 六月丙午, 晉侯欲麥, 使甸人獻麥, 饋人爲之. 召桑田巫, 示而殺之. 將食, 張, 如厠, 陷而卒. 小臣有晨夢負公以登天, 及日中, 負晉侯出諸厠, 遂以爲殉.

088(4-4)
백성을 사랑하는 방법

어떤 이가 말하였다.

"백성 사랑하기를 자기 자식 사랑하듯이 한다 하였으니 이렇게 하는 것이 어짊의 지극함입니까?"

나는 이렇게 대답하였다.

"아직 아니다."

그가 물었다.

"그러면 백성 사랑하기를 자기 몸처럼 사랑하면 이것이 어짊의 지극함입니까?"

나는 이렇게 대답하였다.

"아직 아니다. 탕湯임금이 상림桑林에서 자신의 몸을 희생으로 하여 비를 내려주도록 하였고, 주邾나라는 도읍을 역繹으로 옮겼으며, 제齊 경공景公은 가뭄이 들자 제사를 지낸 다음 사흘을 노숙하여 비를 내리게 하였으니 이런 경우를 일러 백성을 사랑한다고 하는 것이다."

그가 물었다.

"어떻게 하는 것이 백성을 중히 여기고 자신은 가볍게 여기는 것입니까?"

나는 이렇게 말하였다.

"백성의 임금이란 천명을 받은 것으로서 백성을 길러주는 것이다. 백성이

없다면 사직은 없는 것이 된다. 그 때문에 백성을 중히 여긴다는 것은
사직을 중히 여기며 천명을 이어받기 위한 것이다."

或曰:「愛民如子, 仁之至乎?」

曰:「未也.」

曰:「愛民如身, 仁之至乎?」

曰:「未也. 湯禱桑林, 邾遷於繹, 景祠於旱, 可謂愛民矣.」

曰:「何重民而輕身也?」

曰:「人主承天命, 以養民者也. 民存則社稷存, 民亡則
社稷亡. 故重民者, 所以重社稷而承天命也.」

【湯禱桑林】 상(商)나라 탕(湯)임금 때 큰 가뭄이 7년이나 계속되자 탕임금이
상림의 들에 나가 자신을 희생으로 삼고 하늘에
6가지 죄를 물은 고사.《十八史略》등 참조.
【邾遷於繹】 춘추시대에 邾 文公이 도읍을 繹으로
옮김. 邾는 鄒로도 쓰며 춘추시대의 소국. 曹姓,
지금의 山東 鄒縣 일대에 있었음.《左傳》을 볼
것. 백성의 이익을 위해 자신의 안위는 아랑곳하
지 않고 천도한 것임.
【景祠於旱】 齊 景公 때 큰 가뭄이 들어 점을 쳐보
았더니 河伯의 빌미 때문이라 하자 제사를 지내
려고 함. 이에 대해 안자가 신랄하게 비판한 내
용을 말함.《晏子春秋》등을 참고할 것.

〈商湯像〉

【社稷】 나라를 뜻함. 社는 고대 土神, 稷은 穀神. 나라에서는 반드시 이 두 신을
위한 사당을 마련하고 제사를 올렸으며 이가 곧 나라를 대신하는 말로 쓰였음.

1.《十八史略》(1)

大旱七年, 太史占之, 曰:「當以人禱.」湯曰:「吾所爲請者, 民也. 若必以人禱,
吾請自當.」遂齋戒剪爪斷髮, 素車白馬, 身嬰白茅, 以身爲犧牲, 禱于桑林之野,
以六事自責曰:「政不節歟? 民失職歟? 宮室崇歟? 女謁盛歟? 苞苴行歟? 讒夫
昌歟?」言未已, 大雨數千里.

2.《左傳》文公 13년

邾文公卜遷于繹. 史曰:「利於民而不利於君.」邾子曰:「苟利於民, 孤之利也.
天生民而樹之君, 以利之也. 民旣利矣, 孤必與焉.」左右曰:「命可長也, 君何
弗爲?」邾子曰:「命在養民. 死之短長, 時也. 民苟利矣, 遷也, 吉莫如之!」遂遷
于繹. 五月, 邾文公卒. 君子曰:「知命.」

3.《晏子春秋》齊大旱逾時, 景公召羣臣, 問曰:「天不雨久矣, 民且有飢色.
吾使人卜, 云:『祟在高山廣水.』寡人欲少賦斂, 以祠靈山, 可乎?」羣臣莫對.
晏子進曰:「不可! 祠此無益也. 夫靈山, 固以石爲身. 以草木爲髮. 天久不雨,
髮將焦, 身將熱. 彼獨不欲雨乎? 祠之何益?」公曰:「不然, 吾欲祠河伯, 可乎?」
晏子曰:「不可! 河伯以水爲國, 以魚鼈爲民. 天久不雨, 水泉將下, 百川將竭,
國將亡, 民將滅矣. 彼獨不欲雨乎? 祠之何益?」景公曰:「今爲之奈何?」晏子曰:
「君誠避宮殿, 暴露, 與靈山河伯共憂. 其幸而雨乎!」于是, 景公出野, 暴露. 三日,
天果大雨, 民盡得種時. 景公曰:「善哉! 晏子之言, 可無用乎! 其維有德.」

4.《說苑》辨物篇

齊大旱之時, 景公召群臣問曰:「天不雨久矣, 民且有飢色, 吾使人卜之, 祟在高山
廣水, 寡人欲少賦斂以祠靈山可乎?」群臣莫對. 晏子進曰:「不可, 祠此無益也.
夫靈山固以石爲身, 以草木爲髮; 天久不雨, 髮將焦, 身將熱, 彼獨不欲雨乎?
祠之無益.」景公曰:「不然, 吾欲祠河伯可乎?」晏子曰:「不可, 祠此無益也.
夫河伯以水爲國, 以魚鱉爲民; 天久不雨, 水泉將下, 百川竭, 國將亡, 民將滅矣,
彼獨不用雨乎? 祠之何益?」景公曰:「今爲之奈何?」晏子曰:「君誠避宮殿暴露,
與靈山河伯共憂; 其幸而雨乎!」於是景公出野, 暴露三日, 天果大雨, 民盡得
種樹. 景公曰:「善哉! 晏子之言可無用乎? 其惟有德也.」

089(4-5)

요순堯舜

어떤 이가 물었다.

"맹가孟軻는 '사람은 누구나 요순堯舜이 될 수 있다'고 하였는데 믿을 수 있는 말입니까?"

나는 이렇게 설명하였다.

"사람으로서 지극히 어리석은 이가 아니라면 누구나 요순이 될 수 있다. 그러나 요순의 모습을 그려놓고 요순의 성씨를 그대로 따른다고 해서 요순이 되는 것은 아니다. 요의 제도를 복종하고 요의 도道를 준행한다면 충분히 그렇게 될 수 있다. 우리가 사는 이 시대 이전에 그렇게 했다면 그는 고대의 요순이요, 그들 뒤에 그렇게 했다면 지금의 요순이 되는 것이다."

或問曰: 「孟軻稱『人皆可以爲堯舜』, 其信矣?」

曰: 「人非下愚, 則皆可以爲堯舜矣. 寫堯舜之貌, 同堯舜之姓, 則否; 服堯之制, 行堯之道, 則可矣. 行之於前, 則古之堯舜也; 行之於後, 則今之堯舜也.」

【孟軻】 맹자. 戰國시대 王道政治를 부르짖었던 儒家의 亞聖. 이름은 軻, 鄒나라
사람으로 제자 萬章 등과 늘그막에 저술 7편《孟子》를 남김.
【堯舜】 사람은 누구나 모두 堯舜이 될 수 있음. 맹자가 주장한 논리. 요순은
고대 五帝 중의 두 지도자로 聖人으로 추앙됨.
【下愚】 가장 어리석은 사람.《論語》陽貨篇에 "子曰:「唯上知與下愚不移.」"라 함.
【服堯之制】 堯舜의 복장을 하고 堯舜시대의 제도를 그대로 복종하여 따름.

참고 및 관련 자료

1.《史記》孟荀列傳

孟軻, 騶人也. 受業子思之門人. 道旣通, 游事齊宣王, 宣王不能用. 適梁, 梁惠王
不果所言, 則見以爲迂遠而闊於事情. 當是之時, 秦用商君, 富國彊兵; 楚·魏用
吳起, 戰勝弱敵; 齊威王·宣王用孫子·田忌之徒, 而諸侯東面朝齊. 天下方務
於合從連衡, 以攻伐爲賢, 而孟軻乃述唐·虞·三代之德, 是以所如者不合. 退而
與萬章之徒序《詩》《書》, 述仲尼之意, 作《孟子》七篇.

2.《孟子》告子(下)

曹交問曰:「人皆可以爲堯舜, 有諸?」孟子曰:「然.」「交聞文王十尺, 湯九尺,
今交九尺四寸以長, 食粟而已, 如何則可?」曰:「奚有於是? 亦爲之而已矣. 有人
於此, 力不能勝一匹雛, 則爲無力人矣; 今曰擧百鈞,
則爲有力人矣. 然則擧烏獲之任, 是亦爲烏獲而
已矣. 夫人豈以不勝爲患哉? 弗爲耳. 徐行後長者
謂之弟, 疾行先長者謂之不弟. 夫徐行者, 豈人所
不能哉? 所不爲也. 堯舜之道, 孝弟而已矣. 子服
堯之服, 誦堯之言, 行堯之行, 是堯而已矣; 子服
桀之服, 誦桀之言, 行桀之行, 是桀而已矣.」曰:
「交得見於鄒君, 可以假館, 願留而受業於門.」曰:
「夫道, 若大路然, 豈難知哉? 人病不求耳. 子歸
而求之, 有餘師.」

〈孟軻〉夢谷 姚谷良(그림)

걸주桀紂

어떤 이가 말하였다.

"사람은 누구나 걸주桀紂처럼 악한 사람이 될 수 있습니까?"

나는 이렇게 설명하였다.

"걸주가 저질렀던 일을 그대로 행하면 이것이 걸주이다. 요순이나 걸주는 세상에 늘 있을 수 있는 것이며, 오직 사람이 어떤 점을 따라 하는가에 달려 있을 뿐이다. 양주楊朱는 갈림길에서 통곡을 하였으니 앞으로 통해 가야 할 길과 가지 말아야 할 길이 놓여 있었기 때문이다. 그런데 어떻게 갈림길이라 해서 덮어놓고 슬퍼만 할 일이겠는가! 중간에서 되돌아오면 그뿐이다. 만약 현도산縣度山과 같은 막힌 길이라면 발을 들어 앞으로 간다 해도 헛된 일이 될 뿐이다."

或曰:「人皆可以爲桀紂乎?」

曰:「行桀紂之事, 是桀紂也. 堯舜桀紂之事, 常並存於世, 唯人所用而已. 楊朱哭歧路, 所通逼者然也. 夫歧路烏足悲哉! 中反焉. 若夫縣度之厄, 素擧足而已矣.」

【桀紂】 桀은 夏나라 末王, 紂는 殷나라 말왕. 모두 폭군으로 널리 알려져 있으며 걸은 湯에게, 주는 武王에게 망함.

【行桀紂之事】 桀紂의 행동을 따라 함.

【楊朱】 전국시대 魏나라 사람으로 儒家와 墨家의 사상을 반대하고 爲我, 貴生, 重己의 주장을 폈던 인물. 爲我派의 대표적인 인물. 《列子》에 楊株篇이 있음.

【歧路】 갈래길. 《列子》 說符篇 등에 실려 있는 고사로, 양을 잃은 사람이 양을 찾아 나섰으나 중간에 갈래길을 만나 되돌아온 이야기. 학문하는 방법도 너무 많아 어느 것 한 가지 찾아가지 못함을 안타깝게 여긴 것임. 그러나 여기서는 楊株가 갈래길을 만나 울었다는 고사를 뜻하는 것을 원용한 것으로 봄. 《淮南子》에는 '逵路'로 되어 있음.

【通逼】 혹시 통하기도 하고 혹시 막히기도 함.

【縣度】 한나라 시대 서역의 산 이름. '縣'은 '懸'과 같음. 산이 험하여 공중에 줄을 매어 통과하는 길이라는 뜻. 〈西域傳〉에 의하면 烏秅國의 서쪽은 계곡이 깊고 산이 높아 통과할 수 없어 줄을 매어 겨우 통과한다 하였음.

【素】 '徒'와 같음. 헛되이. 한갓.

1. 《孟子》 告子(下)

子服桀之服, 誦桀之言, 行桀之行, 是桀而已矣.

2. 《孟子》 盡心(下)

孟子曰：「楊子取爲我, 拔一毛而利天下, 不爲也. 墨子兼愛, 摩頂放踵利天下, 爲之. 子莫執中, 執中爲近之, 執中無權, 猶執一也. 所惡執一者, 爲其賊道也, 擧一而廢百也.」

3. 《列子》 說符篇

楊朱之鄰人亡羊, 旣率其黨, 又請楊子之豎追之. 楊子曰：「嘻! 亡一羊, 何追者之衆?」鄰人曰：「多歧路」旣反, 問：「獲羊乎?」曰：「亡之矣.」曰：「奚亡之?」曰：「歧路之中又有歧焉, 吾不知所之, 所以反也.」楊子戚然變容, 不言者移時, 不笑者竟日. 門人怪之, 請曰：「羊, 賤畜; 又非夫子之有, 而損言笑者, 何哉?」楊子不答. 門人不獲所命. 弟子孟孫陽出, 以告心都子. 心都子他日與孟孫陽偕入,而問曰：「昔有昆弟三人，游齊魯之間，同師而學，進仁義之道而歸．其父曰：
『仁義之道若何？』伯曰：『仁義使我愛身而後名．』仲曰：『仁義使我殺身以成名．』
叔曰：『仁義使我身名並全．』彼三術相反，而同出於儒．孰是孰非邪？」楊子曰：
「人有濱河而居者，習於水，勇於泅，操舟鬻渡，利供百口．裹糧就學者成徒，而溺
死者幾半．本學泅，不學溺，而利害如此．若以爲孰是孰非？」心都子嘿然而出．
孟孫陽讓之曰：「何吾子問之迂，夫子答之僻？吾惑愈甚．」心都子曰：「大道以
多歧亡羊，學者以多方喪生．學非本不同，非本不一，而末異若是．唯歸同反一，
爲亡得喪．子長先生之門，習先生之道，而不達先生之況也，哀哉！」

4.《淮南子》說林訓

楊子見逵路而哭之，爲其可以南可以北；墨子見練絲而泣之，爲其可以黃可以黑．

091(4-7)
손익損益

손해와 이익에 대한 부험符驗은 미세하지만 결국 드러나게 마련이다.

조趙나라는 이웃나라의 두 개 성을 획득한 다음 그 즐거움을 누릴 때 우환이 생겨났고, 도주공陶朱公은 마침내 부자가 되었으나 아내와 첩이 슬피 통곡해야 했다.

이로써 이익이 도리어 손해가 되며 손해가 도리어 이익이 됨을 알 수 있다.

굴신屈伸의 방법은 숨길수록 더욱 소상히 드러나는 것이니,

유잉씨有仍氏에 갇혔던 소강少康은 그 곤액으로 말미암아 하夏나라가 부흥하는 계기를 맞았고,

솥귀에 꿩이 날아와 앉는 기이한 일은 은殷나라의 부흥에 징험이 되었다.

소궁邵宮의 난은 주周나라가 융성할 응험이었으며,

월왕越王 구천句踐은 회계산會稽山으로 쫓겨감으로써 패자가 될 기반을 마련하였고,

자지子之의 난은 연燕나라가 강국으로 올라설 징조였다.

이로써 펴는 것이 곧 굽히는 것이요 굽히는 것이 곧 펴는 것임을 알 수 있는 것이다.

損益之符, 微而顯也:

趙獲二城, 臨饋而憂; 陶朱旣富, 室妾悲號.

此知益爲損, 損之爲益者也.

屈伸之數, 隱而昭也:

有仍之困, 復夏之萌也;

鼎雉之異, 興殷之符也;

邵宮之難, 隆周之應也;

會稽之棲, 霸越之基也;

子之之亂, 强燕之徵也.

此知伸爲屈, 屈之爲伸者也.

【損益】損害와 利益. 減損과 增加.

【符】符驗. 나중에 결국 부합되어 밝혀짐.

【趙獲二城】아무런 이익도 되지 않는 소득을 뜻함.《史記》趙世家에 의하면 趙나라 孝成王이 韓나라를 공격하여 注人城을 얻었으나 한나라는 上黨 땅을 秦나라가 요구하고 있으니 이 땅을 대신 趙나라에게 주겠다고 제의함. 왕이 기뻐하며 이를 趙豹(平陽君)에게 알리자 조표는 거기에는 필경 계략이 숨어 있을 뿐만 아니라 진나라의 미움을 사서 화근이 되고 말 것이라 하였음. 효성왕이 듣지 아니하고 결국 이를 받아들여 끝내 秦나라와 長平之戰이 벌어져 40여만 명이 생매장당하는 재앙을 겪고 국세가 꺾이고 말았음.《史記》및《戰國策》참조.

【陶朱】춘추 말기의 越나라 대부 范蠡. 越王 句踐을 도와 吳나라를 멸망시킨 다음 가솔과 재물을 싣고 밤에 배를 타고 종적을 감추었음. 뒤에 齊나라 陶 땅에 가서 자리잡은 후 그곳에서 장사를 벌여 큰 부자가 되어 이름을 陶朱公이라 함.《史記》越王句踐世家와 貨殖列傳에 자세히 실려 있음.

【有仍之困】 有仍은 夏나라 시절 부락의 이름. 지금의 山東 濟寧 일대. 夏나라 임금 相의 왕후는 유잉씨의 딸로서 당시 有窮國 군주 澆가 相을 공격하여 멸하자 왕후는 임신한 채로 유잉국으로 도망하여 少康을 낳음. 뒤에 하나라 옛 신하 有鬲氏 부락이 소강을 맞아들여 澆를 몰아내고 소강을 군주로 세워 하나라를 다시 일으킴.《左傳》참조.

【鼎雉之異】 殷 高宗 武丁이 솥을 설치하여 湯을 제사지낼 때 꿩이 나타나 그 솥귀에 앉아 욺. 신하에게 물었더니 흉한 조짐이라 하여 무정이 물러나 덕을 닦았으며 그로 인해 은나라가 중흥을 이룸.《尚書》高宗肜日 참조.

【邵宮之難】 周 厲王 때의 召穆公(姬虎). 厲王이 포악하게 굴다가 彘 땅으로 쫓겨나자 태자는 소목공의 집에 숨음. 그러자 사람들이 그의 집에 몰려들어 태자를 내놓으라고 협박하자 소목공은 자신의 아들을 대신 태자로 속여 내보내어 태자를 살려냄. 그리하여 임금이 없는 상태로 소목공과 주공 등 대신들이 임시로 나라를 대신 다스려 이를 '共和'라 하였으며, 여왕이 죽은 뒤 태자를 세워 왕으로 삼았음. 이가 곧 周 宣王이며 선왕은 정치를 바로잡아 주나라 중흥을 이룸.《史記》및《十八史略》등 참조.

【會稽之棲】 吳王 夫差가 즉위하자 즉시 越王 句踐과 전투를 벌여 구천이 대패함. 이에 겨우 5천 병사를 이끌고 會稽山으로 피한 다음 大夫 文種을 파견하여 항복을 고하며 강화를 맺음. 그리고 구천은 臥薪嘗膽의 고통을 통하여 복수를 다짐한 끝에 21년 뒤 吳나라를 멸망시킴. 《史記》및《國語》,《吳越春秋》,《越絕書》등을 참조할 것.

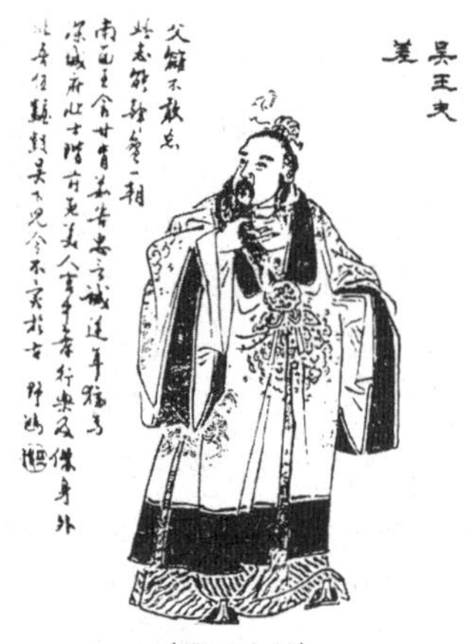

〈吳王夫差〉

【子之之亂】 전국시대 燕나라 임금 噲가 왕위를 재상 子之에게 넘겨주어 나라에 큰 내란이 발행한 사건. 뒤에 이 틈을 노려 齊나라가 침입하여 연왕 쾌는 죽임을 당하고 자지는 도망함. 2년 뒤 연나라 사람들이 태자를 왕으로 세웠으니 이가 燕 昭王임. 소왕은 나라를 수습하고 현사들을 초치하여 나라를 크게 부흥시킴.《史記》및《戰國策》참조.

1. 《史記》趙世家

齊安平君田單將趙師而攻燕中陽, 拔之. 又攻韓注人, 拔之. 二年, 惠文后卒. 田單爲相. 四年, 王夢衣偏裻之衣, 乘飛龍上天, 不至而墜, 見金玉之積如山. 明日, 王召筮史敢占之, 曰:「夢衣偏裻之衣者, 殘也. 乘飛龍上天不至而墜者, 有氣而無實也. 見金玉之積如山者, 憂也.」後三日, 韓氏上黨守馮亭使者至, 曰:「韓不能守上黨, 入之於秦. 其吏民皆安爲趙, 不欲爲秦. 有城市邑十七, 願再拜入之趙, 財王所以賜吏民.」王大喜, 召平陽君豹告之曰:「馮亭入城市邑十七, 受之何如?」對曰:「聖人甚禍無故之利.」王曰:「人懷吾德, 何謂無故乎?」對曰:「夫秦蠶食韓氏地, 中絶不令相通, 固自以爲坐而受上黨之地也. 韓氏所以不入於秦者, 欲嫁其禍於趙也. 秦服其勞而趙受其利, 雖彊大不能得之於小弱, 小弱顧能得之於彊大乎? 豈可謂非無故之利哉! 且夫秦以牛田之水通糧蠶食, 上乘倍戰者, 裂上國之地, 其政行, 不可與爲難, 必勿受也.」王曰:「今發百萬之軍而攻, 踰年歷歲未得一城也. 今以城市邑十七幣吾國, 此大利也.」趙豹出, 王召平原君與趙禹而告之. 對曰:「發百萬之軍而攻, 踰歲未得一城, 今坐受城市邑十七, 此大利, 不可失也.」王曰:「善」乃令趙勝受地, 告馮亭曰:「敝國使者臣勝, 敝國君使勝致命, 以萬戶都三封太守, 千戶都三封縣令, 皆世世爲侯, 吏民皆益爵三級, 吏民能相安, 皆賜之六金.」馮亭垂涕不見使者, 曰:「吾不處三不義也: 爲主守地, 不能死固, 不義一矣; 入之秦, 不聽主令, 不義二矣; 賣主地而食之, 不義三矣.」趙遂發兵取上黨. 廉頗將軍軍長平.

2. 《左傳》哀公 元年

昔有過澆殺斟灌以伐斟鄩, 滅夏后相, 后緡方娠, 逃出自竇, 歸于有仍, 生少康焉. 爲仍牧正, 惎澆能戒之. 澆使椒求之, 逃奔有虞, 爲之庖正, 以除其害. 虞思於是妻之以二姚, 而邑諸綸, 有田一成, 有衆一旅. 能布其德, 而兆其謀, 以收夏衆, 撫其官職; 使女艾諜澆, 使季杼誘豷. 遂滅過·戈, 復禹之績, 祀夏配天, 不失舊物. 今吳不如過, 而越大於少康, 或將豐之, 不亦難乎!

3. 《尚書》高宗肜日

高宗肜日, 越有雊雉. 祖己曰:「惟先格王, 正厥事.」乃訓于王曰:「惟天監下民, 典厥義, 降年有永有不永, 非天夭民, 民中絶命. 民有不若德, 不聽罪, 天旣孚命正厥德. 乃曰:『其如台?』嗚呼, 王司敬民, 罔非天胤, 典祀無豐于昵.」

4.《史記》周本紀

夷王崩, 子厲王胡立. 厲王卽位三十年, 好利, 近榮夷公. 大夫芮良夫諫厲王曰:
「王室其將卑乎? 夫榮公好專利而不知大難. 夫利, 百物之所生也, 天地之所載也,
而有專之, 其害多矣. 天地百物皆將取焉, 何可專也? 所怒甚多, 而不備大難.
以是敎王, 王其能久乎? 夫王人者, 將導利而布之上下者也. 使神人百物無不
得極, 猶日怵惕懼怨之來也. 故頌曰'思文后稷, 克配彼天, 立我蒸民, 莫匪爾極'.
大雅曰'陳錫載周'. 是不布利而懼難乎, 故能載周以至于今. 今王學專利, 其可乎?
匹夫專利, 猶謂之盜, 王而行之, 其歸鮮矣. 榮公若用, 周必敗也.」厲王不聽,
卒以榮公爲卿士, 用事. 王行暴虐侈傲, 國人謗王. 召公諫曰:「民不堪命矣」王怒,
得衛巫, 使監謗者, 以告則殺之. 其謗鮮矣, 諸侯不朝. 三十四年, 王益嚴, 國人
莫敢言, 道路以目. 厲王喜, 告召公曰:「吾能弭謗矣, 乃不敢言」召公曰:「是鄣
之也. 防民之口, 甚於防水. 水壅而潰, 傷人必多, 民亦如之. 是故爲水者決之
使導, 爲民者宣之使言. 故天子聽政, 使公卿至於列士獻詩, 瞽獻曲, 史獻書,
師箴, 瞍賦, 矇誦, 百工諫, 庶人傳語, 近臣盡規, 親戚補察, 瞽史敎誨, 耆艾脩之,
而后王斟酌焉, 是以事行而不悖. 民之有口也, 猶土之有山川也, 財用於是乎出:
猶其有原隰衍沃也, 衣食於是乎生. 口之宣言也, 善敗於是乎興. 行善而備敗,
所以産財用衣食者也. 夫民慮之於心而宣之於口, 成而行之. 若壅其口, 其與
能幾何?」王不聽. 於是國莫敢出言, 三年, 乃相與畔, 襲厲王. 厲王出奔於彘.
厲王太子靜匿召公之家, 國人聞之, 乃圍之. 召公曰:「昔吾驟諫王, 王不從, 以及
此難也. 今殺王太子, 王其以我爲讎而懟怒乎? 夫事君者, 險而不讎懟, 怨而不怒,
况事王乎!」乃以其子代王太子, 太子竟得脫. 召公·周公二相行政, 號曰「共和」.
共和十四年, 厲王死于彘. 太子靜長於召公家, 二相乃共立之爲王, 是爲宣王.
宣王卽位, 二相輔之, 脩政, 法文·武·成·康之遺風, 諸侯復宗周. 十二年, 魯武公
來朝.

5.《史記》越王句踐世家

吳旣赦越, 越王句踐反國, 乃苦身焦思, 置膽於坐, 坐臥卽仰膽, 飲食亦嘗膽也.
曰:「女忘會稽之恥邪?」身自耕作, 夫人自織, 食不加肉, 衣不重采, 折節下賢人,
厚遇賓客, 振貧弔死, 與百姓同其勞. 欲使范蠡治國政, 蠡對曰:「兵甲之事, 種不
如蠡; 塡撫國家, 親附百姓, 蠡不如種.」於是舉國政屬大夫種, 而使范蠡與大夫
柘稽行成, 爲質於吳. 二歲而吳歸蠡. 句踐自會稽歸七年, 拊循其士民, 欲用以
報吳. 大夫逢同諫曰:「國新流亡, 今乃復殷給, 繕飾備利, 吳必懼, 懼則難必至.

且鷙鳥之擊也, 必匿其形. 今夫吳兵加齊·晉, 怨深於楚·越, 名高天下, 實害周室, 德少而功多, 必淫自矜. 爲越計, 莫若結齊, 親楚, 附晉, 以厚吳. 吳之志廣, 必輕戰. 是我連其權, 三國伐之, 越承其弊, 可克也.」句踐曰:「善!」

6.《史記》燕昭公世家

燕噲既立, 齊人殺蘇秦. 蘇秦之在燕, 與其相子之爲婚, 而蘇代與子之交. 及蘇秦死, 而齊宣王復用蘇代. 燕噲三年, 與楚·三晉攻秦, 不勝而還. 子之相燕, 貴重, 主斷. 蘇代爲齊使於燕, 燕王問曰:「齊王奚如?」 對曰:「必不霸.」燕王曰:「何也?」 對曰:「不信其臣.」蘇代欲以激燕王以尊子之也. 於是燕王大信子之. 子之因遺蘇代百金, 而聽其所使. 鹿毛壽謂燕王:「不如以國讓相子之. 人之謂堯賢者, 以其讓天下於許由, 許由不受, 有讓天下之名而實不失天下. 今王以國讓於子之, 子之必不敢受, 是王與堯同行也.」燕王因屬國於子之, 子之大重. 或曰:「禹薦益, 已而以啓人爲吏. 及老, 而以啓人爲不足任乎天下, 傳之於益. 已而啓與交黨攻益, 奪之. 天下謂禹名傳天下於益, 已而實令啓自取之. 今王言屬國於子之, 而吏無非太子人者, 是名屬子之而實太子用事也.」王因收印自三百石吏已上而效之子之. 子之南面行王事, 而噲老不聽政, 顧爲臣, 國事皆決於子之. 三年, 國大亂, 百姓恫恐. 將軍市被與太子平謀, 將攻子之. 諸將謂齊湣王曰:「因而赴之, 破燕必矣.」齊王因令人謂燕太子平曰:「寡人聞太子之義, 將廢私而立公, 飭君臣之義, 明父子之位. 寡人之國小, 不足以爲先後. 雖然, 則唯太子所以令之.」太子因要黨聚衆, 將軍市被圍公宮, 攻子之, 不克. 將軍市被及百姓反攻太子平, 將軍市被死, 以徇. 因搆難數月, 死者數萬, 衆人恫恐, 百姓離志. 孟軻謂齊王曰:「今伐燕, 此文·武之時, 不可失也.」王因令章子將五都之兵, 以因北地之衆以伐燕. 士卒不戰, 城門不閉, 燕君噲死, 齊大勝. 燕子之亡二年, 而燕人共立太子平, 是爲燕昭王.

7.《戰國策》燕策(1)

燕王噲既立, 蘇秦死於齊. 蘇秦之在燕也, 與其相子之爲婚, 而蘇代與子之交. 及蘇秦死, 而齊宣王復用蘇代. 燕噲三年, 與楚·三晉攻秦, 不勝而還. 子之相燕, 貴重主斷. 蘇代爲齊使於燕, 燕王問之曰:「齊宣王何如?」對曰:「必不霸」燕王曰:「何也?」對曰:「不信其臣.」蘇代欲以激燕王以厚任子之也. 於是燕王大信子之. 子之因遺蘇代百金, 聽其所使. 鹿毛壽謂燕王曰:「不如以國讓子之. 人謂堯賢者, 以其讓天下於許由, 由必不受, 有讓天下之名, 實不失天下. 今王以國讓相子之, 子之必不敢受, 是王與堯同行也」燕王因舉國屬子之, 子之大重.

或曰:「禹授益而以啓爲吏, 及老, 而以啓爲不足任天下, 傳之益也. 啓與支(友)黨攻益而奪之天下, 是禹名傳天下於益, 其實令啓自取之. 今王言屬國子之, 而吏無非太子人者, 是名屬子之, 而太子用事」王因收印自三百石吏而效之子之. 子之南面行王事, 而噲老不聽政, 顧爲臣, 國事皆決子之. 子之三年, 燕國大亂, 百姓恫怨. 將軍市被·太子平謀, 將攻子之. 儲子謂齊宣王:「因而仆之, 破燕必矣.」王因令人謂太子平曰:「寡人聞太子之義, 將廢私而立公, 飭君臣之義, 正父子之位. 寡人之國小, 不足先後. 雖然, 則唯太子所以令之」太子因數黨聚衆, 將軍市被圍公宮, 攻子之, 不克; 將軍市被及百姓乃反攻太子平. 將軍市被死已殉, 國構難數月, 死者數萬衆, 燕人恫怨(恐), 百姓離意. 孟軻謂齊宣王曰:「今伐燕, 此文·武之時, 不可失也.」王因令章子將五都之兵, 以因北地之衆以伐燕. 士卒不戰, 城門不閉, 燕王噲死. 齊大勝燕, 子之亡. 二年, 燕人立公(太)子平, 是爲燕昭王.

092(4-8)
임금으로서의 어려운 점

　임금으로서의 힘든 점은 항상 두 가지 어려운 일의 중간에 처하게 된다는 점이다.

　자신이 윗자리에 있으면서 나라가 다스려지지 않는 것이 첫 번째 어려움이다.

　나라가 다스려지려면 반드시 임금 자신부터 부지런히 해야 하며, 괴로운 고민에 빠져야 하며, 자신의 감정을 고쳐 도에 따라야 하니 이것이 두 번째 어려움이다.

　어려움이 나타났을 때에야 그것을 어려움으로 인식하는 것은, 어리석어 사리에 어두운 군주가 하는 것이요, 어려움이 없을 때 미리 어려움을 생각하고 대비하는 것은 명철한 군주가 하는 것이다.

人主之患, 常立於二難之間.

在上而國家不治, 難也.

治國家則必勤身·苦思·矯情以從道, 難也.

有難之難, 闇主取之; 無難之難, 明主居之.

【勤身】 자신을 노고롭게 하며 부지런히 함.

【矯情】 자신의 감정을 억누름.

【有難之難】 확실한 재난이 있을 때에야 비로소 재난임을 인식함.

【闇主】 어리석은 군주. 明君에 상대되는 말.

【無難之難】 재난이 나타나지 않았으나 도리어 재난이 있는 듯이 여겨 조심함.

093(4-9)
신하로서의 어려운 점

대신大臣의 환난이란 항상 두 가지 죄 사이에 처하게 된다는 점이다.

직위를 맡아 있으면서 충직한 도를 다하지 못했을 때의 죄가 그 하나이다.

충직한 도를 다하려면 반드시 군주의 뜻을 바로잡아주고 아랫사람의 뜻을 거스를 수밖에 없으니 이것이 그 두 번째이다.

죄를 범했을 때 이를 죄인 줄 인식하는 것은 사악한 자가 하는 짓이요,

죄가 없을 때 죄를 범할 수 있음을 미리 염려하는 것은 충신이 하는 행동이다.

신하로서의 옳은 의란 '우리 임금은 능력이 있으신 분이니 내 역할은 없어도 된다. 내가 말해봤자 보탬이 되지 않으니 충성을 다 바칠 수 없다'라고 말하지 않는 것이다.

반드시 그 정성을 끝까지 다하고 그 도를 명확히 밝히며 그 의를 끝까지 다하는 것, 이것으로 끝낼 따름이다.

여기서 끝내지 않으면 제 몸을 봉양하며 물러서야 하는 것이니 이것이 바로 신하로서의 도리이다.

그러므로 임금과 신하는 서로 다른 의견은 있으나 괴리되지 않고, 원망은 있으나 유감은 없으며, 굽힘은 있으나 치욕은 없는 관계가 되어야 하는 것이다.

大臣之患, 常立於二罪之間.

在職而不盡忠直之道, 罪也;

盡忠直之道, 則必矯上拂下, 罪也.

有罪之罪, 邪臣由之; 無罪之罪, 忠臣置之.

人臣之義, 不曰吾君能矣, 不我須也, 言無補也, 而不盡忠;

不曰吾君不能矣, 不我識也, 言無益也, 而不盡忠.

必竭其誠·明其道·盡其義, 斯已而已矣.

不已, 則奉身以退, 臣道也.

故君臣有異無乖·有怨無憾·有屈無辱.

【矯上拂下】 군주의 과실을 바로잡으면서 아랫사람의 뜻을 거스름. '拂'은 '逆'의 뜻.

【有罪之罪】 忠直의 도리를 다하지 아니하여 죄를 지음을 말함. 죄가 있음이 확연히 드러난 뒤에 죄를 인정함.

【邪臣】 사악한 신하.

【由之】 이로 말미암아 그러한 결과를 초래함.

【無罪之罪】 신하로 인한 죄가 아닌 것. 신하로서 충직함을 다했지만 그래도 죄를 벗어날 수 없는 경우.

【不我須】 '不須我'의 도치. 나를 필요로 하지 않음.

【不我識】 '不識我'의 도치. 나를 알아주지 않음.

【有異無乖】 임금과 신하가 서로 다른 의견을 가지고 있지만 그래도 서로 위배되지는 않음.

【有怨無憾】 원망은 있으나 유감은 없음.

094(4-10)
신하의 세 가지 죄

신하로서 세 가지 죄가 있으니 첫째 임금을 그릇된 길로 인도하는 것이요, 둘째 임금의 과실에 대하여 아부하는 것이요, 셋째 봉록만 축내면서 총애를 받는 것이다.

그릇된 것이면서 임금을 인도하는 것을 일러 '도導'라 하고,

임금의 잘못을 그대로 따르는 것을 일러 '아阿'라 하며,

그릇된 것을 보고도 말을 하지 않는 것을 일러 '시尸'라 한다.

도신導臣은 주벌을 내려야 하고, 아신阿臣은 형벌을 내려야 하며, 시신尸臣은 축출해야 한다.

人臣有三罪: 一曰導非, 二曰阿失, 三曰尸寵.

以非引上謂之導,

從上之非謂之阿,

見非不言謂之尸.

導臣誅, 阿臣刑, 尸臣絀.

【阿失】군주의 뜻만 따르다가 자리를 잃음.

【尸寵】충직한 도리를 다하지 않았음에도 총애를 입음. '尸'는 그 지위에 있으면서도 그 지위에 맞지 않음을 뜻함. '尸餐', 즉 자리를 지키며 녹만 축내는 신하를 말함.

【絀】'黜'과 같음. 퇴출시킴.

095(4-11)
충성의 세 가지 방법

충성을 바치는 데는 세 가지가 방법이 있다.

첫째 방防, 둘째 구救, 셋째 계戒이다.

일이 발생하기 전에 미리 막는 것을 일러 '방'이라 하고,

일이 터지고 나서 이를 저지시키는 것을 일러 '구'라 하며,

실행하고 나서 책임을 묻는 것을 일러 '계'라 한다.

'방'이 가장 최선이며, '구'는 그 다음이요, '계'가 가장 낮은 단계이다.

아랫사람으로서 입을 막고 있지 않고, 윗사람으로서 귀를 막고 있지 않다면 이 경우 임금은 실정을 들을 수 있다.

신하로서 입을 막고 있도록 하여 입을 다물고 있는 경우라면 입을 열도록 할 수 있지만, 입을 막도록 하지 않았는데도 입을 열지 않는다면 이는 해결 방법이 없으리라!

임금으로서 귀를 막도록 하여 귀를 막고 있는 경우라면 이는 언제라도 귀마개를 제거할 수 있지만 귀마개로 막지 않았는데도 귀를 막고 있다면 이는 더 이상 어쩔 수가 없으리라!

進忠有三術: 一曰防, 二曰救, 三曰戒.

先其未然謂之防,

發而止之謂之救,

行而責之謂之戒.

防爲上, 救次之, 戒爲下.

下不鉗口, 上不塞耳, 則可有聞矣.

有鉗之鉗, 猶可解也; 無鉗之鉗, 難矣哉!

有塞之塞, 猶可除也; 無塞之塞, 其甚矣夫!

【先其未然】 일이 실제로 벌어지기 전.

【鉗口】 입을 막고 말을 하지 않음. 전혀 의견을 내놓지 않음.

【有鉗之鉗】 임금이 신하들에게 말을 하지 못하도록 분위기를 만들고 신하들도 입을 막고 말을 하지 않음.

【無鉗之鉗】 군주가 신하들에게 말을 하지 못하도록 하는 것이 아니지만 신하들이 입을 막고 말을 하지 않음.

【有塞之塞】 군주가 귀를 막고 신하들의 말을 듣지 않음.

【無塞之塞】 군주가 귀를 막고 있는 것이 아니지만 신하들의 말을 들을 수 없음.

096(4-12)
임금이 굴복해야 할 대상

어떤 이가 물었다.

"윗자리에 있는 임금으로서 굴복해야 할 경우가 있습니까?"

나는 이렇게 설명하였다.

"윗자리에 있는 자는 의義로써 자신을 펴고, 의로써 자신을 굽힌다. 한漢나라 고조高祖는 비록 그 강대한 진秦나라와 항우項羽에게는 응당 자신을 폈지만 상산사호商山四皓에게는 굴복하였다.

광무제光武帝는 왕망王莽에게는 응당 자신을 폈지만 강항령强項令에게는 굴복하고 말았다.

명제明帝는 충분히 천하에 법령을 자신 있게 폈지만 종리상서鍾離尙書에게는 몸을 굽혔다.

이를테면 진秦 이세二世가 자신의 욕심을 위해 활개를 펴면서 당우唐虞를 비웃은 것이라거나, 정도왕定陶王 부태후傅太后가 자신의 사사로운 뜻을 실현하기 위해 펴면서 정씨鄭氏에게 원한을 퍼부은 것이라면 이는 굴복이 아니다.

그렇게 하지 않았다면 성제成帝의 조소의趙昭儀는 자살하지 않았을 것이며, 진나라 이세도 나라를 잃었다는 허물을 뒤집어쓰지 않았을 것이다.

그러므로 임금은 의라는 명분에는 펴기도 하고 의라는 명분 때문에 남에게 굴복하기도 하는 것이다.

　　즐거워할 때는 봄볕처럼 하고 화를 낼 때는 추상_{秋霜}같이 하여, 그 위엄이 마치 뇌정_{雷霆}의 진동과 같이 하고, 그 혜택은 우로_{雨露}가 내리듯이 한다면 그 패연_{沛然}함을 누가 함부로 막을 수 있겠는가?”

或曰 : 「在上有屈乎?」

曰 : 「在上者以義申, 以義屈.

高祖雖能申威於秦·項, 而屈於商山四公;

光武能申於莽, 而屈於強項令;

明帝能申令於天下, 而屈於鍾離尚書.

若秦二世之申欲, 而非笑唐虞.

若定陶傅太后之申意, 而怨於鄭. 是謂不屈.

不然, 則趙氏不亡, 而秦無怨尤.

故人主以義申, 以義屈也.

喜如春陽, 怒如秋霜, 威如雷霆之震, 惠若雨露之降,
沛然孰能禦也?」

【屈】 자신을 숙여 남의 의견을 따름.

【申】 ‘伸’과 같음. ‘펴다’. 자신의 의견을 강하게 폄. ‘屈’과 상대되는 뜻.

【高祖】 漢 高祖 劉邦.

【商山四公】 ‘商山四皓’를 가리킴. 商山에 은거하던 머리가 센 네 사람의 원로. 東園公·倚里季·夏黃公·甪里先生. 漢 高祖 劉邦이 만년에 戚夫人 소생 如意를 태자로 책봉하려 하자 呂后가 張良의 의견을 들어 이 네 사람을 모셔 저지시켰음. 《新序》,《史記》,《漢書》 등에 자세한 이야기가 실려 있음. 商山은 지금의 陝西 商縣 동쪽. 본책 123을 볼 것.

【光武】光武帝. 東漢(後漢)의 첫 황제. 劉秀. 자는
文叔. A.D.25~57년 재위. 長沙 定王 劉發의 후손.
漢 景帝가 유발을 낳고, 유발이 春陵節侯 劉買를
낳았으며, 뒤에 封地가 南陽 白水鄕으로 옮겨져
그곳을 春陵이라 하고 가문을 이루었음. 그리고
유매의 막내아들이 劉外였으며 그가 劉回를
낳았고, 유회가 南頓令 劉欽을 낳았으며 유흠이
유수를 낳았음. 유수가 동한을 일으켜 낙양에
도읍을 하여 유씨 왕조를 이은 것이며 이를
東漢(後漢)이라 부름.

〈光武帝劉秀〉 동한 개국 군주

【莽】光武帝 劉秀가 王莽의 불의에 맞서 자신의 기개를 폄. 王莽은 字는 巨君
(B.C. 45~23). 漢 元皇后의 조카. 어려서 고아가 되어 독서 끝에 성망을 얻었음.
뒤에 太傅가 되어 安漢公에 봉해졌으며 平帝가 죽은 후 겨우 두 살인 孺子 嬰을
옹립하고 자신은 攝皇帝가 되었다가 初始 元年(A.D. 8) 정권을 찬탈, ‘新’을 세워
‘西漢’의 종말을 고함. 그러나 천하에 혼란이 일어나 地皇 4年(23)에 劉玄·
赤眉軍·綠林軍에게 살해되고 말았음.《漢書》(99)에 그 傳이 있음.

【强項令】목이 뻣뻣하여 불의에 맞서 절대로 머리를 굽히지 않는 기개에 찬 관리.
董宣을 가리킴. 董宣은 후한 光武帝 때의 인물. 자는 少平. 洛陽令을 지냈으며
‘强項令’, ‘臥虎’ 등으로 불림. 湖陽公主의 家僕이 사람을 죽이자 법관이었던
동선이 이를 처단함. 이에 호양공주가 오빠 광무제에게 이 일을 고하자 동선은
자신의 임무를 다했노라 절대 호양공주에게 머리를 숙여 빌지 않았으며 광무제도
이를 인정하였음.《後漢書》酷吏傳 참조.

【明帝】東漢 제2대 황제 劉莊. 光武帝의 아들. 廟號는 顯宗孝明皇帝. 58년~75년
재위함.

【鍾離尙書】鍾離意. 鍾離는 복성. 당시 尙書를 역임하고 있었음. 교지태수
張恢가 뇌물죄로 걸려들어 그 재산을 몰수한 다음 明帝가 이를 대신들에게
나누어주자 鍾離意는 이를 땅에 버리며 명제에게 충간한 고사.《後漢書》
鍾離意傳 참조.

【秦二世】秦始皇의 둘째아들. 胡亥. 아버지에 이어 황제에 올랐으나 무능하고
무지하여 趙高에게 휘둘림. 뒤에 조고의 핍박에 의해 목을 매어 자결하였으며
자영에 이르러 나라가 망함.

【非笑唐虞】李斯 등이 阿房宮과 가혹한 세금에 대해 간언을 하자 二世 胡亥는

唐(陶唐氏, 堯)이나 虞(有虞氏, 舜)처럼 검소하게 하는 것이 그릇된 것이라고 비웃었음.《史記》秦始皇本紀 참조.

【定陶傅太后之申意】傅太后는 漢 元帝의 婕妤였던 傅氏. 定陶恭王의 생모이며 哀帝의 조모. 뒤에 昭儀에 봉해져 흔히 傅昭儀로 불림. 그는 아버지가 일찍 죽고 어머니가 鄭氏 집안으로 개가하였음. 뒤에 그는 자신의 아들이 정도왕이 되고 나아가 손자가 황제에 오르는 등 지위와 권세가 높아지자 교만과 횡포를 부려 자신의 친정 傅氏, 어머니가 개가해 간 집안 鄭氏 등 일족에 諸侯 6명, 大司馬 2명, 九卿 6명, 侍中 10여 명 등을 주어 권력을 독점하였음. 그러나 뒤에 애제가 죽고 王莽이 집정하자 부태후를 定陶恭王母로 폄하하고 그 집안의 묘를 파헤쳤으며 정씨와 부씨 두 집안은 멸족시키고 말았음.

【趙氏不亡】成帝 때 昭儀 趙氏는 성제에게 後嗣가 없자 定陶王을 태자로 세울 것을 건의하는 등 많은 역할을 하였음. 뒤에 태자(정도왕)가 황위에 오르면서 (哀帝) 조소의는 황태후가 되었으나 애제가 죽은 뒤 왕망이 들어서자 역시 폐위 시켜 서인이 되었으며 뜰에서 자살하고 말았음.

【愆尤】허물이나 탓. 죄.

【春陽】봄볕. 만물을 살리는 따사로운 기운을 말함.

【秋霜】가을 서리. 만물을 심판하고 죽이는 기운.

【雷霆之震】분노를 뜻함.

【沛然】시원하고 넓고 큰 모습.

【禦】방어함, 막음.

1.《後漢書》酷吏傳(董宣)

董宣字少平, 陳留圉人也. 初爲司徒侯霸所辟, 擧高第, 累遷北海相. 到官, 以大姓公孫丹爲五官掾. 丹新造居宅, 而卜工以爲當有死者, 丹乃令其子殺道行人, 置屍舍內, 以塞其咎. 宣知, 卽收丹父子殺之. 丹宗族親黨三十餘人, 操兵詣府, 稱冤叫號. 宣以丹前附王莽, 慮交通海賊, 乃悉收繫劇獄, 使門下書佐水丘岑盡殺之. 靑州以其多濫, 奏宣考岑, 宣坐徵詣廷尉. 在獄, 晨夜諷誦, 無憂色. 及當出刑, 官屬具饌送之, 宣乃厲色曰:「董宣生平未曾食人之食, 況死乎!」乘車而去. 時同刑九人, 次應及宣, 光武馳使騶騎特原宣刑, 且令還獄. 遣使者詰宣多殺無辜, 宣具以狀對, 言水丘岑受臣旨意, 罪不由之, 願殺臣活岑. 使者以聞, 有詔左轉宣懷令, 令靑州勿案岑罪. 岑官至司隸校尉. 後江夏有劇賊夏喜等寇亂郡境, 以宣爲江夏太守. 到界, 移書曰:「朝廷以太守能禽姦賊, 故辱斯任. 今勒兵界首, 檄到, 幸思自安之宜.」喜等聞, 懼, 卽時降散. 外戚陰氏爲郡都尉, 宣輕慢之, 坐免. 後特徵爲洛陽令. 時湖陽公主蒼頭白日殺人, 因匿主家, 吏不能得. 及主出行, 而以奴驂乘, 宣於夏門亭候之, 乃駐車叩馬, 以刀畫地, 大言數主之失, 叱奴下車, 因格殺之. 主卽還宮訴帝, 帝大怒, 召宣, 欲箠殺之. 宣叩頭曰:「願乞一言而死.」帝曰:「欲何言?」宣曰:「陛下聖德中興, 而縱奴殺良人, 將何以理天下乎? 臣不須箠, 請得自殺.」卽以頭擊楹, 流血被面. 帝令小黄門持之, 使宣叩頭謝主, 宣不從, 彊使頓之, 宣兩手據地, 終不肯俯. 主曰:「文叔爲白衣時, 藏亡匿死, 吏不敢至門. 今爲天子, 威不能行一令乎?」帝笑曰:「天子不與白衣同.」因勅彊項令出. 賜錢三十萬, 宣悉以班諸吏. 由是搏擊豪彊, 莫不震慄. 京師號爲「臥虎」. 歌之曰:『枹鼓不鳴董少平.』在縣五年, 年七十四, 卒於官. 詔見使者臨視, 唯見布被覆屍, 妻子大哭, 有大麥數斛, 敝車一乘. 帝傷之, 曰:「董宣廉絜, 死乃知之!」以宣嘗爲二千石, 賜艾綬, 葬以大夫禮. 拜子並爲郎中, 後官至齊相.

2. 《十八史略》(3)

主有蒼頭殺人匿主家, 吏不能得. 洛陽令董宣, 候主出行, 奴驂乘, 叱下車, 挌殺之. 主入訴, 上大怒, 召宣欲捶殺之. 宣曰:「縱奴殺人, 何以治天下? 臣不須捶, 請自殺.」卽以頭叩楹, 流血被面. 上令小黄門持之, 使叩頭謝主. 宣兩手據地, 終不肯. 上勅:「強項令出.」賜錢三十萬.

3. 《蒙求》董宣彊項

後漢, 董宣字少平, 陳留圉人. 光武時爲洛陽令. 時湖陽公主蒼頭, 白日殺人, 匿主家, 吏不能得. 及主出, 以奴驂乘. 宣候之, 駐車叩馬, 大言數主之失, 叱奴下車, 因格殺之. 主訴帝, 帝怒召宣, 欲箠殺之. 宣叩頭曰:「願一言而死.」曰:「陛下聖德中興. 而縱奴殺良人, 何以理天下? 臣不須箠請自殺.」卽以頭擊楹, 流血被面. 帝使宣謝主, 宣不從. 強使頓之, 兩手據地, 終不肯俯. 主曰:「文叔爲白衣時, 藏亡匿死, 吏不敢至門. 今爲天子, 威不能行一令乎?」帝笑曰:「天子不與白衣同.」因勅:「強項令出!」賜錢三十萬, 宣悉以班諸吏. 由是搏擊豪強, 京師號爲臥虎. 歌之曰:「枹鼓不鳴董少平.」文叔光武字也.

4. 《後漢書》鍾離意傳

鍾離意字子阿, 會稽山陰人也. 少爲郡督郵. 時部縣亭長有受人酒禮者, 府下記案考之. 意封還記, 入言於太守曰:「春秋先內後外,《詩》云『刑於寡妻, 以御于家邦』, 明政化之本, 由近及遠. 今宜先清府内, 且闊略遠縣細微之愆.」太守甚賢之, 遂任以縣事. 建武十四年, 會稽大疫, 死者萬數, 意獨身自隱親, 經給醫藥, 所部多蒙全濟. 舉孝廉, 再遷, 辟大司徒侯霸府. 詔部送徒詣河内, 時冬寒, 徒病不能行. 路過弘農, 意輒移屬縣使作徒衣, 縣不得已與之, 而上書言狀, 意亦具以聞. 光武得奏, 以(見)[視]霸, 曰:「君所使掾何乃仁於用心? 誠良吏也!」意遂於道解徒桎梏, 恣所欲過, 與剋期俱至, 無或違者. 還, 以病免. 顯宗即位, 徵爲尙書. 時交阯太守張恢., 坐臧千金, 徵還伏法, 以資物簿入大司農, 詔班賜羣臣. 意得珠璣, 悉以委地而不拜賜. 帝怪而問其故. 對曰:「臣聞孔子忍渴於盜泉之水, 曾參回車於勝母之間, 惡其名也. 此臧穢之寶, 誠不敢拜」帝嗟歎曰:「清乎尙書之言!」乃更以庫錢三十萬賜意. 轉爲尙書僕射. 車駕數幸廣成苑, 意以爲從禽廢政, 常當車陳諫般樂遊田之事, 天子即時還宮.

意視事五年, 以愛利爲化, 人多殷富. 以久病卒官. 遺言上書陳升平之世, 難以急化, 宜少寬假. 帝感傷其意, 下詔嗟歎, 賜錢二十萬.

5.《蒙求》鍾離委珠

後漢, 鍾離意字子阿, 會稽山陰人. 顯宗徵爲尙書. 時交阯太守張恢, 坐贓千金伏法, 以資物簿入大司農. 詔賜群臣, 意得珠璣, 委地而不拜賜. 帝怪問, 對曰:「孔子忍渴於『盜泉』之水, 曾參回車於『勝母』之間, 惡其名也. 此贓穢之寶誠不敢拜.」帝歎曰:「清乎尙書之言!」乃更以庫錢三十萬賜意. 轉僕射, 出爲魯相. 以愛利爲化, 人多殷富. 卒遺言上書陳:「昇平之世, 難以急化, 宜少寬暇.」帝感傷其意, 詔賜錢二十萬.

6.《史記》秦始皇本紀

趙高說二世曰:「先帝臨制天下久, 故群臣不敢爲非, 進邪說. 今陛下富於春秋, 初即位, 奈何與公卿廷決事? 事即有誤, 示群臣短也. 天子稱朕, 固不聞聲.」於是二世常居禁中, 與高決諸事. 其後公卿希得朝見, 盜賊益多, 而關中卒發東擊盜者毋已. 右丞相去疾・左丞相斯・將軍馮劫進諫曰:「關東群盜並起, 秦發兵誅擊, 所殺亡甚衆, 然猶不止. 盜多, 皆以戍漕轉作事苦, 賦稅大也. 請且止阿房宮作者, 減省四邊戍轉」二世曰:「吾聞之韓子曰:'堯舜采椽不刮, 茅茨不翦, 飯土塯, 啜土形, 雖監門之養, 不虧於此. 禹鑿龍門, 通大夏, 決河亭水, 放之海, 身自持築臿, 脛毋毛, 臣虜之勞不烈於此矣.' 凡所爲貴有天下者, 得肆意極欲, 主重明法, 下不敢爲非, 以制御海内矣. 夫虞・夏之主, 貴爲天子, 親處窮苦之實, 以徇百姓, 尙何於法? 朕尊萬乘, 毋其實, 吾欲造千乘之駕, 萬乘之屬, 充吾號名. 且先帝起諸侯, 兼天下, 天下已定, 外攘四夷以安邊竟, 作宮室以章得意, 而君

觀先帝功業有緒. 今朕卽位二年之閒, 群盜並起, 君不能禁, 又欲罷先帝之所爲,
是上毋以報先帝, 次不爲朕盡忠力, 何以在位?」下去疾・斯・劫吏, 案責他罪.
去疾・劫曰:「將相不辱.」自殺. 斯卒囚, 就五刑.

7.《漢書》外戚傳(傅太后)

傅太后父同産弟四人, 曰子孟, 仲叔, 子元, 幼君. 子孟子喜至大司馬, 封高武侯.
仲叔子晏亦大司馬, 封孔鄉侯. 幼君子商封汝昌侯, 爲太后父崇祖侯後, 更號
崇祖曰汝昌哀侯. 太后同母弟鄭惲前死, 以惲子業爲陽信侯, 追尊惲爲陽信節侯.
鄭氏・傅氏侯者凡六人, 大司馬二人, 九卿二千石六人, 侍中諸曹十餘人. ……
哀帝崩, 王莽白太皇太后下詔曰:「定陶工王太后與孔鄉侯晏同心合謀, 背恩
忘本, 專恣不軌, 與至尊同稱號, 終沒, 至乃配食於左坐, 誖逆無道. 今令孝哀
皇后退就桂宮.」後月餘, 復與孝成趙皇后俱廢爲庶人, 就其園自殺.

097(4-13)
실행해내기 어려운 일

어떤 이가 "실행하기 어려운 일"에 대하여 묻자 나는 이렇게 말하였다.

"이를테면 한漢 고조高祖가 수졸戍卒의 말을 듣고 낙양을 도읍으로 정하겠다는 생각을 버리고 즉시 하루가 다하기를 기다리지 아니하고 만 승의 수레를 즉시 관중으로 출발시킨 것, 효문제孝文帝가 천리마를 아까워하지 않은 것, 신부인愼夫人이 옷감을 땅에 끌리도록 입지 않고 검소히 생활한 것, 광무제光武帝가 손에 주옥을 절대로 쥐어보지 않은 것, 이런 일은 가히 어려운 일이라 할 수 있다.

심정을 억누르고 욕심을 끊어버리기를 이와 같게 하지 않고 사뭇 공과 업적을 이룬 자는 드물다.

한편 신하로서 이를테면 김일제金日磾가 자신의 아들이 거만하게 굴자 이를 죽여버린 것이나, 병길丙吉이 자신을 자랑하지 않은 것, 소무蘇武가 부절을 끝까지 잡고 흉노에 항복하지 않은 것 등은 정말 어려운 일이라 할 수 있다."

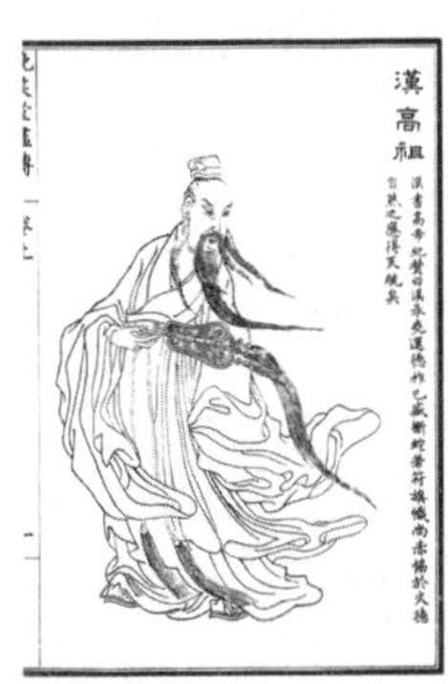

〈漢 高祖〉《晚笑堂畫傳》

或曰「難行」, 曰:「若高祖聽戍卒不懷居, 遷萬乘不俟
終日, 孝文帝不愛千里馬, 愼夫人衣不曳地, 光武手不
持珠玉, 可謂難矣.

抑情絶欲不如是, 能成功業者鮮矣.

人臣若金日磾以子私謾而殺之, 丙吉之不伐, 蘇武之
執節, 可謂難矣.」

【難行】 실행하기 어려움. 성공을 거두기 쉽지 않은 사례를 말함.
【高祖】 漢 高祖 劉邦이 洛陽을 도읍으로 정하려 하자 布衣의 婁敬이 부당함을
간함. 그러자 婁敬에게 劉氏 성을 하사하고 그날 즉시 關中으로 향하여 長安을
도읍으로 정함.《史記》및《新序》등을 참조할 것.
【孝文帝】 전한 제3대 황제 劉恒. 太宗孝文皇帝. 高祖
劉邦의 庶子로서 薄太后의 아들. B.C.179~B.C.157년
재위함. 한나라 초기 文景之治를 이루어 제국의
기틀을 다짐. 呂后가 죽은 뒤 周勃 등이 황제로 옹립함.
경제 부흥 정책을 실행하여 文景之治를 이룬 걸출한 황제.
어떤 사람이 천리마를 헌상하였지만 "자신을 모시는
이들이 하루에 30리를 가는데 나 혼자 천리마를 타고
어디를 가겠는가?"라고 하면서 되돌려 보냈다 함.
《漢書》賈捐之傳 참조.

漢文帝(劉恒)《三才圖會》

【愼夫人】 愼夫人은 漢 文帝의 寵妃로 궁궐 안에서 매우 검소하게 살면서 백성의
고통을 대신했던 여인.《史記》孝文帝本紀 참조
【光武】 東漢 光武帝 劉秀. A.D.25~57년 재위. 東漢(後漢)의 첫 황제. 자는 文叔.
長沙 定干 劉發의 후손. 漢 景帝가 유발을 낳고, 유발이 春陵節侯 劉買를
낳았으며 뒤에 封地가 南陽 白水鄕으로 옮겨져 그곳을 春陵이라 하고 가문을
이루었음. 그리고 유매의 막내아들이 劉外였으며 그가 劉回를 낳았고, 유회가
南頓令 劉欽을 낳았으며 유흠이 유수를 낳았음. 이가 동한을 일으켜 낙양에
도읍을 하여 유씨 왕조를 이은 것이며 이를 東漢(後漢)이라 부름.

【金日磾】匈奴 休屠王의 태자. 漢 武帝 때 한나라에 귀의하여 金씨 성을 하사 받았으며 侍中에 올라 무제의 신임을 얻음.《後漢書》金日磾傳 참조

【私謁】황제의 사랑을 받는다는 이유로 예법을 준수하지 않음.

【丙吉】邴吉로도 표기하며 자는 少卿. 어린 宣帝의 일에 연루되어 옥에 갇혔을 때 丙吉이 그를 구해 주어 뒤에 皇帝에 등극하도록 함. 宣帝가 즉위하자 丙吉은 승상이 되었고, 뒤에 博陽侯에 封해졌음.《漢書》丙吉傳 참조.

【蘇武】西漢 杜陵人으로 자는 子卿. 무제 때 흉노 사신으로 갔다가 붙들려 선우 (單于)의 항복 유혹을 뿌리치고 북해로 추방되어 깃발의 깃을 먹으며 19년을 버틴 다음 소제가 즉위하였을 때 돌아올 수 있었음.《漢書》蘇武傳 등 참조.

> 참고 및 관련 자료

1.《新序》善謀(下)

高皇帝五年, 齊人婁敬戍隴西, 過雒陽, 脫輅輓, 見齊人虞將軍曰:「臣願見上, 言便宜事.」虞將軍欲以鮮衣. 婁敬曰:「臣衣帛, 衣帛見; 衣褐, 衣褐見, 不敢易.」虞將軍入言上, 上召見, 賜食, 已而問, 敬對曰:「陛下都雒陽, 豈欲與周室比隆哉?」上曰:「然.」敬曰:「陛下取天下, 與周室異. 周之先自后稷, 堯封之邰, 積德累善十餘世, 公劉避桀居邠, 大王以狄伐去邠, 杖馬策居岐, 國人爭歸之. 及文王爲西伯, 斷虞芮訟, 始受命, 呂望·伯夷自海濱來歸之. 武王伐紂, 不期而會孟津上八百諸侯, 滅殷. 成王卽位, 周公之屬傅相, 乃營成周雒邑, 以爲天下中, 諸侯四方, 納貢職, 道里均矣. 有德則易以王, 無德則易以亡. 凡居此者, 欲令周務德以致人, 不欲恃險阻, 令後世驕奢以虐民. 及周之衰, 分爲兩, 天下莫朝, 周不能制, 非德薄, 形勢弱也. 今陛下起豐擊沛, 收卒三千人, 以之徑往, 卷蜀漢, 定三秦, 與項羽大戰七十, 小戰四十, 使天下民肝腦塗地, 父子暴骨中野, 不可勝數. 哭泣之聲未絶, 傷夷者未起, 而欲比隆成康周公之時, 臣竊以爲不侔矣. 且夫秦地被山帶河, 四塞以爲固, 卒然有急, 百萬之衆可具. 因秦之故, 資甚美膏腴之地, 此謂天府. 陛下入關而都, 山東雖亂, 秦故地可全而有也. 夫與人鬪, 而不搤其亢, 拊其背, 未全勝也.」高皇帝疑, 問左右大臣, 皆山東人, 多勸上都雒陽, 東有成臯, 西有崤澠, 倍河海, 嚮伊洛, 其固亦足恃. 且周王數百年, 秦二世而亡, 不如都周. 留侯張子房曰:「雒陽雖有此固, 國中小, 不過數百里, 田地狹, 四面受敵, 此非用武之國. 夫關中, 左崤函, 右隴蜀, 沃野千里, 南有巴蜀之饒,

北有胡宛之利, 阻三面, 守一隅, 東向制諸侯, 諸侯安定. 河渭漕輓天下, 西給
京師. 諸侯有變, 順流而下, 足以委輸. 此所謂金城千里, 天府之國也. 婁敬說
是也.」於是高皇帝即日駕, 西都關中. 由是國家安寧. 雖彭越·陳豨·盧綰之謀,
九江燕代之兵, 及吳楚之難, 關東之兵, 雖百萬之師, 猶不能以爲害者, 由保仁德
之惠, 守關中之固也. 國以永安, 婁敬·張子房之謀也. 上曰:「言本都秦地者,
婁敬也. 婁者乃劉也.」賜姓劉氏, 拜爲郎中, 號曰奉春君, 後卒爲建信侯.

2.《**史記**》劉敬傳

劉敬者, 齊人也. 漢五年, 戍隴西, 過洛陽, 高帝在焉. 婁敬脫輓輅, 衣其羊裘,
見齊人虞將軍曰:「臣願見上言便事.」虞將軍欲與之鮮衣, 婁敬曰:「臣衣帛,
衣帛見; 衣褐, 衣褐見: 終不敢易衣.」於是虞將軍入言上. 上召入見, 賜食. 已而
問婁敬, 婁敬說曰:「陛下都洛陽, 豈欲與周室比隆哉?」上曰:「然.」婁敬曰:
「陛下取天下與周室異. 周之先自后稷, 堯封之邰, 積德累善十有餘世. 公劉避
桀居豳. 太王以狄伐故, 去豳, 杖馬箠居岐, 國人爭隨之. 及文王爲西伯, 斷虞
芮之訟, 始受命, 呂望·伯夷自海濱來歸之. 武王伐紂, 不期而會孟津之上八百
諸侯, 皆曰紂可伐矣, 遂滅殷. 成王即位, 周公之屬傅相焉, 迺營成周洛邑, 以此
爲天下之中也, 諸侯四方納貢職, 道里均矣, 有德則易以王. 無德則易以亡. 凡居
此者, 欲令周務以德致人, 不欲依阻險, 令後世驕奢以虐民也. 及周之盛時, 天下
和洽, 四夷鄉風, 慕義懷德, 附離而並事天子, 不屯一卒, 不戰一士, 八夷大國之
民莫不賓服, 效其貢職. 及周之衰也, 分而爲兩, 天下莫朝, 周不能制也. 非其
德薄也, 而形勢弱也. 今陛下起豐沛, 收卒三千人, 以之徑往而卷蜀漢, 定三秦,
與項羽戰滎陽, 爭成皋之口, 大戰七十, 小戰四十, 使天下之民肝腦塗地, 父子
暴骨中野, 不可勝數, 哭泣之聲未絶, 傷痍者未起, 而欲比隆於成康之時, 臣竊
以爲不侔也. 且夫秦地被山帶河, 四塞以爲固, 卒然有急, 百萬之衆可具也. 因秦
之故, 資甚美膏腴之地, 此所謂天府者也. 陛下入關而都之, 山東雖亂, 秦之故
地可全而有也. 夫與人鬪, 不搤其亢, 拊其背, 未能全其勝也. 今陛下入關而都,
案秦之故地, 此亦搤天下之亢而拊其背也.」高帝問羣臣, 羣臣皆山東人, 爭言
周王數百年, 秦二世即亡, 不如都周. 上疑未能決. 及留侯明言入關便, 即日車駕
西都關中. 於是上曰:「本言都秦地者婁敬, 『婁』者乃『劉』也.」賜姓劉氏, 拜爲
郎中, 號爲奉春君.

3.《**史記**》高祖本紀

高祖欲長都雒陽, 齊人劉敬說, 及留侯勸上入都關中, 高祖是日駕, 入都關中.
六月, 大赦天下.

4.《史記》留侯世家

劉敬說高帝曰:「都關中.」上疑之. 左右大臣皆山東人, 多勸上都雒陽:「雒陽東有成皋, 西有殽黽, 倍河, 向伊雒, 其固亦足恃.」留侯曰:「雒陽雖有此固, 其中小, 不過數百里, 田地薄, 四面受敵, 此非用武之國也. 夫關中左殽函, 右隴蜀, 沃野千里, 南有巴蜀之饒, 北有胡苑之利, 阻三面而守, 獨以一面東制諸侯. 諸侯安定, 河渭漕輓天下, 西給京師; 諸侯有變, 順流而下, 足以委輸. 此所謂金城千里, 天府之國也, 劉敬說是也.」於是高帝卽日駕, 西都關中.

5.《漢書》婁敬傳

婁敬, 齊人也. 漢五年, 戌隴西, 過雒陽, 高帝在焉. 敬脫輓輅, 見齊人虞將軍曰:「臣願見上言便宜.」虞將軍欲與鮮衣, 敬曰:「臣衣帛, 衣帛見, 衣褐, 衣褐見, 不敢易衣.」虞將軍入言上, 上召見, 賜食. 已而問敬, 敬說曰:「陛下都雒陽, 豈欲與周室比隆哉?」上曰:「然.」敬曰:「陛下取天下與周異. 周之先自后稷, 堯封之邰, 積德絫善十餘世. 公劉避桀居豳. 大王以狄伐故, 去豳, 杖馬箠去居岐, 國人爭歸之. 及文王爲西伯, 斷虞芮訟, 始受命, 呂望‧伯夷自海濱來歸之. 武王伐紂, 不期而會孟津上八百諸侯, 遂滅殷. 成王卽位, 周公之屬傅相焉, 乃營成周都雒, 以爲此天下中, 諸侯四方納貢職, 道里鈞矣, 有德則易以王, 無德則易以亡. 凡居此者, 欲令務以德致人, 不欲阻險, 令後世驕奢以虐民也. 及周之衰, 分而爲二, 天下莫朝周, 周不能制. 非德薄, 形勢弱也. 今陛下起豐沛, 收卒三千人, 以之徑往, 卷蜀漢, 定三秦, 與項籍戰滎陽, 大戰七十, 小戰四十, 使天下之民肝腦塗地, 父子暴骸中野, 不可勝數, 哭泣之聲不絕, 傷夷者未起, 而欲比隆成康之時, 臣竊以爲不侔矣. 且夫秦地被山帶河, 四塞以爲固, 卒然有急, 百萬之衆可具. 因秦之故, 資甚美膏腴之地, 此所謂天府. 陛下入關而都之, 山東雖亂, 秦故地可全而有也. 夫與人鬪, 不搤其亢, 拊其背, 未能全勝. 今陛下入關而都, 按秦之故, 此亦搤天下之亢而拊其背也.」高帝問羣臣, 羣臣皆山東人, 爭言周王數百年, 秦二世則亡, 不如都周. 上疑未能決. 及留侯明言入關便, 卽日駕西都關中. 於是上曰:「本言都秦地者婁敬, 婁者劉也.」賜姓劉氏, 拜爲郎中, 號曰奉春君.

6.《漢書》張良傳

劉敬說上都關中, 上疑之. 左右大臣皆山東人, 多勸上都雒陽:「雒陽東有成皋, 西有殽黽, 背河鄕雒, 其固亦足恃.」良曰:「雒陽雖有此固, 其中小, 不過數百里, 田地薄, 四面受敵, 此非用武之國. 夫關中左殽函, 右隴蜀, 沃野千里, 南有巴蜀之饒, 北有胡苑之利, 阻三面而固守, 獨以一面東制諸侯. 諸侯安定, 河‧渭漕輓天下, 西給京師; 諸侯有變, 順流而下, 足以委輸. 此所謂金城千里, 天府之國. 劉敬說是也.」於是上卽日駕, 西都關中.

7. 《漢書》嚴朱吾丘主父徐嚴終王賈傳(賈捐之)

時有獻千里馬者, 詔曰:「鸞旗在前, 屬車在後, 吉行日五十里, 師行[三]十里, 朕乘千里之馬, 獨先安之?」於是還馬, 與道里費, 而下詔曰:「朕不受獻也, 其令四方毋求來獻.」當此之時, 逸游之樂絶, 奇麗之賂塞, 鄭衛之倡微矣. 夫後(官)[宮]盛色則賢者隱處, 佞人用事則諍臣杜口, 而文帝不行, 故諡爲孝文, 廟稱太宗.

8. 《史記》孝文帝本紀

孝文帝從代來, 卽位二十三年, 宮室苑囿狗馬服御無所增益, 有不便, 輒弛以利民. 嘗欲作露臺, 召匠計之, 直百金. 上曰:「百金中民十家之産, 吾奉先帝宮室, 常恐羞之, 何以爲!」上常衣綈衣, 所幸愼夫人, 令衣不得曳地, 幃帳不得文繡, 以示敦朴, 爲天下先. 治霸陵皆以瓦器, 不得以金銀銅錫爲飾, 不治墳, 欲爲省, 毋煩民.

9. 《後漢書》循吏列傳 叙

光武身衣大練, 色無重彩, 耳不聽鄭衛之音, 手不持珠玉之玩.

10. 《漢書》金日磾傳

金日磾字翁叔, 本匈奴休屠王太子也. 武帝元狩中, 票騎將軍霍去病將兵擊匈奴右地, 多斬首, 虜獲休屠王祭天金人. 其夏, 票騎復西過居延, 攻祁連山, 大克獲. 於是單于怨昆邪·休屠居西方多爲漢所破, 召其王欲誅之. 昆邪·休屠恐, 謀降漢. 休屠王後悔, 昆邪王殺之, 并將其衆降漢. 封昆邪王爲列侯. 日磾以父不降見殺, 與母閼氏·弟倫俱沒入官, 輸黃門養馬, 時年十四矣. 久之, 武帝游宴見馬, 後宮滿側. 日磾等數十人牽馬過殿下, 莫不竊視, 至日磾獨不敢. 日磾長八尺二寸, 容貌甚嚴, 馬又肥好, 上異而問之, 具以本狀對. 上奇焉, 卽日賜湯沐衣冠, 拜爲馬監, 遷侍中駙馬都尉光祿大夫. 日磾旣親近, 未嘗有過失, 上甚信愛之, 賞賜累千金, 出則驂乘, 入侍左右. 貴戚多竊怨, 曰:「陛下妄得一胡兒, 反貴重之!」上聞, 愈厚焉. 日磾母教誨兩子, 甚有法度, 上聞而嘉之. 病死, 詔圖畫於甘泉宮, 署曰「休屠王閼氏.」日磾每見畫常拜, 鄉之涕泣, 然後乃去. 日磾子二人皆愛, 爲帝弄兒, 常在旁側. 弄兒或自後擁上項, 日磾在前, 見而目之. 弄兒走且啼曰:「翁怒.」上謂日磾「何怒吾兒爲?」其後弄兒壯大, 不謹, 自殿下與宮人戲, 日磾適見之, 惡其淫亂, 遂殺弄兒. 弄兒卽日磾長子也. 上聞之大怒, 日磾頓首謝, 具言所以殺弄兒狀. 上甚哀, 爲之泣, 已而心敬日磾.

11. 《漢書》丙吉傳

丙吉字少卿, 魯國人也. 治律令, 爲魯獄史. 積功勞, 稍遷至廷尉右監. 坐法失官,歸爲州從事. 武帝末, 巫蠱事起, 吉以故廷尉監徵, 詔治巫蠱郡邸獄. 時宣帝生數月, 以皇曾孫坐衛太子事繫, 吉見而憐之. 又心知太子無事實, 重哀曾孫無辜, 吉擇謹厚女徒, 令保養曾孫, 置閒燥處. 吉治巫蠱事, 連歲不決. 後元二年, 武帝疾, 往來長楊·五柞宮, 望氣者言長安獄中有天子氣, 於是上遣使者分條中都官詔獄繫者, 亡輕重一切皆殺之. 內謁者令郭穰夜到郡邸獄, 吉閉門拒使者不納, 曰:「皇曾孫在. 他人亡辜死者猶不可, 況親曾孫乎!」相守至天明不得入, 穰還以聞, 因劾奏吉. 武帝亦寤, 曰:「天使之也.」因赦天下. 郡邸獄繫者獨賴吉得生, 恩及四海矣. 曾孫病, 幾不全者數焉, 吉數敕保養乳母加致醫藥, 視遇甚有恩惠, 以私財物給其衣食. 後吉爲車騎將軍軍市令, 遷大將軍長史, 霍光甚重之, 入爲光祿大夫給事中. 昭帝崩, 亡嗣, 大將軍光遣吉迎昌邑王賀. 賀卽位, 以行淫亂廢, 光與車騎將軍張安世諸大臣議所立, 未定. 吉奏記光曰:「將軍事孝武皇帝, 受襁褓之屬, 任天下之寄, 孝昭皇帝早崩亡嗣, 海內憂懼, 欲亟聞嗣主, 發喪之日以大誼立後, 所立非其人, 復以大誼廢之, 天下莫不服焉. 方今社稷宗廟羣生之命在將軍之壹舉. 竊伏聽於衆庶, 察其所言, 諸侯宗室在(列位)[位列]者, 未有所聞於民間也. 而遺詔所養武帝曾孫名病已在掖庭外家者, 吉前使居郡邸時見其幼少, 至今十八九矣, 通經術, 有美材, 行安而節和. 願將軍詳大議, 參以蓍龜, 豈宜褒顯, 先使入侍, 令天下昭然知之, 然後決定大策, 天下幸甚!」光覽其議, 遂尊立皇曾孫, 遣宗正劉德與吉迎曾孫於掖庭. 宣帝初卽位, 賜吉爵關內侯. 吉爲人深厚, 不伐善. 自曾孫遭遇, 吉絕口不道前恩, 故朝廷莫能明其功也. 地節三年, 立皇太子, 吉爲太子太傅, 數月, 遷御史大夫. 及霍氏誅, 上躬親政, 省尙書事. 是時, 掖庭宮婢則令民夫上書, 自陳嘗有阿保之功. 章下掖庭令考問, 則辭引使者丙吉知狀. 掖庭令將則詣御史府以視吉. 吉識, 謂則曰:「汝嘗坐養皇曾孫不謹督笞, 汝安得有功? 獨渭城胡組·淮陽郭徵卿有恩耳.」分別奏組等共養勞苦狀. 詔吉求組·徵卿, 已死, 有子孫, 皆受厚賞. 詔免則爲庶人, 賜錢十萬. 上親見問, 然後知吉有舊恩, 而終不言. 上大賢之, 制詔丞相:「朕微眇時, 御史大夫吉與朕有舊恩, 厥德茂焉. 詩不云虖?『亡德不報.』其封吉爲博陽侯, 邑千三百戶.」臨當封, 吉疾病, 上將使人加紼而封之, 及其生存也. 上憂吉疾不起, 太子太傅夏侯勝曰:「此未死也. 臣聞有陰德者, 必饗其樂以及子孫. 今吉未獲報而疾甚, 非其死疾也.」後病果瘉. 吉上書固辭, 自陳不宜以空名受賞. 上報曰:「朕之封君, 非空名也, 而君上書歸侯印, 是顯朕之不德也. 方今天下少事, 君其專精神, 省思慮, 近醫藥, 以自持.」後五歲, 代魏相爲丞相. 吉本起獄法小吏, 後學詩禮, 皆通大義. 及居相位, 上寬大, 好禮讓. 掾史有罪臧, 不稱職, 輒予長休告, 終無所案驗. 客或謂吉曰:「君侯爲漢相, 姦吏成其私, 然無所懲艾.」吉曰:「夫以三公之府有案吏之名, 吾竊陋焉.」後人代吉, 因以爲故事, 公府不案吏, 自吉始. 於官屬掾史, 務掩過揚善. 吉馭吏耆酒, 數逋蕩, 嘗從吉出, 醉歐丞相車上. 西曹主吏白欲斥之, 吉曰:「以醉飽之失去士, 使此人將復何所容? 西曹地忍之, 此不過汙丞相車茵耳.」遂不去也. 此馭吏邊郡人, 習知邊塞發犇命警備事, 嘗出, 適見驛騎持赤白囊, 邊郡發犇命書馳來至. 馭吏因隨驛騎至公車刺取, 知虜入雲中·代郡, 遽歸府見吉白狀, 因曰:「恐虜所入邊郡, 二千石長吏有老病不任兵馬者, 宜可豫視.」吉善其言, 召束曹案邊長吏, 瑣科條其人. 未已, 詔召丞相·御史·問以虜所入郡吏, 吉具對. 御史大夫卒遽不能詳知, 以得譴讓. 而吉見謂憂邊思職, 馭吏力也. 吉乃歎曰:「士亡不可容, 能各有所長. 鄕使丞相不先聞馭吏言, 何見勞勉之有?」掾史繇是益賢吉. 吉又嘗出, 逢淸道羣鬬者, 死傷橫道, 吉過之不問, 掾史獨怪之. 吉前行, 逢人逐牛, 牛喘吐舌. 吉止駐, 使騎吏問:「逐牛行幾里矣?」掾史獨謂丞相前後失問, 或以譏吉, 吉曰:「民鬬相殺傷, 長安令·京兆尹職所當禁備逐捕, 歲竟丞相課其殿最, 奏行賞罰而已. 宰相不親小事, 非所當於道路問也. 方春少陽用事, 未可大熱, 恐牛近行用暑故喘, 此時氣失節, 恐有所傷害也. 三公典調和陰陽, 職(所)當憂, 是以問之.」掾史乃服, 以吉知大體. 五鳳三年春, 吉病篤. 上自臨問吉, 曰:「君卽有不諱, 誰可以自代者?」吉辭謝曰:「羣臣行能, 明主所知, 愚臣無所能識.」上固問, 吉頓首曰:「西河太守杜延年明於法度, 曉國家故事, 前爲九卿十餘年, 今在郡治有能名. 廷尉于定國執憲詳平, 天下自以不冤. 太僕陳萬年事後母孝, 惇厚備於行止. 此三人能皆在臣右, 唯上察之.」上以吉言皆是而許焉. 及吉薨, 御史大夫黃霸爲丞相, 徵西河太守杜延年爲御史大夫, 會其年老, 乞骸骨, 病免. 以廷尉于定國代爲御史大夫. 黃霸薨, 而定國爲丞相, 太僕陳萬年代定國爲御史大夫, 居位皆稱職, 上稱吉爲知人. 吉薨, 諡曰定侯. 子顯嗣, 甘露中有罪削爵爲關內侯, 官至衛尉太僕. 始顯少爲諸曹, 嘗從祠高廟, 至夕牲日, 乃使出取齋衣. 丞相吉大怒, 謂其夫人曰:「宗廟至重, 而顯不敬愼, 亡吾爵者必顯也.」夫人爲言, 然後乃已. 吉中子禹爲水衡都尉, 少子高爲中壘校尉. 元帝時, 長安士伍尊上書, 言「臣少時爲郡邸小吏, 竊見孝宣皇帝以皇曾孫在郡邸獄. 是時治獄使者丙吉見皇曾孫遭離無辜, 吉仁心感動, 涕泣悽惻, 選擇復作胡組養視皇孫, 吉常從. 臣尊日再侍臥庭上. 後遭條獄之詔, 吉扞拒大難, 不避嚴刑峻法. 旣遭大赦, 吉謂守丞誰如, 皇孫不當在官, 使誰如移書京兆尹, 遣與胡組俱送京兆尹, 不受, 復還. 及組日滿當去, 皇孫思慕, 吉以私錢顧組, 令留與郭徵卿並養數月, 乃遣組去. 後少內嗇夫白吉曰:『食皇孫亡詔令.』

時吉得食米肉, 月月以給皇孫. 吉卽時病, 輒使臣尊朝夕請問皇孫, 視省席蓐燥濕.
候伺組·徵卿, 不得令晨夜去皇孫敖盪, 數奏甘毳食物. 所以擁全神靈, 成育聖躬,
功德已亡量矣. 時豈豫知天下之福, 而徼其報哉! 誠其仁恩內結於心也. 雖介
之推割肌以存君, 不足(比也)[以比]. 孝宣皇帝時, 臣上書言狀, 幸得下吉謙讓
不敢自伐, 刪去臣辭, 專歸美於組·徵卿. 組·徵卿皆以受田宅賜錢, 吉封爲博陽侯.
臣尊不得比組·徵卿. 臣年老居貧, 死在旦暮, 欲終不言, 恐使有功不著. 吉子
顯坐微文奪爵爲關內侯, 臣愚以爲宜復其爵邑, 以報先人功德.」先是顯爲太僕
十餘年, 與官屬大爲姦利, 臧千餘萬, 司隸校尉昌案劾, 罪至不道, 奏請逮捕.
上曰:「故丞相吉有舊恩, 朕不忍絶.」免顯官, 奪邑四百戶. 後復以爲城門校尉.
顯卒, 子昌嗣爵關內侯. 成帝時, 修廢功, 以吉舊恩尤重, 鴻嘉元年制詔丞相御史:
「蓋聞褒功德, 繼絶統, 所以重宗廟, 廣賢聖之路也. 故博陽侯吉以舊恩有功而封,
今其祀絶, 朕甚憐之. 夫善善及子孫, 古今之通誼也, 其封吉孫中郎將關內侯昌
爲博陽侯, 奉吉後.」國絶三十二歲復續云. 昌傳子至孫, 王莽時乃絶.

12. 《說苑》復恩篇

邴吉有陰德於孝宣皇帝微時, 孝宣皇帝卽位; 衆莫知, 吉亦不言, 吉從大將軍
長史轉遷至御史大夫, 宣帝聞之, 將封之, 會吉病甚, 將使人加紳而封之, 及其
生也, 太子太傅夏侯勝曰:「此未死也, 臣聞之, 有陰德者必饗, 其樂以及其子孫;
今此未獲其樂而病甚, 非其死病也.」後病果愈, 封爲博陽侯, 終饗其樂.

13. 《十八史略》(2)

三年, 丞相魏相薨. 故事, 上書者皆爲二封, 署其一曰副, 領尙書者先發副封, 所言
不善屏去不奏. 自霍光薨後, 相卽白去副封, 以防壅蔽. 及爲相, 好觀漢故事, 及便
宜章奏; 數條漢興以來便宜行事, 及賢臣賈誼·晁錯·董仲舒等所言, 請施行之.
救掾史案事郡國, 及休告從家還至府, 輒白四方異聞. 或有逆賊風雨災異, 郡不上,
相輒奏言之. 與御史大夫丙吉, 同心輔政, 上皆重之. 至是吉代爲丞相. 吉尙寬
大好禮讓. 嘗出, 逢羣鬪死傷, 不問; 逢牛喘, 使問逐牛行幾里矣. 或譏吉失問,
吉曰:「民鬪京兆所當禁, 宰相不親細事, 非所當問也. 方春未可熱, 恐牛暑故喘,
此時氣失節, 三公調陰陽, 職當憂.」人以爲知大體.

14. 《蒙求》丙吉牛喘

前漢, 丙吉字少卿, 魯國人. 宣帝時爲丞相. 嘗出逢淸道群鬪者, 死傷橫道. 吉過
之不問. 吉前行, 逢人逐牛, 牛喘吐舌. 吉止駐, 使騎吏問:「逐牛行幾里矣?」
掾史獨謂:「丞相前後失問.」或以譏吉, 吉曰:「民鬪相殺傷, 長安令·京兆尹,
職所當禁備逐捕. 歲竟丞相課其殿最, 奏行賞罰而已. 宰相不親小事, 非所當

於道路問也. 方春少陽用事, 未可太熱, 恐牛近行, 用暑故喘. 此時氣失節, 恐有所傷害. 三公典調和陰陽, 職當憂. 是以問之.」掾史乃服以吉知大體. 初吉爲廷尉監, 治巫蠱郡邸獄. 時宣帝生數月, 以皇曾孫坐衛太子事繫. 吉哀其無辜, 擇謹厚女徒, 令保養之. 武帝疾望氣者, 言獄中有天子氣, 遣使殺獄繫者. 內謁者令到獄, 吉閉門拒之. 乃劾奏吉, 上寤, 因赦天下. 郡邸獄賴吉得生, 恩及四海. 曾孫病, 吉視遇甚有恩惠, 爲人深厚不伐善, 自曾孫遭遇絕口不道前恩. 後王問知吉有舊恩不言, 大賢之, 制詔封博陽侯.

15.《史記》匈奴列傳

漢遣中郎將蘇武厚幣賂遺單于. 單于益驕, 禮甚倨, 非漢所望也. 其明年, 浞野侯破奴得亡歸漢.

16.《漢書》蘇武

武字子卿, 少以父任, 兄弟並爲郎, 稍遷至栘中廐監. 時漢連伐胡, 數通使相窺觀, 匈奴留漢使郭吉·路充國等, 前後十餘輩. 匈奴使來, 漢亦留之以相當. 天漢元年, 且鞮侯單于初立, 恐漢襲之, 乃曰:「漢天子我丈人行也.」盡歸漢使路充國等. 武帝嘉其義, 乃遣武以中郎將使持節送匈奴使留在漢者, 因厚賂單于, 答其善意. 武與副中郎將張勝及假吏常惠等募士斥候百餘人俱. 既至匈奴, 置幣遺單于. 單于益驕, 非漢所望也. 武既至海上, 廩食不至, 掘野鼠去中實而食之. 杖漢節牧羊, 臥起操持, 節旄盡落. 積五六年, 單于弟於靬王弋射海上. 武能網紡繳, 檠弓弩, 於靬王愛之, 給其衣食. 三歲餘, 王病, 賜武馬畜服匿穹廬. 王死後, 人衆徙去. 其冬, 丁令盜武牛羊, 武復窮厄. 數月, 昭帝即位. 數年, 匈奴與漢和親. 漢求武等, 匈奴詭言武死. 後漢使復至匈奴, 常惠請其守者與俱, 得夜見漢使, 具自陳道. 教使者謂單于, 言天子射上林中, 得雁, 足有係帛書, 言武等在某澤中. 使者大喜, 如惠語以讓單于. 單于視左右而驚, 謝漢使曰:「武等實在.」於是李陵置酒賀武曰:「今足下還歸, 揚名於匈奴, 功顯於漢室, 雖古竹帛所載, 丹靑所畫, 何以過子卿! 陵雖駑怯, 令漢且貰陵罪, 全其老母, 使得奮大辱之積志, 庶幾乎曹柯之盟, 此陵宿昔之所不忘也. 收族陵家, 爲世大戮, 陵尙復何顧乎? 已矣! 令子卿知吾心耳. 異域之人, 壹別長絕!」陵起舞, 歌曰:「徑萬里兮度沙幕, 爲君將兮奮匈奴. 路窮絕兮矢刃摧, 士衆滅兮名已隤. 老母已死, 雖欲報恩將安歸!」陵泣下數行, 因與武決. 單于召會武官屬, 前以降及物故, 凡隨武還者九人.

17.《新序》節士篇

蘇武者, 故右將軍平陵侯蘇建子也. 孝武皇帝時, 以武爲栘中監使匈奴. 是時, 匈奴使者數降漢, 故匈奴亦欲降武以取當. 單于使貴人故漢人衛律說武, 武不從,乃設以貴爵, 重祿尊位, 終不聽. 於是, 律絶不與飲食, 武數日不降. 又當盛暑, 以旃厚衣幷束, 三日暴, 武心意愈堅, 終不屈撓. 稱曰:「臣事君, 由子事父也. 子爲父死, 無所恨, 守節不移, 雖有鐵鉞湯鑊之誅而不懼也. 尊官顯位而不榮也」 匈奴亦由此重之. 武留十餘歲, 竟不降下, 可謂守節臣矣. 詩云:『我心匪石, 不可 轉也. 我心匪席, 不可卷也.』蘇武之謂也. 匈奴給言武死, 其後漢聞武在, 使使 者求武, 匈奴欲慕義, 歸武, 漢尊武以爲典屬國, 顯異於他臣也.

18.《十八史略》(2)

天漢元年, 遣中郎將蘇武使匈奴. 單于欲降之, 幽武置大窖中, 絶不飲食. 武齧 雪與旃毛, 幷咽之. 數日不死, 匈奴以爲神, 徙武北海上無人處, 使牧羝曰: 「羝乳乃得歸」

19.《十八史略》(2)

始元六年, 蘇武還自匈奴. 武初徙北海上, 掘野鼠, 去草實而食之, 臥起持漢節. 李陵謂武曰:「人生如朝露, 何自苦如此?」陵與衛律降匈奴, 皆富貴. 律亦屢勸 武降, 終不肯. 漢使者至匈奴, 匈奴詭言:「武已死.」漢使知之, 言:「天子射上 林中得鴈, 足有帛書, 云:『武在大澤中』」匈奴不能隱, 乃遣武還. 武留匈奴 十九年, 始以强壯出及還須髮盡白, 拜爲典屬國.

20.《蒙求》蘇武持節

前漢, 蘇武字子卿, 杜陵人. 武帝時以中郎將持節使匈奴. 單于欲降之, 幽武置 大窖中, 絶不飲食. 天雨雪, 武臥齧雪, 與旃毛幷咽之. 數日不死匈奴以爲神, 乃徙 武北海上使牧羝, 羝乳乃得歸. 武杖漢節牧羊, 臥起操持, 節旄盡落. 昭帝立, 匈奴與漢和親. 漢求武等, 匈奴詭言武死. 常惠教漢使者言:「天子射上林中得鴈, 足有係帛書, 言在某澤中」由是得還. 拜爲典屬國, 秩中二千石, 賜錢二百萬·公田 二頃·宅一區. 武留匈奴十九歲, 始以强壯出, 及還鬚髮盡白. 至宣帝時 以武著 節老臣, 令朝朔望, 號稱祭酒. 年八十餘卒. 後圖畫於麒麟閣, 法其形貌, 署其 官爵姓名.

지독한 입지立志

어떤 이가 뜻을 지독하게 가졌던 사례를 묻기에 나는 이렇게 설명하였다.
"이를테면 은殷나라 고종高宗이 능히 자신의 덕을 수양한 것과 그가
약을 먹고 약 기운이 번져 현기증이 날 정도를 거쳐 병을 고친 사례,
위衛 무공武公이 늙었음에도 잠계箴戒를 지어 조정에 반포한 일, 월왕越王
구천句踐이 쓸개를 매달아놓고 앉아 이를 핥으며 복수를 다짐한 일 따위는
지독한 지조라 할 수 있으리라!"

或問厲志.
曰:「若殷高宗能葺其德, 藥暝眩以瘳疾; 衛武箴戒於朝;
句踐懸膽於坐, 厲矣哉!」

【厲志】 곧은 지조. '厲'는 '礪'와 같으며 '砥礪'를 뜻함.
【殷高宗】 은나라 중흥 군주. 武丁. 父王이 죽자 3년을 말을 하지 않은 채 冢宰
에게 모든 일을 맡기고 孝와 禮를 다한 다음 부열(傅說)을 얻어 나라를 크게
부흥시킴.《論語》와《尙書》참조.

【衛武】춘추시대 衛武公. 釐侯의 아들. 이 일은《國語》를 참조할 것.

【句踐懸膽】'臥薪嘗膽'의 고사를 말함. 춘추시대 越나라 군주 구천이 吳王 夫差에게 쫓겨 會稽山으로 피신하였을 때 섶에 누워 자고 쓸개를 핥으며 복수를 다짐함.

1.《論語》憲問篇

子張曰:「書云:『高宗諒陰, 三年不言.』何謂也?」子曰:「何必高宗, 古之人皆然. 君薨, 百官總己以聽於冢宰三年.」

2.《尙書》無逸篇

其在高宗時, 舊勞于外, 爰曁小人, 作其卽位, 乃或亮陰, 三年不言. 其惟不言, 言乃雍, 不敢荒寧, 嘉靖殷邦. 至于小大, 無時或怨, 肆高宗之享國五十有九年.

3.《尙書》說命篇

啓乃心, 沃朕心. 若藥弗瞑眩, 厥疾弗瘳. 若跣弗視地, 厥足用傷. 惟曁乃僚, 罔不同心, 以匡乃辟, 俾率先王, 迪我高后, 以康兆民.

4.《國語》楚語

左史倚相廷見申公子亹, 子亹不出, 左史謗之, 舉伯以告. 子亹怒而出, 曰:「女無亦謂我老耄而舍我, 而又謗我!」左史倚相曰:「唯子老耄, 故欲見以交儆子. 若子方壯, 能經營百事, 倚相將奔走承序, 於是不給, 而何暇得見? 昔衛武公年數九十有五矣, 猶箴儆於國, 曰:『自卿以下至於師長士, 苟在朝者, 無謂我老耄而舍我, 必恭恪於朝, 朝夕以交戒我; 聞一二之言, 必誦志而納之, 以訓導我.』在輿有旅賁之規, 位宁有官師之典, 倚几有誦訓之諫, 居寢有褻御之箴, 臨事有瞽史之導, 宴居有師工之誦. 史不失書, 矇不失誦, 以訓御之, 於是乎作〈懿〉戒以自儆也. 及其沒也, 謂之睿聖武公. 子實不睿聖, 於倚相何害?〈周書〉曰:『文王至於日中昃, 不皇暇食. 惠於小民, 唯政之恭.』文王猶不敢驕. 今子老楚國而欲自安也, 以禦數者, 王將何爲? 若常如此, 楚其難哉!」子亹懼, 曰:「老之過也.」乃驟見左史.

5.《十八史略》(1)

壽夢後四君, 而至闔廬. 舉伍員謀國事. 員字子胥, 楚人伍奢之子, 奢誅而奔吳,以吳兵入郢. 吳伐越, 闔廬傷而死. 子夫差立, 子胥復事之. 夫差志復讎, 朝夕臥薪中, 出入使人呼曰:「夫差, 而忘越人之殺而父邪?」周敬王二十六年, 夫差敗越于夫椒. 越王句踐, 以餘兵棲會稽山, 請爲臣, 妻爲妾. 子胥言:「不可」太宰伯嚭受越賂, 說夫差赦越. 句踐反國, 懸膽於坐臥, 卽仰膽嘗之曰:「女忘會稽之恥邪?」舉國政屬大夫種, 而與范蠡治兵, 事謀吳.

099(4-15)
재앙과 행복

“총애를 받는 아내나 사랑을 독차지하는 첩은 행복합니다. 그러나 그들에게 닥치는 재앙 또한 아주 깊습니다. 재앙과 행복은 같은 것입니까?”

나는 이렇게 말하였다.

“사랑을 얻을 때는 경사스럽지만 그 사랑이 막히면 재앙이 되는 것이다. 척부인戚夫人이 총애를 받지 않았다면 ‘사람돼지’가 되지 않았을 것이며, 조소의趙昭儀가 사랑을 받지 않았다면 목숨을 잃지 않았을 것이며, 율희栗姬가 사랑을 받지 않았다면 폐위되지 않았을 것이며, 구익부인鉤弋夫人이 사랑을 받지 않았더라면 울분으로 죽지 않았을 것이니 이것이 바로 재앙이 아니고 무엇이겠는가? 이를테면 신부인愼夫人처럼 지혜롭고, 반첩여班婕妤처럼 현명하며, 명덕황후明德皇后처럼 덕이 있었다면 그 위치를 고상하게 지켜냈을 것이로다!”

「寵妻愛妾幸矣, 其爲災也深矣. 災與幸同乎?」

曰:「得則慶, 否則災. 戚氏不幸不人豕, 趙昭儀不幸不失命, 栗姬不幸不廢, 鉤弋不幸不憂殤, 非災而何? 若愼夫人之知, 班婕妤之賢, 明德皇后之德, 邵矣哉!」

【戚氏】漢 高祖 劉邦의 총첩 戚夫人. 만년에 유방은 척씨에게 의지하였으며 그의 요청으로 여러 차례 呂后 소생의 태자를 폐하고 척부인 소생의 趙王 如意를 태자로 삼으려 하였음. 그러자 여후는 張良의 꾀를 빌려 商山四皓를 불러 무산시킴. 이러한 여러 일로 여후는 척부인을 증오하여 고조가 죽은 뒤 그의 사지를 찢고 눈알을 후벼냈으며 귀를 태우고 강제로 약을 먹여 벙어리가 되도록 한 다음 변소에 처넣고 '사람돼지'(人彘)라 불렀음.《史記》呂后本紀 및《漢書》外戚傳 참조.

【趙昭儀】漢 成帝 때의 昭儀 趙氏. 趙飛燕의 여동생. 성제가 죽은 뒤 천하의 모든 죄악이 그에게 쏠려 황태후가 왕망 등에게 그의 죄를 묻도록 하자 자살해 죽음.《漢書》外戚傳 참조. 昭儀는 궁중 妃嬪의 稱號이며 급수 명칭.

【栗姬】漢 景帝의 妃. 경제가 율희 소생 劉榮을 태자로 삼고 長公主의 딸을 태자비로 삼으려 하자 율희는 경제가 여러 미인과 장공주를 아끼는 것을 질투하여 대답을 하지 않음. 경제가 다시 율희로 하여금 자신이 죽은 뒤 여러 비빈들 소생의 아이들을 잘 보살피도록 부탁하자 역시 대답을 하지 않음. 경제는 이로써 율희를 못마땅하게 여겼으며 뒤에 王夫人이 경제에게 율희를 황후로 삼도록 권유하자 경제는 화를 내며 태자를 臨江王으로 폐함. 臨江王 유영은 자결하고 율희도 분을 품고 죽고 말았음.《史記》및《漢書》참조.

【鉤弋】鉤翼으로도 표기하며 漢 武帝 趙婕妤. 昭帝의 생모. 무제가 하간을 순수하다가 한 여자를 발견하였으나 손을 펴지 못하여 주먹을 쥔 채로 살아가고 있었음. 무제가 특이하게 여겨 억지로 손을 펴자 그제야 펴졌으며 무제의 사랑을 받아 拳夫人이라 칭하였음. 뒤에 무제는 鉤弋宮을 세워 그를 거주하게 하였으며 아들을 낳자 鉤弋子라 하였음. 무제는 衛太子 일로 구익자를 태자로 삼으려 하였으나 모자가 너무 어려 미루고 있다가 결국 그를 태자로 삼았으며 뒤에 그가 昭帝가 됨.《史記》및《漢書》外戚傳 참조.

【愼夫人】漢 文帝의 夫人으로 궁중에서 皇后와 함께 나란히 앉은 모습을 본 袁盎(爰盎)이 나무라며 내쫓자 신부인과 황제는 매우 못마땅하게 여겼음. 이에 원앙이 신분의 질서를 강하게 설파하자 황제가 수긍하였으며 신부인이 원앙에게 황금 50근을 내림.《史記》및《漢書》袁盎(爰盎)傳 참조.

【班婕妤】班姬. 문학과 기지에 뛰어났던 여인. 班彪의 고모이며 班況의 딸. 漢 成帝의 총애를 입어 婕妤가 됨. 성제가 수레를 타면서 그와 같은 자리에 앉기를 권하자 古禮를 지킬 것을 권고하며 거절함. 뒤에 趙飛燕이 許皇后와 반첩여가 후궁을 저주하여 그 화가 성제에게 미치게 될 것이라 모함함. 이에 반첩여는

임금에게 말을 잘 하여 풀려났으나 허황후는 폐위되고 말았음. 반첩여는
허황후를 長信宮에서 모셔 받들었음.《漢書》外戚傳 및《列女傳》등 참조
【明德皇后】東漢 明帝 때의 馬皇后. 시호는 明德이며 伏波將軍 馬援의 딸. 원래
貴人(궁중 비빈의 직급)의 신분이었으나 뒤에 황후로 올랐으며 의복이 소박하고
지혜가 있어 임금을 도움.《後漢書》및《列女傳》참조.
【邵】높음. 고상함.

1.《史記》呂后本紀

呂后最怨戚夫人及其子趙王, 迺令永巷囚戚夫人, 而召趙王. 使者三反, 趙相
建平侯周昌謂使者曰:「高帝屬臣趙王, 趙王年少. 竊聞太后怨戚夫人, 欲召趙王
并誅之, 臣不敢遣王. 王且亦病, 不能奉詔.」呂后大怒, 迺使人召趙相. 趙相徵
至長安, 迺使人復召趙王. 王來, 未到. 孝惠帝慈仁, 知太后怒, 自迎趙王霸上,
與入宮, 自挾與趙王起居飲食. 太后欲殺之, 不得閒. 孝惠元年十二月, 帝晨出射.
趙王少, 不能蚤起. 太后聞其獨居, 使人持酖飲之. 犂明, 孝惠還, 趙王已死. 於是
迺徙淮陽王友爲趙王. 夏, 詔賜酈侯父追諡爲令武侯. 太后遂斷戚夫人手足,
去眼, 煇耳, 飲瘖藥, 使居廁中, 命曰「人彘」. 居數日, 迺召孝惠帝觀人彘. 孝惠見,
問, 迺知其戚夫人, 迺大哭, 因病, 歲餘不能起. 使人請太后曰:「此非人所爲.
臣爲太后子, 終不能治天下.」孝惠以此日飲爲淫樂, 不聽政, 故有病也.

2.《十八史略》(2)

孝惠皇帝, 名盈, 母呂太后. 卽位之元年, 呂后鴆殺趙王如意, 斷戚夫人手足,
去眼煇耳, 飲瘖藥使居廁中, 命曰人彘, 召帝觀之. 帝驚大哭, 因病, 歲餘不能起.

3.《史記》外戚世家

景帝長男榮, 其母栗姬. 栗姬, 齊人也. 立榮爲太子. 長公主嫖有女, 欲予爲妃.
栗姬妒, 而景帝諸美人皆因長公主見景帝, 得貴幸, 皆過栗姬, 栗姬日怨怒, 謝長
公主, 不許. 長公主欲予王夫人, 王夫人許之. 長公主怒, 而日讒栗姬短於景帝曰:
「栗姬與諸貴夫人幸姬會, 常使侍者祝唾其背, 挾邪媚道.」景帝以故望之. 景帝
嘗體不安, 心不樂, 屬諸子爲王者於栗姬, 曰:「百歲後, 善視之.」栗姬怒, 不肯應,
言不遜. 景帝恚, 心嗛之而未發也. 長公主日譽王夫人男之美, 景帝亦賢之, 又有

曩者所夢日符, 計未有所定. 王夫人知帝望栗姬, 因怒未解, 陰使人趣大臣立栗姬爲皇后. 大行奏事畢, 曰:「子以母貴, 母以子貴', 今太子母無號, 宜立爲皇后.」景帝怒曰:「是而所宜言邪!」遂案誅大行, 而廢太子爲臨江王. 栗姬愈恚恨, 不得見, 以憂死. 卒立王夫人爲皇后, 其男爲太子, 封皇后兄信爲蓋侯.

4.《漢書》外戚傳

武帝過河閒, 望氣者言此有奇女, 天子乃使使召之. 女兩手皆拳, 上自披之, 手卽時伸. 由時幸, 號曰拳夫人. 後居鉤弋宮, 號曰鉤弋夫人.

5.《史記》外戚世家

鉤弋夫人姓趙氏, 河閒人也. 得幸武帝, 生子一人, 昭帝是也. 武帝年七十, 乃生昭帝. 昭帝立時, 年五歲耳. 衛太子廢後, 未復立太子. 而燕王旦上書, 願歸國入宿衛. 武帝怒, 立斬其使者於北闕. 上居甘泉宮, 召畫工圖畫周公負成王也. 於是左右群臣知武帝意欲立少子也. 後數日, 帝譴責鉤弋夫人. 夫人脫簪珥叩頭. 帝曰:「引持去, 送掖庭獄!」夫人還顧, 帝曰:「趣行, 女不得活!」夫人死雲陽宮. 時暴風揚塵, 百姓感傷. 使者夜持棺往葬之, 封識其處. 其後帝閒居, 問左右曰:「人言云何?」左右對曰:「人言且立其子, 何去其母乎?」帝曰:「然. 是非兒曹愚人所知也. 往古國家所以亂也, 由主少母壯也. 女主獨居驕蹇, 淫亂自恣, 莫能禁也. 女不聞呂后邪?」故諸爲武帝生子者, 無男女, 其母無不譴死, 豈可謂非賢聖哉! 昭然遠見, 爲後世計慮, 固非淺聞愚儒之所及也. 諡爲「武」, 豈虛哉!

6.《列仙傳》(卷下)

鉤翼夫人者, 齊人也. 姓趙. 少時好清淨, 病臥六年, 右手拳屈, 飲食少. 望氣者云:「東北有貴人氣.」推而得之. 召到, 姿色甚偉. 武帝披其手, 得一玉鉤, 而手尋展. 遂幸而生昭帝. 後武帝害之, 殯尸不冷, 而香一月間. 後昭帝卽位, 更葬之, 棺內但有絲履. 故名其宮曰鉤翼. 後避諱, 改爲弋. 廟闈有神詞閣在焉. 婉婉弱媛, 廟符授鉤. 誕育嘉嗣, 皇祚推休. 武之不達, 背德致仇. 委身受戮, 尸滅芳流.

7.《博物志》(5) 辨方士

鉤弋夫人被殺於雲陽, 而言尸解柩空.

8.《太平廣記》(59)

鉤翼夫人, 齊人也. 姓趙. 少好清淨, 病臥六年, 右手捲, 飲食少. 漢武齊時, 望氣者云:「東北有貴人氣.」推而得之. 召到, 姿色甚偉. 武帝發氣手而得玉鉤, 手得展. 幸之. 生召帝. 武帝尋害之, 殯尸不冷而香. 一月後. 昭帝卽位. 更葬之, 棺空. 但有絲履. 故名其宮曰鉤翼, 後避諱改爲弋.

9. 《史記》袁盎鼂錯列傳

上幸上林, 皇后·愼夫人從. 其在禁中, 常同席坐. 及坐, 郎署長布席, 袁盎引卻愼
夫人坐. 愼夫人怒, 不肯坐. 上亦怒, 起, 入禁中. 盎因前說曰:「臣聞尊卑有序
則上下和. 今陛下旣已立后, 愼夫人乃妾, 妾主豈可與同坐哉? 適所以失尊卑矣.
且陛下幸之, 卽厚賜之. 陛下所以爲愼夫人, 適所以禍之. 陛下獨不見『人彘』乎?」
於是上乃說, 召語愼夫人. 愼夫人賜盎金五十斤.

10. 《漢書》爰盎鼂錯傳(爰盎)

爰盎字絲. 其父楚人也, 故爲羣盜, 徙安陵. 高后時, 盎爲呂祿舍人. 孝文卽位,
盎兄噲任盎爲郎中. 絳侯爲丞相, 朝罷趨出, 意得甚. 上幸上林, 皇后·愼夫人從.
其在禁中, 常同坐. 及坐, 郎署長布席, 盎引卻愼夫人坐. 愼夫人怒, 不肯坐.
上亦怒, 起. 盎因前說曰:「臣聞尊卑有序則上下和, 今陛下旣以立后, 愼夫人
乃妾, 妾主豈可以同坐哉! 且陛下幸之, 則厚賜之. 陛下所以爲愼夫人, 適所以
禍之也. 獨不見人豕乎?」於是上乃說, 入語愼夫人. 愼夫人賜盎金五十斤.

11. 《蒙求》袁盎卻坐

前漢, 袁盎字絲, 安陵人. 孝文時爲中郎將. 上幸上林, 皇后·愼夫人從. 其在禁中,
常同坐. 及坐郎署, 盎引卻夫人坐. 夫人怒不肯坐, 上亦怒起. 盎因前說曰:「臣聞
尊卑有序, 則上下和. 今陛下旣已立后, 夫人迺妾. 主豈可同坐哉? 且陛下幸之
則厚賜之. 陛下所以爲愼夫人, 適所以禍之也. 獨不見人豕乎?」上迺說, 入語
愼夫人. 夫人賜盎金五十斤. 然亦以數諫不得久居中.

12. 《漢書》外戚傳(下)

孝成班倢伃, 帝初卽位選入後宮, 始爲小使, 俄而大幸爲倢伃, 居增成舍, 再就館.
有男, 數月失之. 成帝遊於後庭, 嘗欲與倢伃同輦載, 倢伃辭曰:「觀古圖畫, 賢聖
之君, 皆有名臣在側. 三代之末主, 乃有嬖女. 今欲同輦, 得無近似之乎?」上善
其言而止. 太后聞之, 喜曰:「古有樊姬, 今有班倢伃.」倢伃誦詩及窈窕·德象·
女師之篇, 每進見上疏, 依則古禮. 自鴻嘉後, 上稍隆於內寵, 倢伃進侍者李平,
平得幸, 立爲倢伃. 帝曰:「始, 衛皇后亦從微起.」乃賜平姓衛, 所謂衛倢伃也.
其後趙飛燕姊弟亦從自微賤興, 踰越禮制, 寖盛於前. 班倢伃及許皇后皆失寵,
稀復進見. 鴻嘉三年, 趙飛燕譖告許皇后·班倢伃挾媚道, 祝詛後宮, 詈及主上.
許皇后坐廢. 考問班倢伃, 倢伃對曰:「妾聞死生有命, 富貴在天, 修正尙未蒙福,
爲邪欲以何望? 使鬼神有知, 不受不臣之愬; 如其無知, 愬之何益? 故不爲也.」
上善其對, 憐憫之, 賜黃金百斤. 趙氏姊弟驕妒, 倢伃恐久見危, 求共養太后長
信宮, 上許焉. 倢伃退處東宮, 作賦自傷悼, 其辭曰:『承祖考之遺德兮, 何性命之

淑靈. 登薄軀於宮闕兮, 充下陳於後庭. 蒙聖皇之渥惠兮, 當日月之盛明. 揚光烈之翕赫兮, 奉隆寵於增成. 既過幸於非位兮, 竊庶幾乎嘉時. 每寤寐而累息兮, 申佩離以自思. 陳女圖而鏡監兮, 顧女史而問詩. 悲晨婦之作戒兮, 哀褒閻之爲郵. 美皇英之女虞兮, 榮任姒之母周. 雖愚陋其靡及兮, 敢舍心而忘茲? 歷年歲而悼懼兮, 閔蕃華之不滋. 痛陽祿與柘觀兮, 仍襁褓而離災. 豈妾人之殃咎兮, 將天命之不可求. 白日忽以移光兮, 遂晻莫而昧幽. 猶被覆載之厚德兮, 不廢捐於罪郵. 奉共養于東宮兮, 託長信之末流. 共洒埽於帷幄兮, 永終死以爲期. 願歸骨於山足兮, 依松柏之餘休.』重曰:『潛玄宮兮幽以清, 應門閉兮禁闥扃. 華殿塵兮玉階苔, 中庭萋兮綠草生. 廣室陰兮帷幄暗, 房櫳虛兮風泠泠. 感帷裳兮發紅羅, 紛綷縩兮紈素聲. 神眇眇兮密靚處, 君不御兮誰爲榮. 俯視兮丹墀, 思君兮履綦, 仰視兮雲屋, 雙涕下兮橫流. 顧左右兮和顏, 酌羽觴兮銷憂. 惟人生兮一世, 忽一過兮若浮. 已獨享兮高明, 處生民兮極休. 勉虞情兮極樂, 與福祿兮無期. 綠衣兮白華, 自古兮有之.』至成帝崩, 倢仔充奉園陵, 薨, 因葬園中.

13.《列女傳》班女倢妤

班倢妤者, 左曹越騎班況之女, 漢孝成皇帝之倢妤也. 賢才通辯. 始選入後宮爲小使, 俄而大幸爲倢妤. 成帝遊於後庭, 嘗欲與倢妤同輦, 辭曰:「觀古圖畫, 賢聖之君, 皆有名臣在側. 三代之末主, 乃有女嬖. 今欲同輦, 得無似之乎?」上善其言而止. 太后聞而喜曰:「古有樊姬, 今有班倢妤.」每誦詩及窈窕·德象·女師之篇, 必三復之. 每進見上疏依古禮. 自鴻嘉之後, 成帝稍隆於女寵, 倢妤進侍者李平, 平得幸立爲倢妤. 帝曰:「始, 衛皇后亦從微起.」乃賜平姓衛, 所謂衛倢妤也. 其後趙飛燕姊妹有寵驕妒, 譖訴倢妤云.「挾邪詛祝.」考問班倢妤, 曰:「妾聞死生有命, 富貴在天, 修正尚未蒙福, 爲邪欲以何望? 且使鬼神有知, 不受不臣之訴; 如其無知, 訴之何益? 故弗爲也.」上善其對而憐閔之, 賜黃金百斤. 時飛燕驕妒, 倢妤恐久見危, 求供養太后於長信宮, 上許焉. 倢妤退處東宮, 作賦自傷曰:『承祖考之遺德兮, 荷性命之俶靈. 登薄軀於宮闕兮, 充下陳於後庭. 蒙聖皇之渥惠兮, 當日月之盛明. 揚光烈之翕赫兮, 奉隆寵於增成. 既過幸於非位兮, 竊庶幾乎嘉時. 每寤寐而累息兮, 申佩離以自思. 陳女圖而鏡鑑兮, 顧女史而問詩. 悲晨婦之作戒兮, 哀褒豔之爲尤. 美皇英之女舜兮, 榮任姒之母周. 雖愚陋其靡及兮, 敢舍心而忘茲? 歷年歲而悼懼兮, 閔繁華之不滋. 痛陽祿與柘觀兮, 仍襁褓而離災. 豈妾人之殃咎兮, 將天命之不可求. 白日忽以移光兮, 遂奄莫而昧幽. 猶被覆載之厚德兮, 不廢捐於罪尤. 奉供養於東宮兮, 託長信之末流. 供灑掃於帷幄兮, 永終死以爲期. 願歸骨於山足兮, 依松柏之餘休.』重曰:『潛玄宮

兮幽以淸, 應門閉兮禁闥扃. 華殿塵兮玉階苔, 中庭萋兮綠草生. 廣屋蔭兮簷帷晻,
房櫳虛兮風泠泠. 感帷裳兮發紅羅, 紛悴憁兮紈素聲. 神眇眇兮密靖處, 君不御
兮誰爲榮. 俯視兮丹墀, 思君兮履綦, 仰視兮雲屋, 雙涕下兮橫流. 顧左右兮和顏,
酌羽觴兮銷憂. 惟人生兮一世, 忽一過兮若浮. 已獨響兮高明, 處生民兮極休.
勉娛情兮極樂, 與福祿兮無期. 綠衣兮白華, 自古兮有之.」至成帝崩, 婕妤充
奉園陵, 薨, 因葬園中. 君子謂:「班婕妤辭同輦之言, 蓋宣后之志也; 進李平於
同列, 樊姬之德也; 釋詛祝之譖, 定姜之知也; 求供養於東宮, 寡李之行也. 及其
作賦, 哀而不傷, 歸命不怨.」詩云:『有斐君子, 如切如磋. 如琢如磨, 瑟兮僩兮.
赫兮咺兮, 有斐君子. 終不可諼兮.』其班婕妤之謂也.

14.〈紈扇詩〉(《**玉臺新詠**》卷一.「班婕妤怨詩一首并序」)
昔漢成帝班婕妤失寵, 供養於長信宮, 乃作賦自傷, 并爲怨詩一首:
「新裂齊紈素, 鮮潔如霜雪. 裁爲合歡扇, 團團似明月. 出入君懷袖, 動搖微風發.
常恐秋節至, 涼風奪炎熱. 棄捐篋笥中, 恩情中道絕.」

15.《**詩品**》(上)
漢婕妤班姬詩, 其源出於李陵. 團扇短章, 詞旨淸捷, 怨深文綺, 得匹婦之致.
侏儒一節, 可以知其工矣.

16.《**文選**》(10)〈西征賦〉注
成帝遊於後庭, 嘗欲與班婕妤同輦載. 婕妤辭曰:「觀古圖畫, 賢聖之君, 皆有
名臣在側. 三代末主, 乃有嬖女. 今欲同輦, 得無近似之乎?」

17.《**文選**》〈景福殿賦〉注
成帝遊於後庭, 嘗與班婕妤同輦. 婕妤辭曰:「三代末主, 乃有嬖女, 今欲同輦,
得無近似之?」

18.《**文選**》(27)〈怨歌行〉班婕妤
(注) 歌錄曰: 怨歌行, 古辭. 然言古者有此曲, 而班婕妤擬之. 婕妤, 帝初卽位,
選入後宮. 始爲少使, 俄而大幸, 爲婕妤, 居增成舍. 後趙飛燕寵盛, 婕妤失寵,
希復進見. 成帝崩, 婕妤充園陵, 薨.
(詩) 新裂齊紈素, 皎潔如霜雪. 裁爲合歡扇, 團團似明月. 出入君懷袖, 動搖微
風發. 常恐秋節至, 涼風奪炎熱. 棄捐篋笥中, 恩情中道絕.

19.《**蒙求**》班女辭輦
前漢, 成帝班倢伃, 越騎校尉況之女. 帝游後庭, 嘗欲同輦載. 辭曰:「觀古圖畫,
聖賢之君, 皆有名臣在側. 三代末主迺有嬖女. 今欲同輦, 得無近似之乎?」上善
其言而止. 太后聞之喜曰:「古有樊姬, 今有班倢伃!」後趙飛燕譖告:「許皇后

與倢伃挾媚道, 祝詛後宮, 詈及主上.」考問倢伃, 對曰:「妾聞死生有命, 富貴在天. 修正尙未蒙福, 爲邪欲以何望? 便鬼神有知, 不受不臣之愬. 如其無知, 愬之何益? 故不爲也.」上善其對, 憐閔之, 賜黃金百斤.

20.《後漢書》皇后紀 明德馬皇后

明德馬皇后諱某, 伏波將軍援之小女也. 少喪父母. 兄客卿敏惠早夭, 母藺夫人悲傷發疾慌惚. 后時年十歲, 幹理家事, 勑制僮御, 內外諮稟, 事同成人. 初, 諸家莫知者, 後聞之, 咸歎異焉. 后嘗久疾, 太夫人令筮之, 筮者曰:「此女雖有患狀而當大貴, 兆不可言也.」後又呼相者使占諸女, 見后, 大驚曰:「我必爲此女稱臣. 然貴而少子, 若養它子者得力, 乃當踰於所生.」初, 援征五溪蠻, 卒於師, 虎賁中郞將梁松·黃門侍郞竇固等因譖之, 由是家益失埶, 又數爲權貴所侵侮. 后從兄嚴不勝憂憤, 白太夫人絕竇氏婚, 求進女掖庭. 乃上書曰:「臣叔父援孤恩不報, 而妻子特獲恩全, 戴仰陛下, 爲天爲父. 人情既得不死, 便欲求福. 竊聞太子·諸王妃匹未備, 援有三女, 大者十五, 次者十四, 小者十三, 儀狀髮膚, 上中以上. 皆孝順小心, 婉靜有禮. 願下相工, 簡其可否. 如有萬一, 援不朽於黃泉矣. 又援姑姊妹並爲成帝婕妤, 葬於延陵, 臣嚴幸得蒙恩更生, 冀因緣先姑, 當充後宮.」由是選后入太子宮. 是年十三. 奉承陰后, 傍接同列, 禮則脩備, 上下安之. 遂見寵異, 常居後堂. 顯宗卽位, 以后爲貴人. 時后前母姊女賈氏亦以選入, 生肅宗. 帝以后無子, 命令養之, 謂曰:「人未必當自生子, 但患愛養不至耳.」后於是盡心撫育, 勞悴過於所生. 肅宗亦孝性淳篤, 恩性天至, 母子慈愛, 始終無纖介之閒. 后常以皇嗣未廣, 每懷憂歎, 薦達左右, 若恐不及. 後宮有進見者, 每加慰納. 若數所寵引, 輒增隆遇. 永平三年春, 有司奏立長秋宮, 帝未有所言. 皇太后曰:「馬貴人德冠後宮, 卽其人也.」遂立爲皇后. 先時數日, 夢有小飛蟲無數赴著身, 又入皮膚中而復飛出. 既正位宮闈, 愈自謙肅. 身長七尺二寸, 方口, 美髮. 能誦《易》, 好讀《春秋》·《楚辭》, 尤善《周官》·董仲舒書. 常衣大練, 裙不加緣. 朔望諸姬主朝請, 望見后袍衣疎麤, 反以爲綺縠, 就視, 乃笑. 后辭曰:「此繒特宜染色, 故用之耳.」六宮莫不歎息. 帝嘗幸苑囿離宮, 后輒以風邪露霧爲戒, 辭意款備, 多見詳擇. 帝幸濯龍中, 並召諸才人, 下邳王已下皆在側, 請呼皇后. 帝笑曰:「是家志不好樂, 雖來無歡.」是以遊娛之事希嘗從焉. 十五年, 帝案地圖, 將封皇子, 悉半諸國. 后見而言曰:「諸子裁食數縣, 於制不已儉乎?」帝曰:「我子豈宜與先帝子等乎? 歲給二千萬足矣.」時楚獄連年不斷, 囚相證引, 坐繫者甚衆, 后慮其多濫, 乘間言及, 惻然. 帝感悟之, 夜起仿偟, 爲思所納, 卒多有所降宥. 時諸將奏事及公卿較議難平者, 帝數以試后. 后輒分解趣理, 各得其情. 每於侍執之際, 輒言及政事, 多所毗補, 而未嘗以家私干. (故)欲寵敬日隆, 始終無衰. 及帝崩, 肅宗卽位, 尊后曰皇太后. 諸貴人當徙居南宮, 太后感析別之懷, 各賜王赤綬, 加安車駟馬, 白越三千端, 雜帛二千匹, 黃金十斤. 自撰《顯宗起居注》, 削去兄防參醫藥事. 帝請曰:「黃門舅旦夕供養且一年, 旣無褒異, 又不錄勤勞, 無乃過乎!」太后曰:「吾不欲令後世聞先帝數親後宮之家, 故不著也.」建初元年, 帝欲封諸舅, 太后不聽. 明年夏, 大旱, 言事者以爲不封外戚之故, 有司因此上奏, 宜依舊典. 太后詔曰:「凡言事者皆欲媚朕以要福耳. 昔王氏五侯同日俱封, 其時黃霧四塞, 不聞澍雨之應. 又田蚡·竇嬰, 寵貴橫恣, 傾覆之禍, 爲世所傳. 故先帝防愼舅氏, 不令在樞機之位. 諸子之封, 裁令半楚·淮陽諸國, 常謂『我子不當與先帝子等』. 今有司奈何欲以馬氏比陰氏乎! 吾爲天下母, 而身服大練, 食不求甘, 左右但著帛布, 無香薰之飾者, 欲身率下也. 以爲外親見之, 當傷心自勅, 但笑言太后素好儉. 前過濯龍門上, 見外家問起居者, 車如流水, 馬如游龍, 倉頭衣綠褠, 領袖正白, 顧視御者, 不及遠矣. 故不加譴怒, 但絕歲用而已, 冀以黙愧其心, 而猶懈怠, 無憂國忘家之慮. 知臣莫若君, 況親屬乎? 吾豈可上負先帝之旨, 下虧先人之德, 重襲西京敗亡之禍哉!」固不許. 帝省詔悲歎, 復重請曰:「漢興, 舅氏之封侯, 猶皇子之爲王也. 太后誠存謙虛, 奈何令臣獨不加恩三舅乎? 且衛尉年尊, 兩校尉有大病, 如令不諱, 使臣長抱刻骨之恨. 宜及吉時, 不可稽留.」太后報曰:「吾反覆念之, 思令兩善. 豈徒欲獲謙讓之名, 而使帝受不外施之嫌哉! 昔竇太后欲封王皇后之兄, 丞相條侯言受高祖約, 無軍功, 非劉氏不侯. 今馬氏無功於國, 豈得與陰·郭中興之后等邪? 常觀富貴之家, 祿位重疊, 猶再實之木, 其根必傷. 且人所以願封侯者, 欲上奉祭祀, 下求溫飽耳. 今祭祀則受四方之珍, 衣食則蒙御府餘資, 斯豈不足, 而必當得一縣乎? 吾計之孰矣, 勿有疑也. 夫至孝之行, 安親爲上. 今數遭變異, 穀價數倍, 憂惶晝夜, 不安坐臥, 而欲先營外封, 違慈母之拳拳乎! 吾素剛急, 有匈中氣, 不可不順也. 若陰陽調和, 邊境淸靜, 然後行子之志. 吾但當含飴弄孫, 不能復關政矣.」時新平主家御者失火, 延及北閣後殿. 太后以爲己過, 起居不歡. 時當謁原陵, 自引守備不愼, 慙見陵園, 遂不行. 初, 太夫人葬, 其墳微高, 太后以爲言, 兄廖等卽時減削. 其外親有謙素義行者, 輒假借溫言, 賞以財位. 如有纖介, 則先見嚴恪之色, 然後加譴. 其美車服不軌法度者, 便絕屬籍, 遣歸田里. 廣平·鉅鹿·樂成王車騎朴素, 無金銀之飾, 帝以白太后, 太后卽賜錢各五百萬. 於是內外從化, 被服如一, 諸家惶恐, 倍於永平時. 乃置織室, 蠶於濯龍中, 數往親視, 以爲娛樂. 常與帝旦夕言道政事, 及教授諸小王, 論議經書, 述敍平生, 雍和終日. 四年, 天下豐稔, 方垂無事, 帝遂

封三舅廖·防·光爲列侯. 並辭讓, 願就關内侯. 太后聞之, 曰:「聖人設敎, 各有
其方, 知人情性莫能齊也. 吾少壯時, 但慕竹帛, 志不顧命. 今雖已老, 而復『戒之
在得』, 故日夜惕厲, 思自降損. 居不求安, 食不念飽. 冀乘此道, 不負先帝. 所以
化導兄弟, 共同斯志, 欲令瞑目之日, 無所復恨. 何意老志復不從哉? 萬年之日
長恨矣!」廖等不得已, 受封爵而退位歸第焉. 太后其年寢疾, 不信巫祝小醫,
數勑絶禱祀. 至六月, 崩. 在位二十三年, 年四十餘. 合葬顯節陵.

21.《列女傳》續集「明德馬后」

明德馬后者, 漢明帝之后, 伏波將軍新息忠成侯馬援之女也. 少有岐嶷之性, 年十三,
以選入太子家, 接待同列, 以承至尊. 先人後己, 發於至誠, 由此見寵. 時及政事,
后推心以對, 無不當理. 意有所未安, 則明陳其故. 是時, 後宮未有妊育者, 常言
繼嗣當時而立, 薦達左右, 如恐弗及. 其後宮有進見者, 輒奉養慰納之; 其寵益
進者, 與之愈隆. 是時宮中尚無人, 事皆自爲, 舞衣袿裁成, 手皆瘃裂, 終未嘗
與侍御者私語, 防僮御雜錯, 或因有所訴, 恐萬分見於顏色, 故預絶漸, 其愼微
如是. 永平三年, 有司奏立長秋宮, 以率八妾, 上未有所言. 皇太后曰:「馬貴人
德冠後宮, 卽其人也.」遂登后位. 身衣大練, 御者禿裙不緣, 率皆羌胡倭越, 未嘗
請舊人僮使. 諸王親家朝請, 望見后袍極粗疏, 反以爲綺, 就視乃笑. 后曰:
「此繒染色好, 故用之耳.」老人知者, 無不嗟息. 性不喜出入游觀, 未嘗臨御窗,
又不好音樂. 上時幸苑囿離宮, 以故希從. 輒戒言不宜晨起及禽, 因陳風邪霧露
之戒, 辭意甚備, 上納焉. 誦易經, 習詩論春秋, 略說大義, 讀楚辭不竟賦誦過耳,
疾浮華. 聽言觀論, 輒摘發其要. 讀光武皇帝本紀, 至於『獻千里馬寶劍者, 上以
馬駕鼓車, 劍賜騎士, 手不持珠玉』. 后未嘗不嘆息. 時有楚獄因證相引, 繫者
甚多, 后恐有單辭妄相覆冒, 承間爲上言之, 惻然感動, 於是上衣夜起彷徨, 思論
所納, 非臣下得聞. 后志在克己輔佐, 不以私家干朝廷. 兄爲虎賁中郎, 弟黃門
侍郎, 訖永平世不遷. 明帝體不安, 召黃門侍郎防奉參醫藥, 夙夜勤勞.

及帝崩, 后作起居注, 省去防參醫藥事. 公卿諸侯上書, 言宜遵舊典, 封舅氏. 太后
詔曰:「外戚橫恣, 爲世所傳. 永平中, 常自簡練, 知舅氏不可恣, 不令在樞機之位.
今水旱連年, 民流滿道, 至有饑餓, 而施封拜, 失宜不可. 且先帝言:『諸王財令
半楚·淮陽王, 吾子不當與光武帝子等』今奈何欲以馬氏比陰氏乎? 吾自束脩,
冀欲上不負先帝, 下不虧先人之德, 身服大練縑裙, 食不求所甘, 左右旁人皆無香
薰之飾, 但布帛耳. 如是者欲身師衆也, 以爲外親見之, 當傷心自克, 但反共言
太后素自喜儉. 前過濯龍門, 上見外家問起居, 車如流水馬如龍, 蒼頭衣綠直領,
領袖正白, 顧視旁御者, 遠不及也. 亦不譴怒, 但絶其歲用, 冀以默止譴耳. 知臣

莫若君, 況親屬乎? 人之所以欲封侯者, 欲以祿食養其親, 奉脩祭祀, 身溫飽耳.
今祭祀則受大官之牲, 郡國旣珍, 司農黍稷, 身則衣御府之餘繒, 尙未足耶, 必當
得一縣上令? 長樂宮有負言之責, 內亦不愧於世俗乎?」先是時, 城門越騎校尉
治母喪, 起墳微大, 後太后以爲言, 惶懼卽時削減成墳. 上下相承, 俱奉法度.
王主諸家, 莫敢犯禁. 廣平·鉅鹿·樂成王入問起居, 見車騎鞍勒, 皆純黑, 無金
銀采飾, 馬不踰六尺, 章帝綠太后意白賜錢五百萬. 新平主衣紺縞·直領, 謫以
不得厚賜. 於是親戚被服如一, 敎化不嚴而從, 以躬親率先之故也. 置織室·蠶室·
濯龍中, 后親往來占視於內, 以爲娛樂. 敎諸小王, 試其誦論, 衎衎和樂, 日夕
論道, 以終厥身. 其視養章帝過所生, 章帝奉之, 竭盡孝道. 君子謂:「德后在家
則家可爲衆女師範, 在國則可爲母后表儀.」詩云:『惟此惠君, 民人所瞻. 秉心
宣猷, 考愼其相.』此之謂也.

22.《蒙求》馬后大練

後漢, 明德馬皇后, 伏波將軍援小女. 年十歲幹理家事, 同成人. 嘗久疾. 太夫
人令筮之, 筮者曰:「此女雖久疾, 後當大貴. 兆不可言」後又呼相者, 使占諸女.
見后大驚曰:「我必爲此女稱臣」後選入宮, 顯宗卽位, 以爲貴人. 時賈氏生肅宗.
帝命令養之謂:「女人未必當自生子. 但患愛子不至耳」后盡心撫育, 過於所生.
肅宗亦孝性淳篤, 恩情天至. 母子慈愛, 無纖介之間. 有司奏立長秋宮, 帝未有
所言, 皇太后曰:「馬貴人德冠後宮. 卽其人也」遂立爲皇后. 卽正位宮闈, 愈自
謙肅. 能誦《易經》, 好讀《春秋》·〈楚辭〉, 尤善《周官》·董仲舒書. 常衣大練,
裙不加緣.

100(4-16)
우락憂樂

세상을 위해 근심하고 함께 즐거워하는 것은 군자의 뜻이다.

세상을 위해 근심하고 함께 즐거워하지 않는 것은 소인의 뜻이다.

태평시대에는 세상이 한가하고 백성은 즐거움을 누렸으니 이는 보편적인 상황이었다.

爲世憂樂者, 君子之志也;

不爲世憂樂者, 小人之志也.

太平之世, 事閑而民樂, 徧焉.

【爲世憂樂】 세상 사람들과 함께 근심하고 즐거워함.

【閑】 편안하고 한가함.

【徧】 보편적임. 두루 널리 미침.

101(4-17)
올바른 예절

급한 일이 있는 자를 붙잡고 읍양揖讓하고 백 번 절을 하는 것은 예에 맞지 않는다.

근심에 찬 사람에게 음악을 신나게 연주해 주는 것은 옳은 음악이 아니다.

예禮란 공경일 뿐이며, 악樂이란 화평함일 뿐이다.

필부필부匹夫匹婦가 논밭에서 일을 할 때도 예라는 것은 반드시 그 속에 존재하는 것이다.

使遽者揖讓百拜, 非禮也.

憂者弦歌鼓瑟, 非樂也.

禮者敬而已矣, 樂者和而已矣.

匹夫匹婦, 處畎畝之中, 必禮樂存焉爾.

【遽】 '급히, 촉급하게, 서둘러'의 뜻.

【揖讓百拜】 백 번 절을 하며 예를 표함.

【弦歌鼓瑟】 음악을 뜻함.

【匹夫匹婦】 보통 백성.

【畎畝】 농토 사이. 출신 신분이 천한 이들의 하찮은 직업을 말함.

충신忠臣과 유신諛臣

윗사람을 거스를지라도 도에 순종하는 것을 일러 충신忠臣이라 하고, 도를 거스르면서 윗사람에게 순종하는 것을 일러 유신諛臣이라 한다.

'충忠'이란 윗사람을 위하여 하는 행동이며, '유諛'란 자신을 위해 하는 행동을 뜻한다.

충신은 마음에 편안함을 추구하는 것이요, 유신은 제 몸에 편안함을 추구하는 것이다.

그러므로 윗자리에 있는 자는 반드시 신하가 거역하는 것이 무엇이며 순종하는 것이 무엇인가를 살펴야 하며, 그가 하는 일이 무엇인지 따져보고 그가 편안히 여겨 신중히 하는 것이 무엇인지를 보아야 한다.

광천왕廣川王은 이를 살피지 않아 그 때문에 그 신하를 살해하였고, 초楚 공왕恭王은 이를 살피기는 하였으나 때를 놓쳐 그만 자신이 한 말이 유언이 되고 말았으며, 제齊 선왕宣王은 이를 잘 살핀 덕에 간언을 한 자에게 상을 내릴 수 있었다.

達上順道, 謂之忠臣;

達道順上, 謂之諛臣.

忠所以爲上也, 諛所以自爲也.

忠臣安於心, 諛臣安於身.

故在上者, 必察乎違順, 審乎所爲, 愼乎所安.

廣川王弗察, 故殺其臣;

楚恭王察之而遲, 故有遺言;

齊宣王其察之矣, 故賞諫者.

【諛臣】 阿諛하며 阿諂하는 신하.

【自爲】 개인적인 私利를 위해 일을 도모함.

【違順】 임금과 道의 선택을 말함.

【所爲】 임금을 위한 것인지 아니면 자신을 위한 것인지의 선택.

【所安】 마음과 몸 둘 중에서 어느 것을 편안히 여기는지의 선택.

【廣川王】 漢 景帝의 아들 廣川惠王 劉越의 손자 劉去. 무려 16명을 죽이기도 하고 노비들을 불태우거나 삶아 죽이는 등 漢나라 종실 가운데 가장 황음무도 하기로 이름이 났었음.《漢書》에 의하면 그의 나이 네다섯이었을 때 스승이 그에게《易經》을 가르쳐 주었고, 여러 차례 착한 행동을 할 것을 권유하였으나 나이가 들자 스승도 쫓아버렸다 함.

【楚恭王】 楚나라 恭王이 鄭나라를 구원하면서 申叔의 말을 듣지 않았다가 눈에 화살을 맞고 鄢陵에 서 크게 패하였으며 뒤에 병이 발작하여 죽음.

【齊宣王】 전국시대 齊 宣王은 문학과 유세하는 선 비들을 좋아하여 鄒衍, 淳于髡, 田駢, 愼到, 環淵 등 76인을 불러 大大에 봉히었으며, 그들을 위해 고 대광실을 짓고 稷下學士라 이름하였음.

齊宣王과 無鹽女 畫像塼(漢)

1.《漢書》景十三王傳

去卽繆王齊太子也, 師受《易》·《論語》·《孝經》皆通, 好文辭方技博奕倡優. 其殿門有成慶畫, 短衣大絝長劍, 去好之, 作七尺五寸劍, 被服皆效焉. 有幸姬王昭平, 王地餘, 許以爲后. ……初去年十四五, 事師受《易》, 師數諫正去, 去益大, 逐之. 內史請以爲掾, 師數令內史禁切王家. 去使奴殺師父子, 不發覺. ……議者皆以爲去悖虐, 聽后昭信讒言, 燔燒亨煮, 生割剝人, 距師之諫, 殺其父子. 凡殺無辜十六人, 至一家母子三人, 逆節絶理. 其十五人在赦前, 大惡仍重, 當伏顯戮以示衆. 制曰:「朕不忍致王於法, 議其罰.」有司請廢勿王, 與妻子徙上庸. 奏可, 與湯沐邑百戶. 去道自殺, 昭信棄市.

2.《左傳》成公 16년

對曰:「其行速, 過險而不整. 速則失志, 不整, 喪列. 志失·列喪, 將何以戰? 楚懼不可用也」五月, 晉師濟河. 聞楚師將至, 范文子欲反, 曰:「我偽逃楚, 可以紓憂. 夫合諸侯, 非吾所能也, 以遺能者. 我若羣臣輯睦以事君, 多矣」武子曰:「不可」六月, 晉·楚遇於鄢陵.

3.《左傳》襄公 13년

楚子疾, 告大夫曰:「不穀不德, 少主社稷. 生十年而喪先君, 未及習師保之敎訓而應受多福, 是以不德, 而亡師于鄢; 以辱社稷, 爲大夫憂, 其弘多矣. 若以大夫之靈, 獲保首領以歿於地, 唯是春秋窀穸之事·所以從先君於禰廟者, 請爲'靈'若'厲'. 大夫擇焉」莫對. 及五命, 乃許. 秋, 楚共王卒. 子囊謀諡. 大夫曰:「君有命矣」子囊曰:「君命以共, 若之何毀之? 赫赫楚國, 而君臨之, 撫有蠻夷, 奄征南海, 以屬諸夏, 而知其過, 可不謂共乎? 請諡之'共'」大夫從之.

4.《史記》田敬仲完世家

宣王喜文學游說之士, 自如騶衍·淳于髡·田駢·接予·愼到·環淵之徒七十六人, 皆賜列第, 爲上大夫, 不治而議論. 是以齊稷下學士復盛, 且數百千人.

103(4-19)
군신 사이에 경계해야 할 사안

어떤 이가 '임금과 신하로서 서로 경계해야 할 사안'을 묻기에 이렇게 대답하였다.

"경계하지 않아도 될 것은 하나도 없다."

"그 요체를 묻습니다."

나는 이렇게 설명하였다.

"임금은 자기 마음대로 하려고 하는 욕심을 경계해야 하며, 신하는 자신만이 이익을 독차지하겠다는 것을 경계해야 한다.

천자는 사방의 이민족을 지키고 있으며, 무릎 아래 있는 자들이 갑자기 공격해 온다면 이러한 환난이 가장 심한 것이다. 팔방 각 지역에서 중역重譯을 거쳐 헌납해 오는 진기한 물건은 보물이 아니다. 복심腹心의 측근이 기어서라도 찾아와 선善을 헌납해 오는 것이 보물 중에 지극한 것이다.

그러므로 명석한 왕이라면 안을 지키기에 신중히 하고 밖의 적들을 제거하며 안에 있는 보물부터 귀중히 여긴다. 용이 솟는 곳에 구름이 피어오르고, 호랑이 움직이는 곳에 바람이 일게 마련이며, 소韶를 연주하면 봉황이 춤을 추고, 공자가 있는 곳에 인麟이라는 상서로운 동물이 모여들게 마련이니, 이는 모두 서로 감응하기 때문이다. 여기서 일어난 일이 저쪽에서 응하되 훌륭한 일이면 상서로울 것이요, 상서로우면 복을 내리는 것이다. 그러나 막힌 것이라면 허물이 생기고, 허물이 생기면 재앙이 되는 것이다. 그 때문에 군자에게 이러한 물건들이 감응하는 것이다."

或問「人君人臣之戒」.

曰:「莫匪戒也.」

「請問其要.」

曰:「君戒專欲, 臣戒專利. 天子守在四夷, 襲於膝下, 患之甚矣. 八域重譯而獻珍, 非寶也. 腹心之人, 匍匐而獻善, 寶之至矣. 故明王愼內守, 除外寇, 而重內寶. 雲從于龍, 風從于虎; 鳳儀于韶, 麟集于孔, 應也. 出於此, 應於彼, 善則祥, 祥則福, 否則眚, 眚則咎, 故君子應之.」

【專欲】 오로지 개인의 私慾에 의해 일을 처리함.

【四夷】 중원 주변의 여러 나라나 소수 민족. 東夷, 西戎, 南蠻, 北狄 등으로 나눔.

【膝下】 무릎 아래. 아주 가까운 신변을 뜻함.

【八域】 사방팔방. 주위.

【腹心之人】 지극히 신임하는 부하나 아랫사람.

【匍匐】 '엉금엉금 기다'의 雙聲連綿語. '매우 급한 상황에 기어서라도 다가가다' 의 뜻임.

【重內寶】 안에 있는 충성스러운 신하를 보배로 여김.

【雲從于龍】 용이 움직이면 구름이 나타나고 호랑이가 움직이면 바람이 일어남. 《周易》의 구절.

【鳳儀于韶】 韶는 舜임금 때의 음악. 이 음악을 연주하면 봉황이 나타남.

【麟集于孔】 魯 哀公이 사냥을 할 때 叔孫氏의 마부 鉏商이 기린을 잡자 이를 불길하게 여기고 山澤의 虞人에게 맡겨 기르도록 함. 孔子가 이를 보고 기린이 출현하면 성인이 나타난다고 하였음.

【否】 '비'로 읽으며 막혀 통하지 않음.

【眚】 재앙. 원래는 눈에 병이 나서 보이지 않음을 뜻함.

【咎】 역시 재앙을 뜻함.

1. 《周易》乾卦 文言傳

上九曰「亢龍有悔」, 何謂也? 子曰:「貴而无位, 高而无民, 賢人在下位而无輔, 是以動而『有悔』也.」

2. 《尚書》益稷

夔曰:「戞擊鳴球, 搏拊琴瑟以詠, 祖考來格, 虞賓在位, 羣后德讓, 下管鼗鼓, 合止柷敔, 笙鏞以間, 鳥獸蹌蹌, 簫韶九成, 鳳皇來儀.」

3. 《左傳》哀公 14년

十四年春, 西狩於大野, 叔孫氏之車子鉏商獲麟, 以爲不祥, 以賜虞人. 仲尼觀之, 曰:「麟也」, 然後取之.

104(4-20)
조화와 화합

군자는 화갱和羹으로써 그 몸의 기氣를 평온히 하며,

화성和聲을 들음으로써 그 뜻을 안정되게 가지며,

화언和言을 채납함으로써 그 정치를 평온히 하며,

화행和行을 실천함으로써 그 덕을 평온히 한다.

무릇 시고 짜고 달고 매운 맛은 각기 다르지만 이를 잘 조절하여 아름다운 맛을 내는 것이니 이를 일러 '화갱'이라 한다.

궁宮, 상商, 각角, 치徵의 소리는 각기 다르지만 이를 조절하면 아름다운 소리가 되는 것이니 이를 일러 '화성'이라 한다.

칭찬하고 깎아 내리고 덜고 보태고 하는 것은 각기 다르지만 잘 훈계하면 중정中正이 되는 것이니 이를 일러 '화언'이라 한다.

다가오고 멀어지고 움직이고 그치고 하는 행동은 각기 다르지만 평온히 함으로써 아도雅度를 취할 수 있는 것이니 이를 일러 '화행'이라 한다.

君子食和羹以平其氣, 聽和聲以平其志;

納和言以平其政, 履和行以平其德.

夫酸鹹甘苦不同, 嘉味以濟, 謂之和羹;

宮商角徵不同, 嘉音以章, 謂之和聲;
臧否損益不同, 中正以訓, 謂之和言;
趨舍動靜不同, 雅度以平, 謂之和行.

【和羹】五味를 맞추어 국물을 만듦.
【和聲】五音으로 음악을 맞추어 아름답게 연주함.
【嘉味】아름다운 맛.
【宮商角徵】고대 음악의 음계.
【臧否】잘함과 못함. 훌륭함과 그렇지 못함.
【中正】중용과 화합, 정중 등의 바름을 지켜냄.
【趨舍】가까이 다가옴과 멀리 떠남. '舍'는 '捨'와 같음. 버리고 떠남.
【雅度】아름다운 風度.

105(4-21)
화和와 동同

　　사람들의 말에 "오직 그의 말이 내 의견과 다르지 않기만을 요구하면 그 나라는 거의 망하고 만다"라고 하였다.

　　공자는 이렇게 말하였다.

　　"군자는 서로 화합하되 똑같이 하지는 않는다."

　　안자晏子 역시 이렇게 말하였다.

　　"단지 물로써 물을 더 타서 음식맛을 내려고 한다면 누가 그 음식을 먹겠는가? 금슬이 똑같은 소리만 낸다면 누가 그 음악을 들으려 하겠는가?"

　　《시詩》에 "역시 맛난 고깃국 있어, 모두 삼가며 평온한 태도. 간언을 올리고 말도 없으며, 시끄럽게 다투는 이 전혀 없어라"라 하였으니 이를 두고 하는 말이다.

人之言曰:「唯其言以莫予違也, 則幾於喪國焉.」

孔子曰:「君子和而不同.」

晏子亦云:「以水濟水, 誰能食之? 琴瑟一聲, 誰能聽之?」

《詩》云:「亦有和羹, 旣戒且平. 奏假無言, 時靡有爭.」

此之謂也.

【莫予違】 ‘莫違予’의 도치. 나를 배반하지 아니함.《論語》의 구절임.
【和而不同】 화합을 이루지만 똑같지는 않음.《論語》참조.
【晏子】 晏嬰. 춘추시대 齊나라 제상.《史記》管晏列傳 및《晏子春秋》참조.
【以水濟水】《左傳》에 실려 있는 晏子의 말.
【和羹】《詩經》商頌 烈祖에 실려 있는 구절. 湯王을 찬송하는 노래로서 제사의
 엄숙함을 표현한 것임.

1.《論語》子路篇
定公問:「一言而可以興邦, 有諸?」孔子對曰:「言不可以若是其幾也. 人之言曰:
『爲君難, 爲臣不易.』如知爲君之難也, 不幾乎一言而興邦乎?」曰:「一言而喪邦,
有諸?」孔子對曰:「言不可以若是其幾也. 人之言曰:『予無樂乎爲君, 唯其言而莫
予違也.』如其善而莫之違也, 不亦善乎? 如不善而莫之違也, 不幾乎一言而喪邦乎?」

2.《論語》子路篇
子曰:「君子和而不同, 小人同而不和.」

3.《左傳》昭公 20년
齊侯至自田, 晏子侍于遄臺, 子猶馳而造焉. 公曰:「唯據與我和夫!」晏子對曰:
「據亦同也, 焉得爲和?」公曰:「和與同異乎?」對曰:「異. 和如羹焉, 水·火·醯·醢·
鹽·梅, 以烹魚肉, 燀之以薪, 宰夫和之, 齊之以味, 濟其不及, 以洩其過. 君子食之,
以平其心. 君臣亦然. 君所謂可而有否焉, 臣獻其否以成其可; 君所謂否而有可焉,
臣獻其可以去其否, 是以政平而不干, 民無爭心. 故詩曰: ‘亦有和羹, 旣戒旣平. 鬷嘏
無言, 時靡有爭.’ 先王之濟五味·和五聲也, 以平其心, 成其政也. 聲亦如味, 一氣,
二體, 三類, 四物, 五聲, 六律, 七音, 八風, 九歌, 以相成也; 淸濁·小大·短長·疾徐·
哀樂·剛柔·遲速·高下·出入·周疏, 以相濟也. 君子聽之, 以平其心. 心平, 德和. 故詩曰
‘德音不瑕’. 今據不然. 君所謂可, 據亦曰可; 君所謂否, 據亦曰否. 若以水濟水, 誰能
食之? 若琴瑟之專壹, 誰能聽之? 同之不可也如是」飮酒樂. 公曰:「古而無死, 其樂
若何!」晏子對曰:「古而無死, 則古之樂也, 君何得焉? 昔爽鳩氏始居此地, 季萴因之,
有逢伯陵因之, 蒲姑氏因之, 而後大公因之. 古若無死, 爽鳩氏之樂, 非君所願也.」

4.《詩經》商頌 烈祖
嗟嗟烈祖, 有秩斯祜. 申錫無疆, 及爾斯所. 旣載淸酤, 賚我思成. 亦有和羹, 旣戒
旣平. 鬷假無言, 時靡有爭. 綏我眉壽, 黃考無疆. 約軝錯衡, 八鸞鶬鶬. 以假以享,
我受命溥將. 自天降康, 豐年穰穰. 來格來饗, 降福無疆. 顧予烝嘗, 湯孫之將.

卷五 〈雜言〉(下)

　　본편에서는 주로 재능과 덕행, 진간進諫과 수간受諫, 지인知人과 자지自知, 절조節操, 성性과 명命, 천명天命과 인사人事, 성선설性善說과 성악설性惡說, 본성과 감정, 형법과 교화, 수행과 수신 등을 토론하고 있다.

〈鴨尊〉(서주) 遼寧省 출토

106(5-1)
보진保眞

옷을 잘 차려 입은 자가 티끌 가득한 길에서 그것을 더럽히지 않으려고 애쓰는 것은 그 옷을 아끼기 때문이다.

옷은 그토록 아끼면서도 자신의 용모와 행동을 아껴 가다듬지 않는다면 이는 외부만 치장하는 사람이다.

용모와 행동은 아껴 가다듬으면서 그 언행을 아껴 가다듬지 않는다면 이는 말단만 위하는 사람이다.

언행을 아껴 가다듬으면서 명확함을 아껴 실행하지 않는다면 그는 천박한 사람이다.

그러므로 군자는 정신을 근본으로 함을 귀히 여기는 것이요, 정신이 온화하고 덕이 평온하여 도가 통하는 것이니 이것이 바로 '보진保眞'이다.

衣裳服者, 不昧於塵塗, 愛也;

衣裳愛焉, 而不愛其容止, 外矣.

容止愛焉, 而不愛其言行, 末矣.

言行愛焉, 而不愛其明, 淺矣.
故君子本神爲貴, 神和德平而道通, 是爲「保眞」.

【衣裳】衣는 上衣, 裳은 치마.
【塵塗】진흙 먼지가 휘날리는 길.
【容止】용모와 行動擧止.
【保眞】자신의 본성을 잘 지켜냄.

107(5-2)
입덕立德

사람으로서 세워야 할 덕이 세 가지가 있으니 첫째 정貞, 둘째 달達, 셋째 지志이다.

'정'으로써 바탕을 삼고, '달'로써 이를 실천해 내며, '지'로써 이를 완성한다면 그런 사람은 군자로다!

어쩔 수 없는 경우라도 반드시 이를 한결같이 지켜 '정'을 그 주체로 삼아야 한다.

人之所以立德者三: 一曰貞, 二曰達, 三曰志.

貞以爲質, 達以行之, 志以成之, 君子哉!

必不得已也, 守一於玆, 貞其主也.

【貞】 곧음. 正과 같음.
【達】 통달함.
【志】 志操, 志向하는 바.
【守一】 專一과 같음. 한결같음.

108(5-3)
입검立檢

사람으로서 자신을 점검할 때의 기준으로 네 가지가 있으니 '마음에 정성을 다하였는가', '그 뜻을 바르게 가졌는가', '그 일에 실적을 세웠는가', '그 명분을 확정하였는가'이다.

마음이 정성스러우면 신명이 이에 응할 것이니 하물며 만민들임에랴?

뜻이 바르면 천지가 순응할 것이니 하물며 만물임에랴?

일에 실적을 이루면 공이 세워질 것이며, 명분이 확정되면 잘못될 일이 없을 것이다.

그래서 "재능이 실질과 부합하며 행동이 하는 일에 맞아야 한다. 재능만으로는 불가능하다"라고 말하는 것이다.

그리고 또 이렇게 말하였다.

"고대에 소위 재능이라 일컫던 것은 본本을 말하는 것이었는데, 지금 소위 재능이라 일컫는 것은 말末인 줄로 알고 있다. 그렇다면 그것을 행동으로 옮기는 것이 귀한 것이니 그 재능을 잃지 말아야 하며, 재능만 가지고는 실패하고 말 것이다."

옛 사람들이 이렇게 말한 것이 있다.

"남방에 있는 초楚나라로 간다면서 북쪽으로 말을 모는 자가 '내 말은 훌륭하고, 노자도 충분하며 마부도 뛰어난 자이다'라고 하였다. 이 세 가지는 많을수록 초나라로부터 더욱 멀어질 뿐이다."

따라서 길을 따라 말을 몰 때는 의당 방향부터 정하고 나서 행동으로 옮겨야 한다.

군자는 이렇게 하여 행동하기 때문에 그의 행동은 틀림없이 목적지에 닿게 되는 것이다.

人之所以立檢者四: 誠其心, 正其志, 實其事, 定其分.

心誠則神明應之, 況於萬民乎?

志正則天地順之, 況於萬物乎?

事實則功立, 分定則不淫, 曰:「才之實也, 行可爲, 才不可也.」

曰:「古之所以謂才也本, 今之所謂才也末也. 然則以行之貴也, 無失其才, 而才有失.」

先民有言:「適楚而北轅者曰:『吾馬良·用多·御善.』此三者益侈, 其去楚亦遠矣.」

遵路而騁, 應方而動.

君子有行, 行必至矣.

【立檢】 '檢'은 검사, 점검, 성찰의 뜻. 자신을 점검할 기준을 세움.《尚書》伊訓篇에 "與人不求備, 檢身若不及"이라 함.

【神明】 神靈.

【先民】 전국시대 季梁이라는 사람을 가리킴.

【適楚而北轅】《戰國策》에 실려 있는 고사. 남쪽의 楚나라로 간다면서 북쪽으로 말을 몰아가는 일행의 이야기를 말함.

【遵路】 길을 따라감.

1. 《戰國策》魏策(4)

魏王欲攻邯鄲, 季梁聞之, 中道而反, 衣焦不申(信), 頭塵不去(浴), 往見王曰: 「今者臣來, 見人於大行, 方北面而持其駕, 告臣曰: 『我欲之楚.』臣曰: 『君之楚, 將奚爲北面?』曰: 『吾馬良.』臣曰: 『馬雖良, 此非楚之路也.』曰: 『吾用多.』臣曰: 『用雖多, 此非楚之路也.』曰: 『吾御者善.』『此數者愈善, 而離楚愈遠耳.』今王動欲成霸王, 擧欲信於天下. 恃王國之大, 兵之精銳, 而攻邯鄲, 以廣地尊名, 王之動愈數, 而離王愈遠耳. 猶至楚而北行也.」

109(5-4)
성인의 덕과 재능

어떤 이가 물었다.

"성인聖人이 귀한 사람인 까닭은 그 재능 때문입니까?"

나는 이렇게 말하였다.

"재능과 덕을 합하여 이를 사용하되 재능을 귀한 것으로 여긴다. 그러나 이를 나누어 행동으로 한다면 덕행이 귀한 것이다. 순舜과 우禹는 재능이 출중하지만 사악함에 쓰지는 않았으니 그는 □보다 심하였다. 순과 우의 어짊은 비록 그만한 재능이 없다는 사람일지라도 결코 그의 훌륭함을 놓치지는 않았도다!"

或問:「聖人所以爲貴者才乎?」

曰:「合而用之, 以才爲貴; 分而行之, 以行爲貴. 舜·禹之才, 而不爲邪, 甚於□矣. 舜·禹之仁, 雖亡其才, 不失爲良人哉!」

【合而用之】 재능이 덕행과 아주 잘 어울림.

【甚於□矣】 원문에 한 글자가 누락되어 있음. 구체적으로 어떤 글자인지 알 수 없음.

【亡】 ‘無’와 같음.

【良人】 선량한 사람. 보통 사람이면서 재능은 적으나 인덕이 높은 사람.

110(5-5)
진간進諫과 수간受諫

어떤 이가 물었다.

"신하로서 나서서 간언하는 것과 임금으로서 간언을 수용하는 것, 어느 것이 더 어렵습니까?"

나는 이렇게 말하였다.

"후세의 신하로서 나서서 간언하는 것이 어렵다. 이는 군주가 수용하기를 어렵다고 여긴 까닭이다. 만약 군주가 간언을 받아들이는 것이 어려운 것이 아니라고 여기고 있다면 나서서 간언하기는 쉬운 것이다."

或問:「進諫受諫孰難?」

曰:「後之進諫難也, 以受之難故也; 若受諫不難, 則進諫斯易矣.」

【進諫】 나서서 군주에게 간언함.

【受諫】 군주가 신하의 간언을 수용함.

【後之進諫難也】 후세의 신하가 간언하기 어렵도록 군주가 간언을 받아들이지 않음. 여기서 '後'는 고대의 상대적인 말. 고대 성왕에 비해 그 뒤의 군주는 간언을 잘 받아들이지 않았음을 말함.

【若受諫不難】 군주가 영명하면 신하들이 저절로 곧고 바르게 됨을 말함.

111(5-6)
지인知人과 자지自知

어떤 이가 물었다.

"남을 알아주는 것과 자기 자신을 아는 것, 어느 것이 더 어렵습니까?"

나는 이렇게 대답하였다.

"자기 자신을 안다는 것은 원인을 안에서 찾으니 아주 가까이서 쉽게 행할 수 있는 것이다. 그러나 남을 알아주는 것은 모든 것을 밖에서 찾는 것이니 실제 행하기가 멀다. 따라서 남을 알아주기가 더 어려운 것이리라! 만약 이러한 방법을 끝까지 궁구窮究한다면 그 구분이 명확하다. 안으로는 알 수 있으나 밖으로는 어둡기 마련이다. 그리하여 혹 안으로 살피되 감출 수도 있고 밖의 일이지만 드러나는 경우도 있다. 그러나 남을 알아주는 것이나 자신을 아는 일에 대하여 사람이라면 자신은 안다면서 남은 알아주지 못하는 경우가 있으니 이것이 급한 일이로다!"

或問:「知人自知孰難?」

曰:「自知者求諸內而近者也, 知人者求諸外而遠者也, 知人難哉! 若極其數也明, 有內以識, 有外以暗. 或有內

以隱, 有外以顯. 然則知人自知, 人則可以自知, 未可以
知人也, 急哉!」

【知人】 남의 사정을 밝히 알아 잘 헤아림.
【求諸內】 자기 자신에게서 원인이나 잘못을 찾음.
【數】 방법.
【有內以隱】 자신의 허물을 보는 데는 어둡고 남의 잘못을 찾아내는 데는 밝음.

참고 및 관련 자료

1. 본 장은 의미가 순통하지 아니하여 내용을 명확히 알 수 없음.

112(5-7)
군자가 싫어하는 것

"자신의 의견만 옳다고 여기는 자는 다른 것이 다를 수 있다는 것을 인정하지 않는다.

군자가 자신과 다른 것에 대하여 혐오를 느끼는 것에는 세 가지가 있다.

'일을 만들어내기를 좋아하는 것', '기이한 것을 만들어내기를 좋아하는 것', '상례를 변화시키기를 좋아하는 것', 이 세 가지이다.

일을 만들기를 좋아하면 많은 사단을 일으켜 무리를 동요시키게 되며,

기이한 것을 만들어내기를 좋아하면 도에 위배되어 풍속을 미혹하게 하고,

상례를 변화시키기를 좋아하면 법을 가벼이 여겨 법도를 혼란시킨다.

그 때문에 명예가 구차스럽게 전하는 것을 귀히 여기지 아니하며, 행동이 구차스럽게 어려움을 극복하는 것을 귀히 여기지 않는다.

권변으로 변화시키는 경우는 많으나 거의가 떳떳한 바른 도리로 하는 것만 못하며,

변론이 아름답기는 하나 그 이치는 도리어 말이 부족한 듯한 자만 못하며,

꾸밈이 현저하게 훌륭하다 해도 그 중심은 박실樸實한 것만 못하고,

넓게 아는 것이 대단하다 해도 도리어 그 정확함을 간약簡約하게 하는 것만 못하다.

도_道로써 하지 않으면 안 되나니 도의 본체를 아는 것이 '큼'의 지극함
이다.

묘_妙로써 하지 않으면 안 되나니 신령의 징조를 아는 것이 '묘함'의
지극함이다.

정_正으로 하지 않으면 안되나니 □의 □을 아는 것이 '정'의 지극함이다.

그러므로 군자는 반드시 이 세 가지 지극함을 품고 있어야 하며, 이런
지극함에 아직 도달하지 않았다면 이를 지켜내어 그에 위배됨이 없도록
해야 한다.

用己者不爲異則異矣, 君子所惡乎異者三: 好生事也,
好生奇也, 好變常也.

好生事則多端而動衆, 好生奇則離道而惑俗, 好變常
則輕法而亂度, 故名不貴苟傳, 行不貴苟難.

權爲茂矣, 其幾不若經; 辯爲美矣, 其理不若紬;

文爲顯矣, 其中不若樸; 博爲盛矣, 其正不若約.

莫不爲道, 知道之體, 大之至也;

莫不爲妙, 知神之幾, 妙之至也,

莫不爲正, 知□之□, 正之至也.

故君子必存乎三至, 弗至, 斯有守無誖焉.

【用己者】 자기 자신만 옳다고 여기는 자.

【惑俗】 세속을 미혹하게 함.

【權】 권변. 권형. 구체적인 상황을 저울질하여 개별적인 일을 그 사정에 맞추어
　　처리함.

【幾】幾變. 작고 미세한 변화.

【紬】부족함. 옳지 못한 변론.

【中】본질.

【知□之□】두 글자가 누락되어 있음.

【三至】본문에서 말한 '大之至', '妙之至', '正之至'를 가리킴.

【誖】'悖'와 같음. 어긋남. 위배됨. 미처 三至의 경지에 이르지 못했다면 우선
 그 前段階를 지켜내는 일부터 확고하게 함.

113(5-8)
지조의 고수

어떤 이가 '지키는 일'에 대하여 묻기에 나는 이렇게 대답하였다.

"유가 성인의 경전에 있는 가르침을 지키면 될 뿐이다. 만약 제자백가의 주장이라면 지켜야 될 내용이 없다고 말할 수 있다. 분명한 논리를 세운 것이라면 그 지극한 것만 중요하게 여기면 되고, 덕德만을 강하게 주장한 것이라면 그 심오한 것을 현묘하게 여기면 될 것이며, 도道만을 강하게 주장한 것이라면 유가의 성인들이 이미 넓혀 놓은 것으로 보면 된다. 성인의 도란 그 중도中道를 뜻하는 것이리라! 이를 일러 '구달九達'이라 한다."

或問守, 曰:「聖典而已矣. 若夫百家者, 是謂無守, 莫不爲言; 要其至矣, 莫不爲德; 玄其奧矣; 莫不爲道, 聖人其弘矣. 聖人之道, 其中道乎! 是謂九達.」

【聖典】聖人의 전적. 구체적으로 儒家의 六經 등을 말함.
【百家】제자백가.《漢書》藝文志 諸子略에서 구분한 九流十家. 즉 儒家, 道家, 墨家, 法家, 陰陽家, 名家, 農家, 縱橫家, 雜家, 小說家 등.

【莫不爲言】언론(주장, 주의, 논리)을 설정하지 않은 것이 없음. '莫不'은 이중부정
　으로 강한 긍정을 의미함. 주장과 주의가 분명함을 말함.

【要】중요한 요점으로 정리하여 이것만 지키면 됨을 말함.

【莫不爲德】'덕'을 내세우지 않은 것이 없음. 덕을 강하게 주장함.

【玄其奧】그 심오함을 현묘한 것으로 인정함.

【莫不爲道】오직 '道'만을 강조함.

【中道】정도, 대도. 어느 곳에도 치우치지 않는 中庸의 도. 어디에 적용해도 적중
　하는 도. 儒家의 도를 말함.

【九達】사방 어디로도 통함. 유가의 주장은 모든 제자백가의 논리를 모두 통달
　하고 있음을 말함.

114(5-9)
다섯 가지 심오함

어떤 이가 말하였다.

"말이란 통하면 될 뿐이다.

성인聖人의 문장은 심오하니 그 심오함에는 다섯 가지 유형이 있다.

현玄, 묘妙, 포包, 요要, 문文이다.

그윽하고 깊은 것을 일러 '현玄'이라 하고, 이치가 미묘함을 일러 '묘妙'라고 하며, 내용이 넓은 것을 일러 '포包'라 하고, 표현한 말이 간약簡約한 것을 일러 '요要'라고 하며, 문장의 완성도가 높은 것을 일러 '문文'이라 한다.

성인이 남긴 글은 이 다섯 가지를 성취하고 있기 때문에 그 문장에 대해서는 '더 이상 어쩔 수 없다'고 말하는 것이다.

或曰:「辭達而已矣.

聖人以文, 其隩也, 有五: 曰玄·曰妙·曰包·曰要·曰文.

幽深謂之玄, 理微謂之妙, 數博謂之包, 辭約謂之要, 章成謂之文.

聖人之文, 成此五者, 故曰不得已.」

【辭達】 말이 통하면 되는 것임. 《論語》의 구절.

【隩】 '奧'와 같음. 깊음. 심오함. 심각함.

【包】 내용이 풍부함.

【文】 '紋'과 같음. 문채를 가지고 있음.

【理微】 이치가 미묘함. 미약하게 말하였으나 깊은 뜻이 있음. 이를테면 《春秋》의 경우 '微言大義'로 그 특징을 표현한 것과 같음.

【章成】 문장의 완성도가 아주 높음. 문장의 風度를 이루고 있음.

【不得已】 문장이 심오하지 않을 수 없음. 그들 문장을 두고 '더 이상 넘어설 수 없다고 말하다'의 뜻.

참고 및 관련 자료

1. 《論語》 衛靈公篇
子曰:「辭達而已矣.」

115(5-10)

낙천지명樂天知命

군자는 하늘의 뜻을 즐거워하면서 자신의 천명을 알기 때문에 근심하지 않으며,

사물의 원리를 살펴 명확하게 분석해 내기 때문에 미혹해하지 않으며,

마음을 안정시켜 공의公義를 이루기 때문에 두려워하지 않는다.

만약 그들에게 근심하거나 두려워하는 바가 있을까 묻는다면 있기는 있다.

그 중 근심하는 것이란 바로 자신이 하늘이 내려준 본성을 성취시키지 못하는 것에 대한 근심일 뿐이며,

두려워하는 것이란 자신이 어떤 일을 두고 미혹해하는 경우이다.

그러나 다른 근심은 깨끗이 제거하지 못한다 해도 천명에 대해서는 미혹함을 결코 품지 않는다.

君子樂天知命, 故不憂;

審物明辨, 故不惑;

定心致公, 故不懼.

若乃所憂懼則有之:
憂己不能成天性也, 懼己惑之.
憂不能免, 天命無惑焉.

【樂天知命】하늘의 뜻을 즐겁게 여기며 천명을 앎.《周易》의 구절.
【審物明辨】사물을 잘 살펴 그 원리를 명확히 변별함.
【定心致公】마음을 고정시켜 公義를 이루어냄.

참고 및 관련 자료

1.《周易》卦辭(下)
是與天地準, 故能彌綸天地之道. 仰以觀於天文, 俯以察於地理, 是故知幽明之故; 原始反終, 故知死生之說; 精氣爲物, 遊魂爲變, 是故知鬼神之情狀. 與天地相以, 故不違; 知周平萬物而道濟天下, 故不過; 旁行而不流, 樂天知命, 故不憂; 安土敦平仁, 故能愛. 範圍天地之化而不過, 曲成萬物而不遺, 通平晝夜之道而知, 故神无方而易无體.

116(5-11)
성性과 명命

어떤 이가 성性과 명命에 대하여 묻기에 이렇게 설명하였다.

"태어나 살아 있음을 일러 '성性'이라 하니 육신과 정신이 바로 이것이다. 이 두 가지가 생명을 지탱하는 것이다.

생명을 마치는 것을 일러 '명命'이라 하니 길흉吉凶이 바로 이것이다.

무릇 나를 태어나게 한 하늘의 섭리 때문에 성과 명이 나에게 존재하는 것일 뿐이다.

군자는 그 '성'을 잘 따르는 것으로써 그 '명'을 보좌하는 것이다.

이처럼 성과 명을 이어받아 아름답게 하고 막히면 본성을 잘 지켜낼 뿐이다.

집착하여 힘쓸 것도 없고 원망할 그 무엇도 없다.

총애를 받기를 좋아하는 자는 천명을 받았노라 하면서 교만하게 되고,

악행을 짓기를 좋아하는 자는 천명이 자신을 버렸다고 여겨 마구 넘치는 짓을 한다.

그러므로 교만해지면 아무리 천명을 받들어도 성취하지 못하고,

넘치는 짓을 하면 지를 지켜내려고 해도 좋은 끝맺음을 얻지 못한다.

좋은 천명인 줄 잘못 알면 태만하게 되고, 악한 천명이라 여기면 지나친 짓을 하게 된다.

천명을 잘 받들기에 힘쓰면 복을 얻게 되고, 악한 짓을 하면 재앙을 부른다. 사람들이 이러한 것에 대해 제대로 알지 못한 채 미혹하게 굴고 있다."

或問性命, 曰:「生之謂性也, 形神是也, 所以立生.

終生者之謂命也, 吉凶是也.

夫生我之制, 性命存焉爾.

君子循其性, 以輔其命.

休斯承, 否斯守.

無務焉, 無怨焉.

好寵者乘天命以驕, 好惡者違天命以濫.

故驕則奉之不成, 濫則守之不終.

好以取怠, 惡以取甚.

務以取福, 惡以成禍, 斯惑矣.」

【性命】 '性'은 하늘로부터 稟賦 받은 본성, '命'은 생명의 수요장단(壽夭長短) 등.
【生之謂性】 살아 있으면 그것을 '性'이라 함. 《孟子》의 구절.
【形神】 형체(육신)와 정신.
【立生】 생명이 존재하도록 함.
【終生】 생명을 마침.
【制】 육신과 형체. 생명을 담고 있으며 그에 의해 제압을 받는 구체적인 물체.
【休】 '아름답다'의 뜻.
【否】 '비'로 읽으며 '막히다'의 뜻.
【怨】 빈천 등의 악조건을 원망함.

【乘天命】부귀한 명을 타고나 그에 의지함.

【違天命】빈천한 명을 타고났음을 위배함.

【惡以成禍】악한 마음을 품고 정도를 지키지 않으면 결국 화환이 됨.

1.《**孟子**》告子(上)

告子曰:「生之謂性.」孟子曰:「生之謂性也, 猶白之謂白與?」曰:「然.」「白羽之白也, 猶白雪之白; 白雪之白, 猶白玉之白與?」曰:「然.」「然則犬之性, 猶牛之性; 牛之性, 猶人之性與?」

117(5-12)
성선설性善說과 성악설性惡說

어떤 이가 천명天命과 인사人事에 대하여 물었다.

나는 이렇게 설명하였다.

"상, 중, 하 세 가지 품급이 있다. 상품과 하품은 서로 바뀔 수가 없으나 중품에는 사람으로서 바꿀 수 있는 것이 들어 있다. 천명은 누구나 비슷하다. 일에 따라 서로 멀어진 것이며 그렇게 되고 나면 길흉도 달라지게 되는 것이다.

그 때문에 '이치를 궁구하고 본성을 다하여 천명에 이른다'라 하였다. 맹자孟子는 성선설性善說을 주장하였고, 순경荀卿은 성악설性惡說을 주장하였다. 그런가 하면 공손자公孫子는 '성이란 선하지도 않고 악하지도 않다'라 하였고, 양웅揚雄은 '사람의 성이란 선함과 악함이 섞여 있다'라 하였고, 유향劉向은 '성과 정情은 서로 감응하며 성이란 그 홀로 선한 것이 아니고, 정이란 그 홀로 악한 것이 아니다'라 하였다."

그가 물었다.

"그 이유를 묻습니다."

나는 이렇게 대답하였다.

"성이 선한 것이라면 사흉四凶 같은 악한 이가 없었을 것이며, 성이 악한 것이라면 삼인三仁 같은 어진 이가 없었을 것이다. 사람에게 선악이란 없는 것으로 문왕文王의 교화가 한결같았으니 그렇다면 주공周公, 관숙管叔,

채숙蔡叔처럼 형제임에도 선악이 서로 다른 경우가 없었어야 할 것이다. 성은 선하고 정은 악한 것이라면 이는 걸주桀紂에게는 성이라는 것이 없고, 요순堯舜에게는 정이라는 것이 없었어야 한다. 성은 선악이 혼재해 있는 것이라면 이는 상지上智라 해도 마음 속에 악을 품고 있으며 하우下愚라 해도 선한 일을 끼고 살 수 있다. 이치라는 것은 끝까지 궁구할 수는 없지만 내 생각으로는 유향의 주장이 맞는 것 같다."

或問天命·人事.

曰:「有三品焉. 上下不移, 其中則人事存焉爾. 命相近也, 事相遠也, 則吉凶殊矣. 故曰:『窮理盡性, 以至於命.』 孟子稱性善, 荀卿稱性惡. 公孫子曰:『性無善無惡.』揚雄 曰:『人之性, 善惡渾.』劉向曰:『性情相應, 性不獨善, 情不獨惡.』」

曰:「問其理.」

曰:「性善則無四凶, 性惡則無三仁. 人無善惡, 文王之 教一也, 則無周公·管·蔡. 性善情惡, 是桀紂無性, 而 堯舜無情也. 性善惡皆渾, 是上智懷惡而下愚挾善也, 理也, 未究矣. 唯向言爲然.」

【天命】 하늘이 내려준 숙명.
【人事】 사람으로서 노력하여 바꾸거나 길을 달리할 수 있는 여러 상황.
【三品】 세 가지 品級. 즉 上品, 中品, 下品을 가리킴.
【不移】 바뀌거나 고쳐지지 않음.

【性相近也】 사람의 본성은 누구나 비슷함.《論語》陽貨篇의 구절.

【窮理盡性】 사물의 도리를 끝까지 窮究하고 사물의 본성을 끝까지 다해봄. 《周易》의 구절.

【性善】 孟子가 주장한 性善說을 말함.《孟子》참조. 그러나 告子 역시 이미 성악설을 주장하기도 하였음.

【性惡】 荀子가 주장한 性惡說.《荀子》性惡篇에 자세히 논술하고 있음.

【性無善無惡】 인간의 본성은 선하지도 악하지도 않다는 주장. 公孫子는 公孫龍子가 아닌가 함. 그러나 지금의《公孫龍子》에는 이러한 주장이 실려 있지 않음.

【揚雄】 자는 子雲(B.C.53~A.D.18). '楊雄'으로도 표기하며 蜀郡 成都 사람. 西漢 시대 賦家, 哲學家.〈甘泉賦〉,〈羽獵賦〉 등과《太玄經》,《方言》등의 저술이 있음.《漢書》揚雄傳 참조.

【劉向】 漢나라 시대의 유명한 목록학자. 본명은 更生이며 자는 子政. 뒤에 이름을 向으로 바꾸었음. B.C.77~B.C.6년 생존. 劉邦의 이복동생 楚元王(劉交)의 4세손 劉德의 아들.《洪範五行傳論》을 썼으며,《新序》와《說苑》,《列女傳》,《列仙傳》을 편찬하고《戰國策》을 정리하기도 하였음. 明 張溥 (1602~1641)가 집일한《劉子政集》이《漢魏六朝百三家集》에 수록되어 있음.《漢書》楚元王傳에 劉交·劉向·劉歆의 전기가 실려 있음.

〈劉向〉

【性情相應】 본성과 감정은 서로 감응하며 의존적이라 본 것. 그리하여 성은 본성의 善을, 감정은 惡을 표출하는 등 이분법으로 보고 있음.

【四凶】 고대 舜임금에 의해 추방을 당한 네 명의 凶人.《左傳》을 참조할 것.

【三仁】 은나라 말기의 微子, 箕子, 比干을 말함. 이들은 紂의 포악함을 극력 저지하거나 간언하다가 고통을 당함.

【文王】 周나라 文王 姬昌. 상말 周민족의 영수. 武王(姬發) 과 周公(姬旦)의 아버지이며 西伯에 봉해졌으나 紂의 폭정에 시달림. 뒤에 무왕이 주를 쳐 은을 멸함. 유가에서 성인으로 추앙함.《史記》周本紀 참조.

〈文王〉(姬昌)

【周公管蔡】 은나라 말 文王의 아들이며 무왕의 아우인 管叔과 蔡叔이 관, 채에 봉을 받아 그곳의 殷나라 유민과 武庚(紂의 아들)을 감독하도록 하였음. 이를 '三監'이라 함. 그러나 武王이 죽고 周公이 成王(姬誦)을 섭정하자 이들이 주공에게

불복하며 무경 및 東夷 부락과 연합하여 반란을 일으킴. 이에 주공이 3년에 걸쳐 정벌에 나서 이들을 진압하여 관숙은 자살하고 채숙은 추방을 당함. 이를 '周公東征'이라 함.

【性善情惡】性과 情은 서로 의존할 수 없음.

【上智懷惠】'上智懷惡'이어야 함. 지혜가 아주 높은 사람도 역시 그 본성 중에는 악을 품고 있음.

【下愚挾善】아무리 우매한 사람도 역시 선한 마음을 가지고 있음.

【向言】劉向이 한 말.

참고 및 관련 자료

1. 《論語》陽貨篇

子曰:「性相近也, 習相遠也.」

2. 《周易》說卦

昔者聖人之作易也, 幽贊於神明而生蓍, 參天兩地而倚數, 觀變於陰陽而立卦, 發揮於剛柔而生爻, 和順於道德而理於義, 窮理盡性以至於命.

3. 《孟子》告子(上)

告子曰:「性, 猶湍水也, 決諸東方則東流, 決諸西方則西流. 人性之無分於善不善也, 猶水之無分於東西也.」孟子曰:「水信無分於東西. 無分於上下乎? 人性之善也, 猶水之就下也. 人無有不善, 水無有不下. 今夫水, 搏而躍之, 可使過顙, 激而行之, 可使在山. 是豈水之性哉? 其勢則然也. 人之可使爲不善, 其性亦猶是也.」

4. 《荀子》性惡篇

人之性惡, 其善者, 僞也. 今人之性, 生而有好利焉, 順是, 故爭奪生而辭讓亡焉; 生而有疾惡焉, 順是, 故殘賊生而忠信亡焉; 生而有耳目之欲, 有好聲色焉, 順是, 故淫亂生而禮義文理亡焉. 然則, 從人之性, 順人之情, 必出於爭奪, 合於犯分亂理而歸於暴. 故必將有師法之化, 禮義之道, 然後出於辭讓, 合於文理, 而歸於治. 用此觀之, 然則人之性惡明矣, 其善者, 僞也. 故, 枸木必將待檃栝烝矯然後直, 鈍金必將待礱厲然後利. 今人之性惡, 必將待師法然後正, 得禮義然後治. 今人無師法, 則偏險而不正, 無禮義, 則悖亂而不治. 古者, 聖王以人之性惡, 以爲偏險而不正, 悖亂而不治, 是以爲之起禮義, 制法度, 以矯飾人之情性而正之, 以擾化人之情性而導之也, 使皆出於治, 合於道者也. 今之人化師法, 積文學, 道禮義者, 爲君子; 縱性情, 安恣睢, 而違禮義者, 爲小人. 用此觀之, 然則人之性惡明矣, 其善者, 僞也.

5. 《法言》修身篇

人之性也, 善惡混. 修己善則爲善人, 修己惡則爲惡人. 氣也者, 所適善惡之馬歟!

6. 《左傳》文公 18년

舜臣堯, 賓于四門, 流四凶族, 渾敦·窮奇·檮杌·饕餮, 投諸四裔, 以禦螭魅. 是以堯崩而天下如一, 同心戴舜, 以爲天子, 以其擧十六相, 去四凶也. 故虞書數舜之功, 曰「愼徽五典, 五典克從」, 無違教也. 曰「納于百揆, 百揆時序」, 無廢事也. 曰「賓于四門, 四門穆穆」, 無凶人也. 舜有大功二十而爲天子, 今行父雖未獲一吉人, 去一凶矣. 於舜之功, 二十之一也, 庶幾免於戾乎!」

7. 《論語》微子篇

微子去之, 箕子爲之奴, 比干諫而死. 孔子曰:「殷有三仁焉.」

8. 《史記》周本紀

成王少, 周初定天下, 周公恐諸侯畔周, 公乃攝行政當國. 管叔·蔡叔群弟疑周公, 與武庚作亂, 畔周. 周公奉成王命, 伐誅武庚·管叔, 放蔡叔. 以微子開代殷後, 國於宋. 頗收殷餘民, 以封武王少弟封爲衛康叔. 晉唐叔得嘉穀, 獻之成王, 成王以歸周公于兵所. 周公受禾東土, 魯天子之命. 初, 管·蔡畔周, 周公討之, 三年而畢定, 故初作大誥, 次作微子之命, 次歸禾, 次嘉禾, 次康誥·酒誥·梓材, 其事在周公之篇. 周公行政七年, 成王長, 周公反政成王, 北面就群臣之位.

118(5-13)
성性과 정情

어떤 이가 말하였다.

"인의仁義는 성性이며 호오好惡는 정情입니다. 인의는 항상 선하지만 호오는 그 가운데 혹 악함이 있을 수 있습니다. 그 때문에 정에는 악이 들어 있는 것입니다."

나는 이렇게 설명하였다.

"그렇지 않다. 호오라는 것은 본성에서 나온 감정의 여러 가지 중에서 취사取捨한 것으로서 그 사실이 겉으로 드러나는 것이다. 그 때문에 이를 일러 '정'이라 할 뿐이며 이는 틀림없이 그 근본은 성에서 시작된다.

'인의'란 선함의 진실한 것이니 어찌 그것이 항상 선한 상태를 유지하고 있기를 싫어하겠는가?

'호오'란 선악이 아직 분화되지 않은 단계이니 어찌 그 속성이 악하다는 것을 괴이하게 여기겠는가?

무릇 정신이라고 말하는 것은 기氣보다 가까운 것이 없으며 '기'가 있으면 형태를 갖추게 되고, 정신은 저절로 호오와 희로喜怒의 감정을 갖게 되는 것이다. 그 때문에 사람에게 감정이 있는 것은 '기'에게 형체가 있는 것과 같다. '기'에는 흑백의 구분이 있고 정신에는 선악의 구분이 있다. 형태는 흑백과 함께 하며, 감정은 선악과 함께 한다. 그러므로 '기'가 검다고 해서 그것이 형체의 잘못이 아니며, 정신이 악하다고 해서 그것이 감정의 죄는 아니다."

或曰:「仁義, 性也; 好惡, 情也. 仁義常善, 而好惡或有惡, 故有情惡也.」

曰:「不然. 好惡者, 性之取舍也, 實見以外, 故謂之情爾, 必本乎性矣; 仁義者, 善之誠者也, 何嫌其常善? 好惡者, 善惡未有所分也, 何怪其有惡? 凡言神者, 莫近於氣, 有氣斯有形, 有神斯有好惡喜怒之情矣. 故人有情, 由氣之有形也. 氣有白黑, 神有善惡, 形與白黑偕, 情與善惡偕. 故氣黑非形之咎, 情惡非情之罪也.」

【仁義】어짊과 의로움. 고대의 도덕 관념. '인'은 인간 관계에서의 親義, '의'는 행동이 하나로 합일되는 표준.《孟子》참조.

【仁義常善】인의는 언제나 그 드러남이 선한 것임.

【性之取舍】본성을 따라 취사선택함. '舍'는 '捨'와 같음. 본성에서 나온 여러 가지 상황에 따라 그 중 어느 것이 선택되거나 포기된 것이 감정으로 나타남.

【本乎性】모든 사고와 행동을 본성에 근본을 둠.

【人有情】'神有情'이어야 함.

【形與白黑】형체는 흑백처럼 뚜렷한 구분이 있음. 형체는 색깔, 무게, 크기 등 구체적인 물리적 공간과 특징을 차지하고 있음을 말함.

【情惡】'神惡'이어야 함.

참고 및 관련 자료

1.《孟子》離婁(上)

孟子曰:「仁之實, 事親是也; 義之實, 從兄是也. 智之實, 知斯二者弗去是也; 禮之實, 節文斯二者是也; 樂之實, 樂斯二者, 樂則生矣; 生則惡可已也? 惡可已, 則不知足之蹈之·手之舞之.」

119(5-14)
감정의 절제

어떤 이가 말하였다.

"사람은 이익에 대하여 이를 눈앞에 보게 되면 좋아하게 됩니다. 충분히 인의로써 이를 절제하게 되는 것은 본성이 그 감정을 덜어내어 주기 때문입니다. 본성의 점유함이 적고 감정이 차지하고 있는 부분이 많아 본성이 그 감정을 제대로 덜어주지 않는다면 감정은 홀로 악한 짓을 하게 되는 것입니다."

나는 이렇게 말하였다.

"아니다. 이는 선악의 점유 정도에 다소가 있기 때문이지, 감정이 그렇기 때문에 생기는 현상은 아니다. 어떤 사람이 여기에 술과 고기를 좋아한다고 하자. 고기를 먹고 싶은 욕구가 더 강하면 고기를 먹고, 술을 마시고 싶은 욕구가 더 강하면 술을 마신다. 이 두 가지는 서로 다투어 더 욕구가 강한 쪽을 행동으로 옮기게 되는 것이다. 이는 감정은 술을 마시려고 하고, 본성은 고기를 먹으려 하는 것이 아니다. 마찬가지로 여기 어떤 사람이 이익을 좋아하기도 하고 의를 좋아하기두 한다고 하자 의를 실행하고 싶은 욕구가 강하면 의를 실행할 것이요, 이익을 차지하려고 하는 욕구가 강하면 이익을 취할 것이다. 이 두 가지는 서로 다투다가 욕구가 강한 쪽으로 실행하게 된다. 이는 감정은 이익을 취하려 하고 본성은 의를 얻으려 하는 것이 아니다. 이 두 가지를 함께 취할 수도 있으니 그렇다면

함께 취하게 될 것이요, 이 두 가지를 함께 취할 수 없으면 그 중 하나를
더 중히 여겨 취하게 된다. 만약 오직 한쪽만 치중하여 좋아한다면 두
가지를 다 취하기는 어려울 것이다. 그러나 두 가지를 취하려고 하는
욕구가 똑같아 경중을 구분할 수 없다면 한 번은 쳐다보고 한 번은 내려다
보면서 잠시 다가섰다가 다시 잠시 물러서는 등 망설이게 될 것이다."

或曰:「人之於利, 見而好之. 能以仁義爲節者, 是性割
其情也. 性少情多, 性不能割其情, 則情獨行爲惡矣.」

曰:「不然. 是善惡有多少也, 非情也. 有人於此嗜酒嗜肉,
肉勝則食焉, 酒勝則飮焉. 此二者相與爭, 勝者行矣; 非情
欲得酒, 性欲得肉也. 有人於此好利好義, 義勝則義取焉,
利勝則利取焉. 此二者相與爭, 勝者行矣. 非情欲得利,
性欲得義也. 其可兼者, 則兼取之; 其不可兼者, 則隻取
重焉. 若苟隻好而已, 難可兼取矣. 若二好均平, 無分輕重,
則一俯一仰, 乍進乍退.」

【利】 이익. 개인적인 私利.
【獨行】 자신만의 주의 주장에 의한 독자적인 행동.
【肉勝】 肉食을 飮酒보다 더 좋아함.
【難可兼取】 두 가지를 모두 온전히 선택하기가 어려움.
【二好】 肉食과 飮酒 등 두 가지 嗜好.
【乍】 잠시와 같음. 짧은 시간.

120(5-15)
정情, 의意, 심心, 지志

어떤 이가 말하였다.

"청하건대 유가의 경전을 근거로 하여 그 절충을 말해주십시오."

나는 이렇게 말하였다.

"《역易》에는 '건도乾道가 변화하여 각기 그 성과 명을 바르게 하도다'라 하였으니 이는 만물은 각기 그 본성을 가지고 있다는 말이다. 그가 느끼는 것을 관찰하면 천지만물의 감정을 충분히 알아낼 수 있다. 이는 감정이란 감응해서 행동으로 나타나는 것을 말한 것이다. 곤충이나 초목들도 모두가 감정을 가지고 있으나 그 본성이라는 것이 한결같이 '선'한 것은 아니다. 천지와 성인도 모두 감정을 가지고 있으나 그 감정이라는 것이 모두 '악'을 주관하는 것은 아니다."

또 이렇게 일러주었다.

"《역》에 '효사爻辭와 단사彖辭는 감정으로서 말로 표현된다'라 하였으니 이 역시 같은 뜻이다. 무릇 정情, 의意, 심心, 지志란 모두가 본성이 행동으로 나타나는 것에 대한 다른 이름이다. 감정이 말에 드러나는 것이니 이것이 바로 '정'이라고 칭하는 것이다. 말로는 그 뜻을 모두 표현해 낼 수가 없으니 이것이 바로 '의'라고 칭하는 것이며, 마음 속에 좋아하는 것, 이것이 '심'이라고 칭하는 것이며, 그 뜻을 제어하는 것, 이것이 '지'라고 칭하는 것이다. 오직 그 마땅한 바에 따라 그 이름이 칭해지는 것일 따름이니 어찌 감정이

악을 주관함이 있겠는가? 그 때문에 '명칭은 반드시 바르게 정해져야 한다'
라고 한 것이다."

　　或曰:「請折於經.」

　　曰:「《易》稱:『乾道變化, 各正性命.』是言萬物各有
性也. 觀其所感, 而天地萬物之情可見矣. 是言情者, 應感
而動者也. 昆蟲草木, 皆有性焉, 不盡善也; 天地聖人,
皆稱情焉, 不主惡也.」

　　又曰:「『爻象以情言』, 亦如之. 凡情意心志者, 皆性動
之別名也. 情見乎辭, 是稱情也; 言不盡意, 是稱意也;
中心好之, 是稱心也. 制其志, 是稱志也. 惟所宜, 各稱
其名而已, 情何主惡之有? 故曰:『必也正名.』」

【折】 折中. 折衷. 양쪽 의견이나 주장이 맞설 때 그 중간이나 중심을 꺾어 결론을
　　내리고 판단하는 논리 결정의 한 방법.
【經】 유가의 경전.
【乾道變化】 乾道는 天道. 천도가 일정한 규칙에 의해 변화함. 《周易》의 구절.
【感應而動】 본성의 감응에 의해 행동으로 나타남. 역시 《周易》의 구절.
【昆蟲草木】 모든 생명을 가진 동식물들.
【天地聖人】 감정에 악한 것만 있는 것이 아님을 말함.
【爻象以情言】 《周易》 繫辭傳의 구절. '爻'는 주역 각 괘의 최소 단위인 陰爻
　　(--)와 陽爻(—). 세 개씩 모여 小成卦가 되며 소성괘가 둘이 모여 大成卦가 됨.
　　'象'은 각 괘의 기본 의미를 총론적이며 추상적으로 설명한 풀이말.
【性動】 본성과 행동.

【情見乎辭】 성인은 그러한 정황을 그 言辭(《주역》의 풀이말)에 드러내어 보여
주고 있음을 말함.

【盡意】 마음속에 품고 있는 뜻을 모두 남김없이 표달함.

【中心】 心中과 같음. 마음 속에 품은 진정한 정회.

【正名】 名稱(名義, 名分)을 정확히 함.《論語》의 구절.

참고 및 관련 자료

1.《周易》乾卦

彖曰: 大哉乾元! 萬物資始, 乃統天. 雲行雨施. 品物流形. 大明終始, 六位時成,
時乘六龍以御天. 乾道變化, 各正性命, 保合大和, 乃利貞. 首出庶物, 萬國咸寧.

2.《周易》咸卦

彖曰: 咸, 感也; 柔上而剛下, 二氣感應以相與. 止而說, 男下女, 是以「亨, 利貞,
取女吉」也. 天地感而萬物化生, 聖人感人心而天下和平. 觀其所感, 而天地萬物
之情可見矣!

3.《周易》繫辭(下)

夫乾, 天下之至健也. 德行恆易以知險; 夫坤, 天下之至順也, 德行恆簡以知阻.
能說諸心, 能研諸侯之慮, 定天下之吉凶, 成天下之亹亹者. 是故變化云爲, 吉事
有祥; 象事知器, 占事知來. 天地設位, 聖人成能; 人謀鬼謀, 百姓與能, 八卦
以象告; 爻象以情言; 剛柔雜居, 而吉凶可見矣. 變動以利言, 吉凶以情遷; 是故
愛惡相攻而吉凶生, 遠近相取而悔吝生, 情僞相感而利害生. 凡易之情, 近而
不相得則凶; 或害之, 悔且吝. 將叛者其辭慙, 中心疑者其辭枝, 吉人之辭寡,
躁人之辭多, 誣善之人其辭游, 失其守者其辭屈.

4.《周易》繫辭(下)

夫坤, 隤然示人簡矣. 爻也者, 效此者也; 象也者, 像此者也. 爻象動乎內, 吉凶見
乎外, 功業見乎變, 聖人之情見乎辭. 天地之大德曰生, 聖人之大寶曰位. 何以
守位? 曰仁. 何以聚人? 曰財. 理財五辭 · 禁民爲非曰義.

5.《周易》繫辭(上)

子曰:「書不盡言, 言不盡意.」然則聖人之意其不可見乎? 子曰:「聖人立象以
盡意, 設卦以盡情僞, 繫辭以盡其言, 變而通之以盡利, 鼓之舞之以盡神.」

6.《詩經》小雅 彤弓

彤弓弨兮, 受言藏之. 我有嘉賓, 中心貺之. 鍾鼓旣設, 一朝饗之. 彤弓弨兮, 受言
載之. 我有嘉賓, 中心喜之. 鍾鼓旣設, 一朝右之.

7.《論語》子路篇

子路曰:「衛君侍子而爲政, 子將奚先?」子曰:「必也正名乎!」子路曰:「有是哉,
子之迂也! 奚其正?」子曰:「野哉, 由也! 君子於其所不知, 蓋闕如也. 名不正,
則言不順; 言不順, 則事不成; 事不成, 則禮樂不興; 禮樂不興, 則刑罰不中;
刑罰不中, 則民無所措手足. 故君子名之必可言也, 言之必可行也. 君子於其言,
無所苟而已矣.」

121(5-16)
상지上智와 하우下愚

어떤 이가 물었다.

"선과 악이 모두 사람의 본성이라면, 법과 교화를 어떻게 베풀어야 합니까?"

나는 이렇게 말하였다.

"본성은 비록 선하다고는 하나 교화를 거쳐야 완성되고, 본성은 비록 악하다 해도 법이 있음으로 해서 소멸시킬 수 있는 것이다. 오직 상지上智와 하우下愚는 바뀔 수가 없으나 그 중간 정도를 타고 난 사람이라면 마음 속에 선악이 서로 교차하여 다투게 된다. 이에 교화는 그 선함을 붙잡아 주고, 악은 그 악함을 억제해 준다. 이를 구품九品으로 나누어 베풀어보면 교화에 의해 성선을 완성하는 자가 반일 것이며, 형벌이 두려워 선악이 억제되는 경우가 4분의 3은 될 것이다. 그렇게 보면 전혀 고쳐지지 않을 경우는 9분의 1이 된다. 이 9분의 1 중에 다시 미세하게나마 고쳐지는 자가 있을 것이다. 그렇게만 된다면 법과 교화가 백성을 변화시키는 점에서 거의 할 역할을 다했다고 볼 수 있다. 그러나 법과 교화를 잃는다면 그로 인한 혼란도 역시 이와 같다."

或曰:「善惡皆性也, 則法敎何施?」

曰:「性雖善, 待敎而成; 性雖惡, 待法而消. 唯上智下愚不移, 其次善惡交爭. 於是敎扶其善, 法抑其惡. 得施之九品, 從敎者半, 畏刑者四分之三. 其不移, 大數九分之一也. 一分之中, 又有微移者矣. 然則法敎之於化民也, 幾盡之矣. 及法敎之失也, 其爲亂亦如之.」

【法敎】법으로 규제하는 것과 교화로써 가르치는 것. '法'은 性惡을 제어하기 위한 수단이고, '敎'는 性善을 완성시키기 위한 수단으로 본 것임.

【待敎而成】교화를 기다려 비로소 이룰 수 있음.

【不移】고쳐지거나 바뀌지 않음.

【九品】고대 사람의 품성을 上中下로 나누고 다시 이를 3등급으로 세분하여 모두 9등급으로 나누었음.

【大數】대개. 대체로.

【微移】조금씩 미세하게 변화함.

【化民】백성을 感化(敎化)시킴.

<table>
<tr><td>참고 및 관련 자료</td></tr>
</table>

1. 《論語》陽貨篇

子曰:「唯上知與下愚不移.」

122(5-17)
법과 교화

어떤 이가 물었다.

"법과 교화를 제대로 베풀면 다스려지고, 법과 교화를 잃으면 혼란이 옵니다. 만약 교화나 법을 베풀지도 않고 그렇다고 잃지도 않으면서 사람들이 하고 싶은 대로 둔다면 치란의 정도는 그 중간이 됩니까?"

나는 이렇게 말하였다.

"대체로 양陽은 오르려는 성질이 있고, 음陰은 내려가려는 성질이 있다. 오르기는 어렵지만 내려가기는 쉽다. '선'은 양이며 '악'은 음이다. 그러므로 선은 이루기 어렵고 악은 쉽게 행해질 것이다. 백성의 감정을 그대로 풀어 놓아 자신들이 하고 싶은 대로 하도록 내버려둔다면 아래로 내려가는 자가 더 많을 것이다."

그가 물었다.

"그 중간은 어디입니까?"

나는 이렇게 설명하였다.

"법과 교화가 순수하지 못하여 효과를 얻기도 하고 잃기도 한다면 치란이 그 중간쯤이 될 것이다. 덕을 순수히 하고 사특한 마음이 없도록 하는 것은 가장 최선의 선이다. 엎드린 채로 움직이지 않도록 하는 것은 차선이다. 다음으로 움직이되 행동으로 옮기지는 않으며, 행동으로 옮기되 멀리 가지 않으며, 멀리 가되 되돌아올 수만 있다면 이는 다시 그 다음이다.

가장 낮은 단계는 멀리 가버리고 가까이 오지 않는 것이다. 무릇 이는
모두가 사람의 본성이다. 이를 제어하는 것은 모두가 마음이다. 움직이되
이를 억제하고, 행동으로 옮기되 이를 제지하는 것은 위로 본성과 같도록
하는 것이며, 행동으로 옮기되 제지하지 아니하고 멀리 가되 되돌아오지
않는 것은 아래로 악과 함께 끝을 맺는 것이 된다."

或曰:「法敎得則治, 法敎失則亂. 若無得無失, 縱民之情,
則治亂其中乎?」

曰:「凡陽性升, 陰性降, 升難而降易. 善, 陽也; 惡, 陰也.
故善難而惡易. 縱民之情, 使自由之, 則降於下者多矣.」

曰:「中焉在?」

曰:「法敎不純, 有得有失, 則治亂其中矣. 純德無慝,
其上善也; 伏而不動, 其次也; 動而不行, 行而不遠, 遠而
能復, 又其次也. 其下者, 遠而不近也. 凡此皆人性也.
制之者, 皆心也. 動而抑之, 行而止之, 與上同性也; 行而
弗止, 遠而弗近, 與下同終也.」

【縱】 풀어놓음. 방임함.
【陽性升】 陽性의 성질이 위로 올라 상승함.
【由】 去就와 같음.
【慝】 사악함.
【上善】 가장 높은 경지의 善.

123(5-18)
정도貞道와 대덕大德

군자는 인仁을 아름답게 여기되 자신에게 혜택이 돌아올 것을 요구하지 않으며, 예禮를 존중하되 뜻을 바르게 가질 것을 요구하지 않으며, 덕德을 귀히 여기되 원망을 들어도 상대를 책망하지 않는다.

그 책망은 자신에게 먼저 하고 실천은 남보다 앞서서 하는 것이다.

지나친 혜택을 기대하는 것, 뜻을 곡해하는 것, 사사롭게 원망하는 것, 이 세 가지는 실로 정도貞道를 왜곡하는 것이며 대덕大德을 어지럽히는 짓이다.

그러니 성패와 득실은 이로 말미암지 않는 것이 없다.

병이 들었는데 이를 급히 구제하지 않은 채 도덕을 닦을 겨를이 어떻게 있겠는가! 이를 일러 말속末俗이라 한다.

그러므로 군자가 항상 교대로 이러한 문제를 걱정하고 있으니 이를 일러 '의義'라 하며, 항상 서원誓願함이 있으니 이를 일러 '신信'이라 한다.

교차로 걱정한 이후에 친히 하게 되며, 서원한 이후에 □하게 되는 것이니, 그 때문에 좁은 속에서 고통을 받는 것이다.

가장 훌륭한 상책은 고금이 달리 하지 않는 것이며, 그 다음은 해내海內를 달리 여기지 않는 것이다.

천하의 뜻을 함께 하는 것이 바로 풍성한 덕이 아니겠는가?

대인大人의 의지는 쉽게 드러나지 않는다. 그러나 호연浩然하여 도와 같이 하고 있다. 그러나 일반 중인衆人의 지향하는 바는 쉽게 감추어지지 않는다. 분명함이 세속을 함께 따라가고 있는 것이다.

대인은 도와 함께 함으로써 그 때문에 세속과 부침하지 않는 것이다.

君子嘉仁而不責惠, 尊禮而不責意, 貴德而不責怨.

其責也先己, 而行也先人.

淫惠·曲意·私怨, 此三者實枉貞道·亂大德.

然成敗得失, 莫匪由之.

救病不給, 其竟奚暇於道德哉! 此之謂末俗.

故君子有常交曰「義」也, 有常誓曰「信」也.

交而後親, 誓而後□, 故狹矣.

太上不異古今, 其次不異海內.

同天下之志者, 其盛德乎?

大人之志, 不可見也, 浩然而同於道; 衆人之志, 不可掩也, 察然而流於俗.

同與道, 故不與俗浮沈.

【嘉仁】 아름다운 인덕을 베풂.
【責惠】 은혜를 베풀기를 요구함. 책임을 지움.
【先己】 자신부터 책임을 물어야 함.
【淫惠】 과도하고 지나친 은혜를 베풂.
【不給】 민첩하지 못함.

【末俗】下流. 末流. 선량하지 못한 풍속이나 습속.

【常交】언제나 교차적으로 마땅함이 무엇인지에 관심을 둠.

【誓而後□】누락된 글자는 '信'자가 아닌가 함.

【太上】최상의 등급.

【古今, 海內】'古今'은 시간상의 문제이며 '海內'는 공간상의 견해임.

【浩然】성대하고 활달하며 시원한 풍모나 모습. 浩然之氣.

【掩】빠지거나 가림. 淹沒함.

【浮沈】昇降. 뜨고 가라앉음. 세속과 함께 하여 정도를 지키지 못함.

124(5-19)
부끄러움

어떤 이가 물었다.

"수행하는 자는 남을 위해 하는 것이 아닙니다. 그들은 신명에게 부끄러운 것이 가장 지극한 것으로 여깁니까?"

나는 이렇게 대답하였다.

"아직 아니다. 자기 자신에게 부끄럽게 여기는 것이 근본이다. 신명에게 부끄럽게 여기는 것은 그 다음 단계이며, 남에게 부끄럽게 여기는 것은 그 밖으로 드러내는 일이다. 무릇 밖으로 드러내는 것이라면 안으로 사특한 마음을 쌓아둘 수도 있다. 그 때문에 군자는 자신에게 부끄러운 일을 깊이 헤아리는 것이다."

或曰:「修行者, 不爲人, 恥諸神明, 其至也乎?」

曰:「未也. 自恥者, 本也; 恥諸神明, 其次也; 恥諸人, 外矣. 夫唯外, 則慝積於內矣, 故君子審乎自恥.」

【修行】 자신의 행동과 덕을 닦음. 수양함.

【爲人】 남을 위해 그렇게 함.

【自恥】 스스로 부끄럽게 여김. 羞恥之心과 自知之明을 말함.

【外】 자기 자신을 알지 못함.

【慝】 邪慝함.

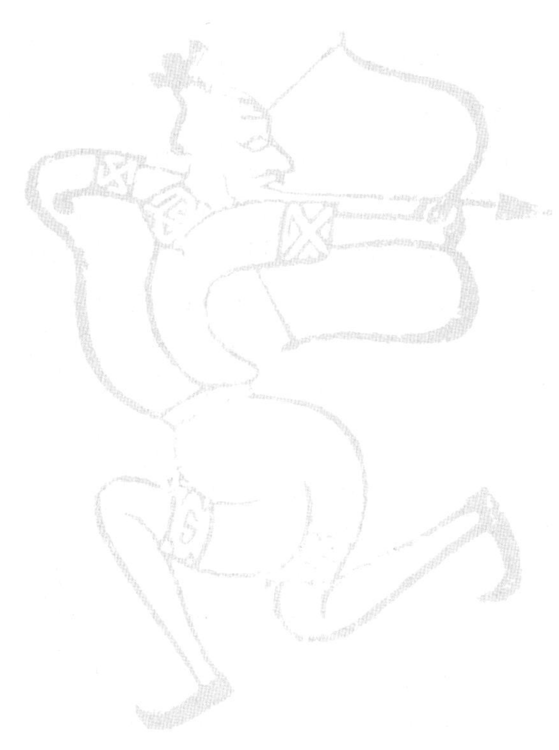

125(5-20)
심지心志

어떤 이가 물었다.

"부끄러움이라는 것은 심지心志입니까?"

나는 이렇게 설명하였다.

"아직 아니다. 대개 심지란 자연스럽게 사람으로 말미암는 것이니 어찌 부끄러움이라는 것이 있겠는가? 깊은 골짜기에 잘못 들어서면 반드시 추락하게 될 것이고 물에 잘못 들어가면 빠지고 마는 것은 사람이라면 누구나 알고 있다. 그러면서 함정은 숨겨져 있어 잘못 다가가면 틀림없이 빠지고, 도는 보이지 않는다고 해서 이를 실천하지 않다가 나쁜 길로 빠진다는 것에 대해서는 사람들이 잘 보지 못하고 있다.

이는 살피지 않았기 때문이다. 그러므로 군자는 살피지 않아도 될 일일지라도 신중히 살핀다. 큰 논의를 들어보지 않으면 심지가 넓을 수 없고, 지극한 언론을 들어보지 않으면 심지가 견고할 수가 없다. 당우唐虞의 상고上古 시대를 잘 생각해 보고 중니仲尼의 중고中古 시대를 우러러 보면 소도小道를 가지고 날뛰던 자들이 얼마나 부끄러운 이들인지 알 수 있을 것이다. 그런가 하면 백이伯夷가 수양산首陽山에서 겪었던 일과 사호四皓가 상산商山에 고고하게 은거하였던 일을 살펴보면 더러운 심지를 가졌던 자들이 족히 부끄러워 해야 할 것임을 알 수 있다. 장건張騫이 서역을 거쳐 서쪽 끝까지 존속시켰고, 소무蘇武가 삭방의 끝까지 쫓겨나 고생한 사례를 생각해 본다면 여실閭室을 그리워하며 살아가는 자들의 비루함을 알 수 있다. 이러한 사례를 미루어 본다면 이르지 못할 곳이 없다. 덕은 윗대에 비교하고 욕심은 아래에 비교하여야 한다. 덕을 윗대에 비교해 보면 부끄러움이 어떤 것인지를 알게 되고, 욕심을 아래에 비교해 보면 만족이 어떤 것인지 알 수 있다. 부끄러운 일이 있을 때 이를 알아차린다면 성현의 경지에 가까이 간 것이며, 족함을 알아 그칠 수 있다면 낮고 천한 지위일지라도 가히 편안함으로 느낄 수 있을 것이다. 성현의 경지에 가까운데 어찌 사특한 짓을 하겠으며, 천한 지위도 편안히 여기는데 하물며 과분한 경우임에랴? 이를 일러 자신을 점검할 줄 아는 것이라 하니 순수하고 순수하도다! 가장 높은 것은 그 다음 것을 얻는 것으로 평범함을 삼으면 될 따름이다. 세상에 평범하지 않은 것이 없으니 평범한 정도만 얻었다면 진실로 사악함이 없게 되며, 이렇게 되면 옳은 것이다. 군자는 자신을 네 가지로 살펴보아야 하나니, 화가 났다고 마구 취득하지 말 것이며, 즐겁다고 정의에 □한 짓은 하지 말아야 한다."

或曰:「恥者, 其志者乎?」

曰:「未也. 夫志者, 自然由人, 何恥之有? 赴谷必墜, 失水必溺, 人見之也; 赴穽必陷, 失道必沈, 人不見之也. 不察之, 故君子愼乎所不察. 不聞大論, 則志不弘; 不聽至言, 則心不固. 思唐虞於上世, 瞻仲尼於中古, 而知夫小道者之足羞也. 想伯夷於首陽, 省四皓於商山, 而知夫穢志者之足恥也. 存張騫於西極, 念蘇武於朔垂, 而知懷閭室者之足鄙也. 推斯類也, 無所不至矣. 德比於上, 欲比於下. 德比於上, 故知恥; 欲比於下, 故知足. 恥而知之, 則聖賢其可幾; 知足而已, 則固陋其可安也. 聖賢斯幾, 況其爲愿乎; 固陋斯安, 況其爲侈乎? 是謂有檢, 純乎純哉! 其上也, 其次得槪而已矣. 莫匪槪也, 得其槪, 苟無邪, 斯可矣. 君子四省其身, 怒不亂得, 喜不□義也.」

【自然由人】 본성의 자연스러움에서 나오게 됨.

【赴穽】 함정으로 다가섬. '穽'은 짐승을 잡기 위해 파 놓은 구덩이. 陷穽.

【唐虞】 堯舜을 가리킴. 唐堯와 虞舜. 陶唐氏 堯임금과 有虞氏 舜임금.

【上世】 아주 먼 옛날. 태고시대. 여기서는 작자 荀悅이 살았던 東漢 말 三國 시기를 기준으로 말하면 요순시대는 아주 먼 옛날임을 말한 것.

【中古】 춘추시대. 순열 자신이 살던 동한 말 삼국시대를 기준으로 말하는 춘추시대는 중고시대 정도라는 뜻.

【小道】 작은 도.

【伯夷】 殷나라 말 孤竹國의 왕자로 아우 叔齊와 함께 서로 왕위를 양보하다가 周나라 西伯 昌(文王)을 찾아 나섰으나 문왕이 죽고 그 아들 武王(姬發)이 殷을 치러 나서는 것을 보고 의롭지 못하다 여겨 首陽山에 들어가 고사리로 연명하다 죽었다 함.《史記》伯夷列傳 참조. 首陽山은 지금의 山西 永濟縣에 있는 산이라 함.

【四皓】 商山四皓. 商山에 은거하여 살던 머리가 센 네 사람의 원로. 東園公·倚里季·夏黃公·角里先生. 한 고조 유방이 만년에 戚夫人 소생 如意를 태자로 책봉하려 하자 呂后가 張良의 의견을 들어 이 네 사람을 모셔 저지시켰음.《新序》,《史記》,《漢書》 등에 자세히 실려 있음.

【張騫】 한나라 시대의 명장. 漢中 成固 사람으로 武帝 때 西域에 出使하여 여러 차례 大宛, 康居, 大月氏, 大夏 등을 다녀왔으며, 한때 匈奴에 잡혀 11년간 고통을 당하기도 하였음. 뒤에 다시 烏孫, 安息을 다녀옴으로써 비로소 서역 중앙아시아로 통하는 실크로드 교역로가 트게 되었음.《漢書》張騫傳 참조.

【蘇武】 西漢 杜陵人으로 자는 子卿. 무제 때 흉노에 사신으로 갔다가 붙들려 선우(單于)의 항복 유혹을 뿌리치고 북해로 추방되어 깃발의 깃을 먹으며

19년을 버틴 다음 소제가 즉위하였을 때 돌아올 수 있었음.《漢書》蘇武傳 등
참조.

【閭室】고향 마을과 자신의 집.

【固陋】여기서는 낮고 천한 지위를 뜻함. 부귀영화에 상대되는 뜻.

【侈】과분함.

【槩】평범함. 大槩가 그러함.

【喜不□義】한 글자가 빠졌음. 또는 각가의 의견에 따라 9자, 혹 10자가 누락된
것으로 보기도 함.

참고 및 관련 자료

1.《史記》留侯世家

留侯從入關. 留侯性多病, 卽道引不食穀, 杜門不出歲餘. 上欲廢太子, 立戚夫
人子趙王如意. 大臣多諫爭, 未能得堅決者也. 呂后恐, 不知所爲. 人或謂呂后曰:
「留侯善畫計筴, 上信用之」呂后乃使建成侯呂澤劫留侯, 曰:「君常爲謀臣, 今上
欲易太子, 君安得高枕而臥乎?」留侯曰:「始上數在困急之中, 幸用臣筴. 今天下
安定, 以愛欲易太子, 骨肉之閒, 雖臣等百餘人何益?」呂澤彊要曰:「爲我畫計」
留侯曰:「此難以口舌爭也. 顧上有不能致者, 天下有四人. 四人者年老矣, 皆以
爲上慢侮人, 故逃匿山中, 義不爲漢臣. 然上高此四人. 今公誠能無愛金玉璧帛,
令太子爲書, 卑辭安車, 因使辯士固請, 宜來. 來, 以爲客, 時時從入朝, 令上見之,
則必異而問之. 問之, 上知此四人賢, 則一助也」於是呂后令呂澤使人奉太子書,
卑辭厚禮, 迎此四人. 四人至, 客建成侯所.

2.《史記》留侯世家

漢十二年, 上從擊破布軍歸, 疾益甚, 愈欲易太子. 留侯諫, 不聽, 因疾不視事.
叔孫太傅稱說引古今, 以死爭太子. 上詳許之, 猶欲易之. 及燕, 置酒, 太子侍.
四人從太子, 年皆八十有餘, 鬚眉皓白, 衣冠甚偉. 上怪之, 問曰:「彼何爲者?」
四人前對, 各言名姓, 曰東園公, 角里先生, 綺里季, 夏黃公. 上乃大驚, 曰:「吾求
公數歲, 公辟逃我, 今公何自從吾兒游乎?」四人皆曰:「陛下輕士善罵, 臣等義不
受辱, 故恐而亡匿. 竊聞太子爲人仁孝, 恭敬愛士, 天下莫不延頸欲爲太子死者,
故臣等來耳」上曰:「煩公幸卒調護太子」四人爲壽已畢, 趨去. 上目送之, 召戚

夫人指示四人者曰:「我欲易之, 彼四人輔之, 羽翼已成, 難動矣. 呂后眞而主矣.」戚夫人泣, 上曰:「爲我楚舞, 吾爲若楚歌.」歌曰:「鴻鵠高飛, 一擧千里. 羽翮已就, 橫絶四海. 橫絶四海, 當可奈何! 雖有矰繳, 尙安所施!」歌數闋, 戚夫人嘘唏流涕, 上起去, 罷酒. 竟不易太子者, 留侯本招此四人之力也.

3. 《漢書》張良傳

良從入關, 性多疾, 卽道引不食穀, 閉門不出歲餘. 上欲廢太子, 立戚夫人子趙王如意. 大臣多爭, 未能得堅決也. 呂后恐, 不知所爲. 或謂呂后曰:「留侯善畫計, 上信用之.」呂后乃使建成侯呂澤劫良, 曰:「君常爲上謀臣, 今上日欲易太子, 君安得高枕而臥?」良曰:「始上數在急困之中, 幸用臣策;今天下安定, 以愛欲易太子, 骨肉之間, 雖臣等百人何益?」呂澤彊要曰:「爲我畫計」良曰:「此難以口舌爭也. 顧上有所不能致者四人. 四人年老矣, 皆以上嫚姆士, 故逃匿山中, 義不爲漢臣. 然上高此四人. 今公誠能毋愛金玉璧帛, 令太子爲書, 卑辭安車, 因使辨士固請, 宜來. 來, 以爲客, 時從入朝, 令上見之, 則一助也.」於是呂后令呂澤使人奉太子書, 卑辭厚禮, 迎此四人. 四人至, 客建成侯所.

4. 《漢書》張良傳

漢十二年, 上從破布歸, 疾益甚, 愈欲易太子. 良諫不聽, 因疾不視事. 叔孫太傅稱說引古, 以死爭太子. 上陽許之, 猶欲易之. 及宴, 置酒, 太子侍. 四人者從太子, 年皆八十有餘, 須眉皓白, 衣冠甚偉. 上怪, 問曰:「何爲者?」四人前對, 各言其姓名. 上乃驚曰:「吾求公, 避逃我, 今公何自從吾兒游乎?」四人曰:「陛下輕士善罵, 臣等義不辱, 故恐而亡匿. 今聞太子仁孝, 恭敬愛士, 天下莫不延頸願爲太子死者, 故臣等來.」上曰:「煩公幸卒調護太子」四人爲壽已畢, 趨去. 上目送之, 召戚夫人指視曰:「我欲易之, 彼四人爲之輔, 羽翼已成, 難動矣. 呂氏眞乃主矣.」戚夫人泣涕, 上曰:「爲我楚舞, 吾爲若楚歌.」歌曰:「鴻鵠高飛, 一擧千里. 羽翼以就, 橫絶四海. 橫絶四海, 又可奈何! 雖有矰繳, 尙安所施!」歌數闋, 戚夫人歔欷流涕. 上起去, 罷酒. 竟不易太子者, 良本招此四人之力也.

5. 《新序》善謀(下)

留侯張子房, 於漢已定, 性多疾, 卽導引不食穀, 杜門不出. 歲餘, 上欲廢太子, 立戚氏夫人子趙王如意, 大臣多爭, 未能得堅決者也. 呂后恐, 不知所爲. 人或謂呂后曰:「留侯善畫計策, 上信用之.」呂后乃使建成侯呂澤劫留侯曰:「君常爲上計, 今日欲易太子, 君安得高枕臥?」留侯曰:「始上數在困急之中, 幸用臣;今天下安定, 以愛幼欲易太子, 骨肉間, 雖臣等百餘人, 何益?」呂澤强要曰:「爲我畫計.」留侯曰:「此難以口舌爭也. 顧上有所能致者, 天下有四人, 園公·

綺里季・夏黃公・角里先生. 此四人者, 年老矣, 皆以上慢侮士, 故逃匿山中, 義不
爲漢臣. 然上高此四人. 公誠能無愛金玉璧帛, 令太子爲書, 卑辭以安車迎之,
因使辯士固請, 宜來, 來, 以爲客, 時時從入朝, 令上見之. 上見之, 卽必異問之,
問之, 上知此四人, 亦一助也.」於是呂后令澤使人奉太子書, 卑辭厚禮迎四人.
四人至, 舍呂澤所. 至十二年, 上從破黥布軍歸, 疾益甚, 愈欲易太子. 留侯諫,
不聽, 因疾不視事. 太傅叔孫通稱說引古, 以死爭太子, 上佯許之, 猶欲易之. 及燕,
置酒, 太子侍, 四人者從太子, 皆年八十有餘, 鬚眉晧白, 衣冠甚偉. 上怪而問之曰:
「何爲者?」四人前對, 各言其姓名, 上乃驚曰:「吾求公數歲, 公避逃我, 今公何
自從吾兒游乎?」四人皆對曰:「陛下輕士善罵, 臣等義不辱, 故恐而亡匿. 聞太子
爲人子孝仁・敬愛士, 天下莫不延頸, 願爲太子死者. 故來耳.」上曰:「煩公幸卒
調護太子」四人爲壽已畢, 起去, 上目送之. 召戚夫人指示四人者曰:「我欲易之.
彼四人輔之, 羽翼已成, 難動矣. 呂氏眞而主矣.」戚夫人泣下, 上曰:「爲我楚舞,
吾爲若楚歌」歌曰:「鴻鵠高蜚, 一舉千里. 羽翮已就, 橫絕四海. 橫絕四海, 當可
奈何? 雖有矰繳, 尙安能施?」歌數闋, 戚夫人噓唏流涕, 上起去, 罷酒. 竟不易
太子者, 留侯召四人之謀也.

6. 《史記》索隱

四人, 四皓也. 謂東園公・倚里季・夏黃公・角里先生. 按: 陳留志云:「園公姓庾,
字宣明, 居園中, 因以爲號. 夏黃公姓崔名廣, 字少通, 齊人, 隱居夏里修道, 故號
曰夏黃公. 角里先生, 河內軹人. 太伯之後, 姓周名術, 字元道. 京師號曰霸上
先生, 一曰角里先生.」又孔安國秘記作祿里. 此皆王劭據崔氏・周氏系譜及陶元
亮四人目而如此說.

부록

〈大盂鼎〉(西周) 陝西 郿縣 출토

1.《申鑑》識語 ·· 王謨

右荀悅《申鑒》五卷. 悅字仲豫, 潁川人, 荀氏八龍儉之子也.《漢書》本傳云: 悅好著述, 初辟鎭東將軍曹操府, 遷黃門侍郎, 累遷侍中. 時政移曹氏, 天子恭己而已. 悅志在獻替而謀無所用, 乃作申鑒五篇. 其所論辨, 通見政體. 書奏, 帝覽而善之. 又以班固《漢書》, 文繁難省, 令悅依《左氏傳》體, 爲《漢紀》三十篇. 辭約事詳, 論辨多美. 二書並行於世. 顧《漢紀》自宋祥符後, 凡四五鋟板, 國朝襄平蔣氏, 復與袁宏後《漢紀》合刻以廣其傳, 而此書獨少傳本. 前明正統時, 吳郡黃勉之始爲訓釋, 復賴何氏采入〈漢魏叢書〉, 而後不至與桓譚《新論》. 仲長統《昌言》等書, 同歸烏有也. 近〈抱經堂群書拾補〉內《申鑒》一則, 乃合程氏・何氏・黃氏三本參校, 要之諸本俱無甚脫誤. 盧氏多據他書, 及己意修改, 於此書亦未必無小補云. 汝上王謨識.

2.《申鑑注》序 ·· 明, 何元父

　　班史載劉向稱賈誼通達國體, 伊管未能遠過. 今觀其著述采掇于傳中者,
其論甚美, 蓋信乎其然也. 荀悅作《申鑑》, 范史亦稱悅通見政體, 掇其篇
首百言, 見之其傳. 且謂其所爲《漢紀》, 論辨多美, 今仲豫書具在也. 然則
仲豫亦長沙之類亞乎? 誼言當方興有道之朝, 雖爲庸臣所害, 而不害其略
施行矣. 悅言適垂盡無用之世, 有如昔人切於世事者乎! 上雖善之奚益?
悅辟曹操府, 與從弟或北海孔融同侍講中禁. 獻替間莫能直遂, 融或前
後死賊手, 勢益孤. 是書之作, 如之何其敢及也? 於戲! 正色抗情者, 生不
足樂. 文擧之被戮, 無美仲豫之生, 功申運改者, 死抱餘恨. 仲豫之幸存,
未必不如文若之死, 士有經世志略, 孰不願得所天而事之? 顧所遭何如?
所自爲處何如耳. 悅於所遭與誼異; 所自處異乎融, 暨或矣. 吳郡黃君免
之爲《申鑑》注. 其眞有所感. 如跋君注者之所云乎! 君靑年博學, 精義理,
工文詞. 凡古今載籍奇探蹟擧. 胡乃屑注是書? 吾固知其所有感而爲也.
悅是書視賈誼《新書》大抵相類, 皆欲以經世者. 太傅五十八篇, 予嘗手加
編次訂正, 至訛誤處, 不敢不闕其疑, 是五篇者, 宋尤袤刻寘江西漕臺時
已云. 其簡編脫繆, 字畫差舛, 君玆所注, 得微其本歟! 有功仲豫多矣.
幸併予所疑於太傅書者, 補其闕焉. 亦二子身後之一遭也.

　　嘉靖乙酉(1525)十一月冬至日, 郴燕泉何孟春子元父書.

3. 《申鑑注》序 ··· 明, 王鏊

　　《申鑑》五卷, 漢荀悅著, 悅仕獻帝朝, 辟曹操府. 與孔融及弟彧同侍講
禁中. 悅每有獻替, 而意有未盡, 此《申鑑》所爲作者. 蓋有志於經世也.
然當時政體, 顧有大於總攬機務, 使權不下移者乎, 而曾無一言及之, 何哉?
厥後融以論建漸廣, 彧以不阿九錫, 皆不得其死. 悅獨優游以壽終, 其亦
善處濁世者矣. 其論政體, 無賈誼之經制而近於醇, 無劉向之憤激而長於諷,
其襍言等篇, 頗似揚雄《法言》, 雄曲意美新, 而悅無一言及於操, 視雄爲
優矣. 或言悅書, 似徐幹·王符, 考其歸, 玆若人之儔乎! 吾未知所先後也.
而三品之說, 昌黎公有取焉. 其書世亦罕傳, 吾蘇黃免之, 好蓄異書, 又爲
之訓釋, 搜討碨裂, 出入五經·三史,《春秋》內外傳,《老莊》·《淮南》, 素難
天官地志, 博洽精密, 多得悅旨. 雖然悅之書, 其有所感而爲乎! 免之之注,
豈亦有感而爲乎! 免之《春秋》方富, 行將抒其學, 出而效用, 當炳焉喆焉!
流聲實於天朝, 尙何悅之慕哉!
　　正德十四年(1519)歲在己卯, 冬十月旣望, 光祿大夫柱國少傅兼太子太傅
戶部尙書武英殿大學士致仕王鏊序.

4.《注申鑑》序 ··· 明, 黃省曾

荀卿五十遊齊, 在襄王時爲老師, 被讒適楚, 處濁世亡國亂君之間, 著書數萬言, 而竟無所施究, 悲哉! 逮十三世而有悅, 其所遭之時如卿然. 故托疾隱居, 然不能高深丘壑. 至建安初, 辟於操府, 遷黃門侍郎. 時從弟彧適守尙書令, 而孔融自山東徵來, 以是得同侍講中禁, 濟經之務, 頗相討論. 但政移曹氏, 天子尸居, 雖有嘉猷, 將安用之? 悅恐意蘊終不得披露, 遂拾漢故新事及所欲獻替者, 爲《申鑑》五篇以奏. 嗚呼! 亦徒空言也矣. 厥後篡業日開, 蘭凋玉玷, 麟囚鳳鷔, 而悅獨晏然保首領以沒者, 良以融頻寓書規操, 而操軍國之事必籌於彧, 由此戾忤而不免也. 悅於見幾君子, 誠若有愧, 然立漢庭十二年, 淸虛沈靜, 未嘗效一言於操, 不其賢歟! 不其賢歟! 予嘗悲其所遭而讀其書, 間窺其領要, 遂爲之注, 浹旬而成, 共得萬四千餘言, 以笥藏之, 雖不能無揭竿求海之病, 而事可證引者亦略具矣. 若其深詞奧義, 譌文脫簡, 則竢大方君子覽而正焉.

正德己卯(1519)秋九月望, 吳郡黃省曾序.

《申鑑》五卷. 兩江總督採進本.

漢荀悅撰, 悅有《漢紀》, 已著錄.《後漢書》荀淑傳, 稱悅侍講禁中, 見政移曹氏, 志在獻替, 而謀無所用, 乃作《申鑑》五篇. 其所論辨, 通見政體, 旣成奏上, 帝覽而善之. 其書見於《隋經籍志》·《唐藝文志》者, 皆五卷, 卷爲一篇: 一曰〈政體〉, 二曰〈時事〉, 皆制治大要, 及時所當行之務, 三曰〈俗嫌〉, 皆機祥讖緯之說, 四曰〈雜言(上)〉, 五曰〈雜言(下)〉, 則皆泛論義理, 頗似揚雄《法言》.《後漢書》取其〈政體〉篇爲政之方一章,〈時事〉篇正當主之制復內外註記二章, 載入傳中. 又稱悅別有崇德正論及諸論數十篇. 今並不傳, 惟所作《漢紀》及此書, 尙存於世.《漢紀》文約事詳, 足稱良史, 而此書剖析事理, 亦深切著明. 蓋由其原本儒術, 故所言皆不詭於正也. 明正德中, 吳縣黃省曾爲之註, 凡萬四千餘言, 引據博洽, 多得悅旨. 其於《後漢書》所引間有同異者, 亦並列其文於句下, 以便考訂. 然如〈政體〉篇眞實而已句, 今本《後漢書》實作定; 不肅而治句, 今本《後漢書》治作成, 而省曾均未之及, 則亦不免於偶疏也.

6. 《後漢書》(62) 荀淑傳(荀悅) ························· 南朝 宋, 范曄

悅字仲豫, 儉之子也. 儉早卒. 悅年十二, 能說《春秋》. 家貧無書, 每之
人閒, 所見篇牘, 一覽多能誦記. 性沈靜, 美姿容, 尤好著述. 靈帝時閹官
用權, 士多退身窮處, 悅乃託疾隱居, 時人莫之識, 唯從弟或特稱敬焉.
初辟鎭東將軍曹操府, 遷黃門侍郎. 獻帝頗好文學, 悅與或及少府孔融侍
講禁中, 旦夕談論. 累遷祕書監·侍中.

時政移曹氏, 天子恭己而已. 悅志在獻替, 而謀無所用, 乃作《申鑑》五篇.
其所論辯, 通見政體, 旣成而奏之. 其大略曰:

夫道之本, 仁義而已矣. 五典以經之, 群籍以緯之. 詠之歌之, 弦之舞之.
前監旣明, 後復申之. 故古之聖王, 其於仁義也, 申重而已.

致治之術, 先屛四患, 乃崇五政:

一曰僞, 二曰私, 三曰放, 四曰奢. 僞亂俗, 私壞法, 放越軌, 奢敗制.
四者不除, 則政未由行矣. 夫俗亂則道荒, 雖天地不得保其性矣; 法壞則
世傾, 雖人主不得守其度矣; 軌越則禮亡, 雖聖人不得全其道矣; 制敗
則欲肆, 雖四表不能充其求矣. 是謂「四患」.

興農桑以養其(性)生, 審好惡以正其俗, 宣文敎以章其化, 立武備以秉
其威, 明賞罰以統其法. 是謂「五政」.

人不畏死, 不可懼以罪. 民不樂生, 不可勸以善. 雖使契布五敎, 皐陶
作士, 政不行焉. 故在上者, 先豐民財, 以定其志. 帝耕籍田, 后桑蠶宮;
國無遊民, 野無荒業; 財不賈用, 力不妄加, 以周人事, 是謂「養生」.

君子所以動天地, 應神明, 正萬物, 而成王化者, 必乎眞定而已. 故在
上者, 審定乎醜焉. 善惡要乎功罪, 毁譽效於準驗. 聽言責事, 擧名察實,

無惑詐僞, 以蕩衆心. 故事無不覈, 物無不切, 善無不顯, 惡無不章, 俗無姦怪, 民無淫風. 百姓上下, 覩利害之存乎己也. 故肅恭其心, 愼修其行, 內不回惑, 外無異望; 則民志平矣, 是謂「正俗」.

君子以情用, 小人以刑用. 榮辱者, 賞罰之精華也. 故禮敎榮辱, 以加君子, 化其情也; 桎梏鞭撲, 以加小人, 化其刑也. 君子不犯辱, 況於刑乎? 小人不忌刑, 況於辱乎? 若敎化之廢, 推中人而墜於小人之域; 敎化之行, 引中人而納於君子之塗. 是謂「章化」. 小人之情, 緩則驕, 驕則恣, 恣則怨, 怨則叛. 危則謀亂, 安則思欲, 非威强無以懲之. 故在上者, 必有武備, 以戒不虞, 以遏寇虐; 安居則寄之內政, 有事則用之軍旅. 是謂「秉威」.

賞罰, 政之柄也. 明賞必罰, 審信愼令. 賞以勸善, 罰以懲惡. 人主不妄賞, 非徒愛其財也, 賞妄行則善不勸矣; 不妄罰, 非矜其人也, 罰妄行則惡不懲矣. 賞不勸謂之止善, 罰不懲謂之縱惡; 在上者能不止下爲善, 不縱下爲惡, 則國法立矣. 是謂「統法」.

四患旣蠲, 五政又立, 行之以誠; 守之以固, 簡而不怠; 疏而不失. 無爲爲之, 使自施之; 無事事之, 使自交之. 不肅而成, 不嚴而化, 垂拱揖讓, 而海內平矣. 是謂爲政之方.

尙主之制, 非古. 釐降二女, 陶唐之典; 歸妹元吉, 帝乙之訓; 王姬歸齊, 宗周之禮.

以陰乘陽違天, 以婦凌夫違人. 違天不祥, 違人不義.

又古者天子諸侯, 有事必告于廟. 朝有二史, 左史記言, 右史書事. 事爲《春秋》, 言爲《尙書》. 君擧必記, 善惡·成敗, 無不存焉. 下及士庶, 苟有茂異, 咸在載籍. 或欲顯而不得, 或欲隱而名章. 得失一朝, 而榮辱千載. 善人勸焉, 淫人懼焉, 故先王重之, 以嗣賞罰, 以輔法敎.

宜於今者, 備置史官, 掌其典文, 紀其行事. 每於歲盡, 擧之尙書. 以助賞罰, 以弘法敎.

帝覽而善之.

帝好典籍, 常以班固《漢書》文繁難省, 乃令悅依《左氏傳》體以爲《漢紀》三十篇, 詔尙書給筆札. 辭約事詳, 論辨多美. 其序之曰:

「昔在上聖, 惟建皇極, 經緯天地, 觀象立法, 乃作書契; 以通宇宙, 揚于王庭, 厥用大焉. 先王光演大業, 肆于時夏. 亦惟厥後, 永世作典. 夫立典有五志焉: 一曰達道義, 二曰章法式, 三曰通古今, 四曰著功勳, 五曰表賢能. 於是天人之際, 事物之宜, 粲然顯著, 罔不備矣. 世濟其軌, 不隕其業. 損益盈虛, 與時消息, 臧否不同, 其揆一也. 漢四百有六載, 撥亂反正, 通武興文, 永惟祖宗之洪業, 思光啓乎萬嗣. 聖上穆然, 惟文之恤, 瞻前顧後, 是紹是繼, 闡崇大猷, 命立國典. 於是綴敍舊書, 以述《漢紀》. 中興以前, 明主賢臣得失之軌, 亦足以觀矣.」

又著《崇德》·《正論》給諸論數十篇. 年六十二, 建安十四(209)年卒.

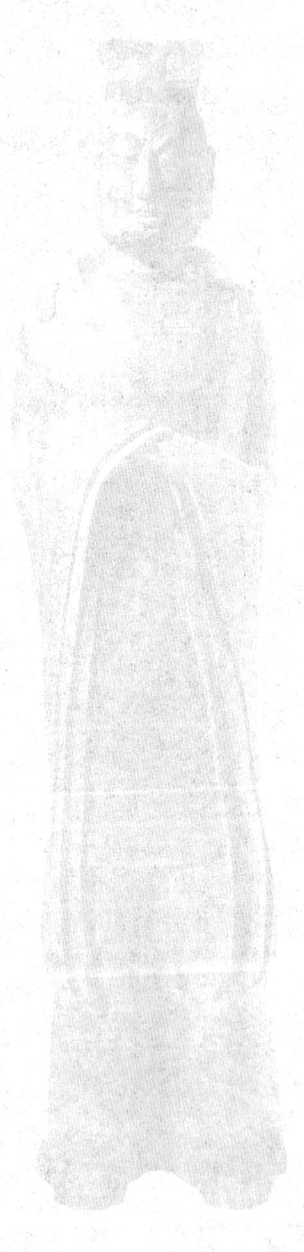

임동석(茁浦 林東錫)

慶北 榮州 上茁에서 출생. 忠北 丹陽 德尙골에서 성장. 丹陽初中 졸업. 京東高 서울 敎大 國際大 建國大 대학원 졸업. 雨田 辛鎬烈 선생에게 漢學 배움. 臺灣 國立臺灣師範大學 國文硏究所(大學院) 博士班 졸업. 中華民國 國家文學博士(1983). 建國大學校 敎授. 文科大學長 역임. 成均館大 延世大 高麗大 外國語大 서울대 등 大學院 강의. 韓國中國言語學會 中國語文學硏究會 韓國中語中文學會 會長 역임. 저서에《朝鮮譯學考》(中文)《中國學術槪論》《中韓對比語文論》. 편역서에《수레를 밀기 위해 내린 사람들》《栗谷先生詩文選》. 역서에《漢語音韻學講義》《廣開土王碑硏究》《東北民族源流》《龍鳳文化源流》《論語心得》〈漢語雙聲疊韻硏究〉 등 학술 논문 50여 편.

임동석중국사상100

신감 申鑒

荀悅 撰 / 林東錫 譯註

1판 1쇄 발행/2012년 9월 1일

발행인 고정일

발행처 동서문화사

창업 1956. 12. 12. 등록 16-3799

서울강남구신사동563-10 ☎546-0331~6 (FAX)545-0331

www.dongsuhbook.com

잘못 만들어진 책은 바꾸어 드립니다.

*

이 책의 출판권은 동서문화사가 소유합니다.

의장권 제호권 편집권은 저작권 법에 의해 보호를 받는 출판물이므로 무단전재와 무단복제를 금합니다.

이 책의 일부 또는 전부 이용하려면 저자와 출판사의 서면허락을 받아야 합니다.

*

사업자등록번호 211-87-75330

ISBN 978-89-497-0706-8　04080

ISBN 978-89-497-0542-2　(세트)